Cada um no seu compasso, com fracassos e vitórias, caindo e levantando, lutando constantemente, seguindo sempre a caminho da nossa divindade.

© 2017 por Amarilis de Oliveira
© Paffy1969 | Dreamstime.com

Coordenadora editorial: Tânia Lins
Coordenador de comunicação: Marcio Lipari
Capa e projeto gráfico: Jaqueline Kir
Diagramação: Rafael Rojas
Preparação: Janaina Calaça
Revisão: Equipe Vida & Consciência

1ª edição — 2ª impressão
5.000 exemplares — abril 2018
Tiragem total: 8.000 exemplares

CIP-BRASIL — CATALOGAÇÃO NA PUBLICAÇÃO
(SINDICATO NACIONAL DOS EDITORES DE LIVROS, RJ)

A534a

    Amélia, Maria (Espírito)
    Além da razão / Amarilis de Oliveira; pelo espírito Maria Amélia.
- 1. ed. - São Paulo : Vida & Consciência, 2017.
    320 p. ; 23 cm

    ISBN 978-85-7722-510-1

    1. Romance espírita. 2. Obras psicografadas. I. Oliveira,
Amarilis de. II. Título.

16-36241	CDD: 133.93
	CDU: 133.7

Todos os direitos reservados. Nenhuma parte desta edição pode ser utilizada ou reproduzida, por qualquer forma ou meio, seja ele mecânico ou eletrônico, fotocópia, gravação etc., tampouco apropriada ou estocada em sistema de banco de dados, sem a expressa autorização da editora (Lei nº 5.988, de 14/12/1973).

Este livro adota as regras do novo acordo ortográfico (2009).

Vida & Consciência Editora e Distribuidora Ltda.
Rua Agostinho Gomes, 2.312 — São Paulo — SP — Brasil
CEP 04206-001
editora@vidaeconsciencia.com.br
www.vidaeconsciencia.com.br

Além
DA RAZÃO

AMARILIS DE OLIVEIRA

Romance ditado pelo espírito Maria Amélia

Introdução

Quando aquele espírito reencarnou, ele sabia que teria um grande desafio em sua vida e, para isso, em sua idade madura, precisaria do amor dedicado da mulher que já fora sua esposa e que, a pedido dele, tornaria a ser.

Claro que ele levava um tanto de apreensão e, de nós, as esperanças que desta vez venceria o monstro que o habitava. Monstro que fora alimentado pela vaidade humana de outros tempos, em que ser forte sofria uma distorção absurda e ser um gladiador sanguinário trazia glórias e poder.

E, em encarnações posteriores, essa distorção o fizera fracassar. Mais uma chance, mais uma apreensão, mais uma luta, talvez fracasso, talvez vitória.

Ele reencarnava com novas informações, adquirindo a certeza de que violência não é diversão e que aquelas glórias e aqueles poderes eram vaidades mesquinhas, passageiras, pecadoras.

De certa forma, ele representa a humanidade, pois o mal é a escuridão inevitável que persegue os passos da pouca sabedoria, da imaturidade e distorção que a ignorância tem.

Rogávamos também que entendesse, logo cedo, que era outro momento familiar, social, político e histórico.

De seus pais sempre receberia boas instruções e muitas vezes alguma punição, pois não lidava com a frustração e, mesmo sob a influência deles, escapava do controle, não tinha domínio próprio.

A idade adulta chegava rapidamente, em que ele seria o único responsável por seus atos. Encontrou a mulher a quem já amava desde outros tempos, e esse amor seria seu motivo maior para lutar contra a má índole, mas não seria fácil nem para ele nem para os que o cercavam.

Como em todo rol humano, superar as fraquezas é sempre algo cobrado, de uma forma ou de outra. E todos tinham fraquezas e lutas, em maior ou menor nível, a vencer, às vezes ajudando, outras, sendo ajudado.

Do plano espiritual, incluindo-me, receberiam conselhos e instruções, mas as escolhas de qual caminho seguir pertenciam a cada um deles, como pertence sempre a cada um de nós.

Maria Amélia
Organização Brasileira Espiritual dos Escritores
[ORBE dos Escritores]

Capítulo 1

— Não quero você aqui! — gritava ele colérico. — Você tem dois minutos para aprontar-se e sair. Nunca mais quero ver sua sombra!

— Isso é só descontrole seu. Pare e pense. A falta não foi tão grave assim.

— Para mim foi imperdoável!

— Se pensa assim, então irei. Mas eu estou calma, pois tenho certeza de que, quando parar para pensar, perceberá o erro.

Sílvio era sempre assim: uma explosão de pessoa. Nunca pensava em nada quando estava irado, sempre parecia um vulcão prestes a explodir a qualquer momento. E explodia, passando por cima da cultura, do amor e do respeito que ele apresentava comumente. As pessoas que viviam à sua volta tinham de conviver com aquelas labaredas que ele lançava, queimando tudo e a todos. Duravam às vezes minutos, às vezes dias, mas nunca meses.

Era conhecido justamente por essa intolerância momentânea. Alguns o detestavam, outros nem tanto.

Para ela parecia que o marido tinha dificuldade para lidar com situações difíceis, uma limitação.

Ana Luiza, a esposa de Sílvio, entrou no quarto, pegou suas coisas e mais uma vez pensou se valia a pena continuar casada com ele ou perdoá-lo como fizera centenas de vezes. Por que lhe cabia o perdão? Por que tolerava tanto? Amava-o, era verdade, mas parecia que isso diminuía a cada dia.

Se Sílvio fosse só um pouquinho mais tranquilo e não fizesse de qualquer contrariedade uma tempestade, a vida entre eles seria perfeita. Ana sentou-se na cama com desânimo, pensando: "Sílvio, Sílvio, por que sempre age assim? Cansando meu amor e nosso relacionamento".

Ela reviu o perfil psicológico do marido. Um ser instável, mas de coração bom. Era um tanto ególatra também, do contrário, não acreditaria ter sempre razão. Era um executivo bem-sucedido, no entanto, não o respeitavam. Temiam-no, ela deduzia.

Outra distorção da personalidade de Sílvio era a definição de honra distorcida. Não tinha como conhecimento intrínseco que honra é consideração e homenagem à virtude, ao talento, à coragem e às boas ações. Resumindo: honra é não nos desviarmos dos caminhos de Deus, da busca de sermos sempre melhores, de apaziguar, compreender, amar e perdoar.

A tirania, que a distorção de personalidade trazia, afastava quem não se ajoelhasse às suas vontades, fosse quem fosse. Do contrário, viveria em confronto eterno, o que era desgastante.

Apesar de amá-lo muito e sentir certa obrigação intuitiva de ficar com ele, Ana estava se cansando de suportar as tiranias, os gritos e o foco limitado do marido. Parecia-lhe que ele nunca mudaria.

Ela voltou a ficar de pé e abriu o guarda-roupa com um desânimo maior ainda. O que levaria desta vez? Sentia-se cansada dessa situação. Em dois anos de casada, fora cinco vezes para a casa dos pais, assim, expulsa. Avaliou: "Eu preciso tolerar isso? Não! No entanto, eu o amo, sinto terrivelmente sua falta quando estamos afastados".

Olhou para a cama, foi até o travesseiro do marido e cheirou-o profundamente. Sentindo o perfume da colônia que ele usava, pensou: "É castigo, só pode ser castigo. Logo eu, que adoro a paz e a calma... Mas minha calma também tem um limite e minha paz se quebra. Até quando suportarei ir e vir? Minha mãe olha-me de cara feia. Por ela, eu já estaria fora deste casamento para sempre. E minhas amigas e meus conhecidos, o que será que pensam de mim? Será que faço bem por tolerar tanto ou estimular esse lado ruim dele? Corro o risco, de qualquer dia desses, meu marido sair ainda mais dos limites e tornar-se mais agressivo?

A moça continuou pensando e jogou o travesseiro no chão com raiva: "Deus, por que não tira de mim este amor e a falta que este homem me faz?".

Deus nunca mexeria no amor de ninguém. Mesmo incipiente, ele é o único caminho.

Rapidamente, ela, com a raiva se acumulando, fez as malas, foi ao telefone e chamou um táxi. Dentro do quarto, rogou que o táxi chegasse logo. Passou pela sala e viu que Sílvio não estava. Saiu do apartamento e enfrentou sua primeira humilhação: a vizinha do lado direito estava no corredor.

Parede contra parede, era impossível que os vizinhos não ouvissem as discussões. Ana sempre ouvia a dos vizinhos, mas nunca pareciam tão agressivas. Mal deu um bom-dia à vizinha e pegou o elevador, logo o táxi parou em frente ao portão do prédio.

A vizinha também sabia que logo Ana voltaria, mas a moça não queria ir assim. Acreditava que era comum um casal se desentender, mas continuar juntos. Porém, Sílvio a expulsava aos berros. Como ficar, então?

Ela suspirou profundamente, sentindo-se envergonhada de bater na casa dos pais mais uma vez e de mala na mão. Até quando eles suportariam isso? E se dessem um basta do tipo: "Se for, não voltará mais". Onde ela pediria abrigo?

Ana entrou no carro e deu o endereço dos pais. O táxi começou a rodar pelas ruas movimentadas, e a moça, envolta em seus conflitos, não via nada. Fora avisada. Quantas vezes em seus desentendimentos de namoro e noivado, Sílvio havia ido embora, ficado dias sem dar notícias, e depois lhe mandava flores, telefonava e voltava, jurando ter sentido muita saudade dela?

"Era lindo", pensou sorrindo. Fazer as pazes era bom, mas, depois de casados, ela julgara que isso não se repetiria. No entanto, se repetia e, ao ser expulsa de seu próprio lar, isso tomava ares de vergonha e humilhação.

Ana voltou a suspirar. Precisava fazer algo para dar um basta naquilo. Se não fosse a saudade imensa que sentia dele, ou se não tivesse certeza de que ele a amava, teria sido um "nunca mais" desde a primeira briga ocorrida depois de casados. A mãe de Ana ficara indignada e dissera, quando ela narrou que o marido a expulsara:

— Ana Luiza, minha filha, vocês estão em lua de mel! Em lua de mel ainda! Nem um mês de casados! E por causa de uma bobagem dessas, ele a expulsou! Você não vai voltar! Não vou permitir que volte para ele.

— Eu não quero voltar, mãe, e não voltarei! — afirmara com segurança na hora da raiva.

No entanto, nem dois dias depois, ele mandou-lhe flores com um cartão de desculpas e depois, por telefone, falou de sua dor por estar só, sem ela.

Com a raiva diminuída, Ana não pensou duas vezes: voltou como se estivessem separados por causa de uma viagem, e tudo foi lindo. Sentiu a sanha dele ao amá-la, adorou ficar agarrada a Sílvio depois do sexo, sentindo seu perfume e seu corpo másculo.

Ana teve certeza de que outra briga daquela nunca mais aconteceria, mas meses se passaram e as brigas voltaram a acontecer. Depois, outra e outras, se repetindo.

— Chegamos, madame — avisou o motorista do táxi, olhando-a como se há muito esperasse que a moça percebesse que haviam chegado.

— Desculpe, senhor, eu estava distraída.

— Não tem problema.

Ana olhou o taxímetro, tirou o dinheiro da bolsa, pagou, pensando que não devia ter ido para a casa dos pais e, sim, para um hotel. Sabia o que teria de suportar: acusações dos pais recriminando Sílvio e o modo de ela reagir nesse "relacionamento doentio", como diziam.

Ela desceu do carro. O taxista tirou a bagagem do porta-malas e colocou-a no chão. Ana olhou a casa de sua infância. Viu as janelas abertas e as cortinas voando ao vento.

O motorista já entrava novamente no carro, quando ela gritou:

— Espere, mudei de ideia. Não vou ficar aqui.

O motorista a olhou como se Ana fosse maluca e perguntou em tom de irritação:

— Não está certo o endereço?

— Sim. Mas decidi ir para um hotel. Por favor, vamos ao centro da cidade. O nome do hotel eu digo assim que me lembrar.

— Pois não, senhora.

Ana entrou rapidamente no carro, antes que alguém da casa a visse. O motorista desceu novamente, pegou a bagagem e recolocou-a no porta-malas. Saíram.

Mentalmente, ela conferiu quanto tinha em sua conta bancária. Se precisasse de mais dinheiro, poderia pedir ao pai ou ao irmão que ganhava bem mais. Iria adiar aquele confronto com os pais. Mas era só isso? Não! Precisava tomar outras providências.

Se o marido a amava, precisava parar de fazer isso com ela. Mas como evitar? O táxi rodava pelas ruas, e Ana mudou de ideia novamente. Ela pediu ao motorista para parar em uma farmácia. Entrou e ligou para uma amiga, perguntando se poderia ficar com ela por uns dias.

A amiga sorriu ao telefone, afirmando que sim. Todos já conheciam a rotina daquele casamento.

Ana entrou no táxi novamente e mudou o endereço pela terceira vez. O motorista olhou-a pelo retrovisor com certo desânimo e perguntou:

— Madame, tem certeza?

— Tenho. Mas do que você está reclamando? Não estou pagando? — respondeu irada ao homem, que ficava julgando-a.

Todos tinham essa mania. A cada separação do casal, todos vinham lhe dar conselhos e condená-la. Uns diziam que ela não deveria sair de casa, mesmo que o marido gritasse ou a expulsasse. Outros diziam que ela deveria sair e nunca mais voltar. Mas o que entendiam uns ou outros? Sabiam por acaso a extensão da saudade que sentia do marido?

"Sílvio, Sílvio, por que precisa fazer isso? Seria quase perfeito nosso relacionamento se você não fosse tão explosivo". A mente dela processava isso em desespero, procurando uma solução. A amiga morava sozinha, também era professora e sua família era de outra cidade. Ana rezou para que aquilo não se tornasse um incômodo.

— Madame, chegamos — avisou o motorista inseguro, pois ela novamente não percebera.

Desta vez, o homem não abriu a porta de imediato nem saiu para tirar a mala. Ana confirmou com um movimento de cabeça, olhando o taxímetro e retirando o dinheiro para pagar.

Pareceu-lhe que o taxista ainda a olhava duvidando. Ana afirmou:

— Fico aqui.

Ana teve a sensação de que o taxista suspirava levemente. Ela pagou, pegou o troco, dirigiu-se até a entrada do prédio e apertou a campainha. O motorista deixou a mala ao seu lado, desejando-lhe boa-tarde. Logo o porteiro a atendeu abrindo a porta.

— Sou Ana Luiza. Margarete deve estar esperando por mim.

— Sim, senhora. Ela já avisou que a senhora passará uns dias com ela. Entre, por favor. Avisarei ao porteiro da noite para que possa entrar e sair livremente do prédio.

Ana agradeceu e seguiu até os elevadores. Olhou para a mala e arrependeu-se de não ter trazido mais roupas. Por um segundo, passou-lhe pela cabeça que desta vez não voltaria.

"Bobagem!", corrigiu-se em pensamento. "Eu sempre volto. Essa noite mesmo mal conseguirei dormir sem sentir o corpo dele ao lado do meu".

Ela chegou ao andar. A amiga já a esperava à porta do apartamento, sorrindo e dizendo:

— Não foi para a casa dos pais desta vez?

— Não! Se não se importa, prefiro ficar aqui. Estou cansada dos sermões. Eu e Sílvio somos um casal diferente. Nós nos amamos, mas apenas brigamos muito. Ele é explosivo e me expulsa. Meus pais já deviam estar acostumados.

— Exige muito deles, Ana. Nenhum pai ou mãe gosta de ver a filha maltratada. Você veio até aqui para não aguentar os sermões, então, não vamos falar disso. Será bom para mim ter companhia. Importa-se de ficar sozinha? Tenho um compromisso agora mesmo.

Ana observou melhor a amiga e viu que ela estava pronta para sair. Novamente, sentiu uma vergonha imensa.

— Não me importo. Mas devia ter me dito, pois eu não lhe teria atrasado.

— Foi só um pouco, fique à vontade. Tem comida na geladeira e roupas de cama no armário. Só não a levo porque o encontro é a dois — disse Margarete em tom de brincadeira.

Ana sorriu sem vontade, e a dúvida se fez. Devia ter ido para a casa dos pais? Teria feito a escolha certa? Tentaria não atrapalhar a rotina da amiga.

Ficando sozinha, andou pelo apartamento como se fosse uma invasora. Abriu um quarto, depois outro, avaliou que deveria juntar dinheiro e comprar um apartamento pequeno, talvez um conjugado para aqueles momentos. Assim, não teria de ir para a casa dos pais ou para a de amigos e teria um lugar também seu quando o vulcão explodisse.

Sorriu, pois não deixava de ser engraçado. Voltou a pensar que logo estaria com o marido novamente e isso a consolou.

Havia vários livros em uma estante. Ana olhou os títulos e notou que muitos já lera. Não tinha nada para fazer e sua mente borbulhava de pensamentos e inquietações. Pegou um e sentou-se no sofá. Assim, aquela tarde de sábado passaria rápido. Ainda desejou, antes de ler o livro, que a história prendesse sua atenção. Ela se envolveu com a leitura depois dos dois primeiros capítulos.

Capítulo 2

Em dado momento, Ana sentiu seus olhos arderem. Olhou para o lado, e a sala já estava quase às escuras. O sol se punha.

Sentiu fome, mas teve vergonha de abrir a geladeira. Por isso, foi até a bolsa, pegou algum dinheiro, colocou no bolso do vestido e desceu para comprar algo para alimentar-se.

Sabia que ali existiam várias lanchonetes. Ainda avaliou se levaria o lanche para o apartamento ou não. Esperando o elevador, viu quando um homem abriu a porta do apartamento ao lado e saiu. Ao se aproximar dela, perguntou:

— É vizinha nova? Sou Bruno.

— Prazer. Sou Ana. Vim só passar uns dias com Margarete. Você a conhece?

— Sim, claro. É horrível morar sozinho! Meus pais moram no interior, e este prédio parece o time dos solitários — brincou ele sem esconder certo amargor.

— Por quê? — perguntou ela intrigada.

— A universidade é perto. Estudo lá. Aqui os apartamentos são velhos, pequenos, e por isso baratos. Não suporto viver em repúblicas. Sou organizado e detesto gente temperamental. Tentei por duas vezes e sempre tinha um desorganizado ou temperamental. Gente que grita por qualquer coisa. Meu pai é assim, e eu detesto isso.

Ana não dizia nada, só ouvia aquele jovem falar à vontade. Já no elevador, ele perguntou:

— Para onde está indo?

— Estou com fome. Vou apenas comprar um lanche.

— Eu também. O que vai comer?

Ana queria voltar logo e não desejava companhia, mas ele parecia não perceber.

— Não sei ainda, só estou com fome.

— Ah! Então, vou levá-la a uma padaria, que tem um lanche especial. Mas teremos de andar duas quadras, quase três.

Sem querer, ela sorriu. Ele não a olhava; apenas observava o marcador de andares e conversava com naturalidade, como se fossem amigos e se encontrassem sempre. Ana avaliou que ele acreditava que seriam vizinhos. Teve dúvidas se queria acompanhá-lo, afinal, depois de namorar Sílvio, nunca mais saíra com outro homem para nada, nem para um simples lanche.

Já na calçada, achou estranho estar acompanhada do rapaz, que continuava falando. Talvez fosse necessidade de quem mora sozinho, avaliou ela.

Caminharam até a padaria e sentaram-se em um banco desconfortável para serem servidos no balcão. Ana preferia lanchar em uma mesa, com conforto; não gostava daquela improvisação da padaria.

Enquanto alimentava-se, Ana percebeu que o rapaz era voraz. Quando ela estava na metade do lanche, ele já terminara o dele. Ele não tomou cerveja ou refrigerante, só suco natural. Ela sentiu vergonha por ter pedido uma cerveja, pensando que ele a acompanharia.

Enquanto se alimentavam, fizeram silêncio. Observando a padaria, ela viu do outro lado vários pães e julgou que seria uma boa ideia comprar um, talvez doce, para a manhã seguinte.

Bruno sequer perguntara o que ela estava fazendo no apartamento de Margarete. Certamente, era natural dividir o apartamento por uns tempos com um ou outro.

— Gostou? É grande, nutritivo e barato, mas você pagará o seu. Eu estou com meu dinheiro contado — observou ele.

— Deixe, eu pago o seu.

— Não. Eu pago! Só não posso pagar o seu. Vida de estudante é dureza — ele comentou sorrindo com certo desconforto.

Ele levantou-se, e Ana fez o mesmo. Cada um pagou sua conta. Ana olhou para o balcão e lembrou-se de que queria levar uma rosca doce. Então, pediu uma para o balconista, que a embrulhou. Ela voltou ao caixa e pagou o doce.

Bruno ficara parado olhando-a. Ela sorriu dizendo:

— Quer que eu compre uma para você? São baratas.

— Não, obrigado. Preciso viver no meu orçamento.

Foram andando de volta ao prédio, enquanto ele falava sobre suas matérias, seus professores e o que queria fazer de sua vida. Ana Luiza não tinha chance de abrir a boca, o que avaliou ser muito bom. De volta ao prédio, ele lhe perguntou no elevador:

— O que vai fazer agora?

— Acabar de ler o livro que estava lendo.

— Estive estudando a tarde toda. Não sou capaz de assimilar mais uma vírgula! Não quer ir até meu apartamento? Poderíamos continuar conversando.

Ela sorriu com malícia e pensou: "Nessa eu não caio". Bruno percebeu e sorriu de volta.

— Venha, sou inofensivo às mulheres.

Ana sentiu o estômago se contrair. O que ele queria dizer com aquilo? Não perguntou. Talvez não quisesse ouvir a resposta, mas, com certeza, sua expressão a tinha traído. Bruno tornou a sorrir com desconforto.

— Tem preconceito? Sou homossexual.

Por reflexo, ela lhe perguntou inadequadamente:

— E você confessa assim?

— É o que eu sou. Você tem vergonha do que é?

— Por que teria?

— Eu também! Por que eu teria?

Ana estava mais do que chocada com aquela confissão tão clara. Sentiu seu preconceito vir à tona com toda a força. Onde ele havia andado? E ela que pensara não ter preconceito algum.

— Tem razão. Fiquei apenas surpresa.

Ele sorriu e refez o convite.

— Podemos jogar cartas. Tenho uma TV pequena e detesto assistir aos programas sozinho. Não tenho com quem trocar impressões sobre o que assisto.

— Preciso levar o pão para casa e avisar minha amiga sobre onde estou. Ela deixou as chaves comigo.

— Lógico — respondeu ele, como se estivesse se sentindo triste.

Um remorso acercou Ana Luiza, e ela lhe sorriu, completando:

— Será só um minutinho.

Ele a olhou nitidamente feliz, e ela pensou: "O que faz a solidão? É isso o que ele está sentindo, tenho certeza".

Novamente, ela pensou no marido e nos dois separados definitivamente. Os dois sentindo solidão.

A porta do elevador abriu-se, e ela caminhou até a porta do apartamento. Abriu-a e foi direto para a cozinha. Colocou o pão doce em cima da mesa, procurou um pedaço de papel e escreveu um bilhete dizendo onde estava. Saiu. Ia prender o bilhete na porta de entrada pelo lado de fora. Arrependeu-se. Bruno estava sem dinheiro, e, talvez quando sentissem fome, não houvesse nada no apartamento dele para alimentarem-se.

Ana abriu a porta novamente e procurou na cozinha algum pote de biscoitos. Deveria haver um. Não encontrou, mas achou milho de pipoca. Sorriu, julgando adequadíssimo.

Saiu novamente e, ao fechar a porta, prendeu o bilhete entre a porta e o portal.

O rapaz havia deixado a porta do seu apartamento aberta. Ela entrou sentindo-se intimidada. O apartamento quase não tinha móveis. Um sofá de dois lugares rasgado, uma televisão pequena em cima de uma cadeira e um tapete muito gasto no chão.

— O que você trouxe? Perguntou ele, ao ver o pote na mão de Ana.

— Milho de pipoca.

Ele sorriu, dizendo:

— Vai passar um filme ótimo! Deixe aí em cima da mesa e sente-se aqui. Já vai começar.

Ela encostou a porta do apartamento de Bruno, que percebeu que Ana estava pouco à vontade. Ele levantou-se do tapete e apagou a luz em silêncio.

Ana sentou-se no sofá e, olhando para a televisão, perguntava-se: "O que vim fazer aqui, com um rapaz que não conheço? Ele não parece nadinha com o que eu pensava ser um homossexual".

Muitas perguntas passaram pela cabeça de Ana, que descobrira ter curiosidade sobre o assunto. Ela, no entanto, avaliou que seria indelicado perguntar.

Ana olhou para o rosto de Bruno à luz da televisão e voltou a pensar no nome do rapaz. Pensou nele desmunhecando, rebolando, imitando mulher, ele não parecia capaz.

O filme começou, e Ana percebeu que lhe tinha escapado o título. Iria arranjar uma desculpa para ir-se logo. Avaliou qual seria a melhor: sono ou cansaço.

Tornou a observar Bruno e sentiu que o rapaz a queria ali para não se sentir sozinho. Ele falou alguma coisa a respeito do cenário, ela concordou laconicamente.

Bruno virou-se para Ana, dizendo:

— Desculpe. Fui insistente em pedir que viesse, mas hoje estou em um daqueles dias em que ficar sozinho é a pior coisa.

Ele se levantou, acendeu a luz e desligou a televisão. Ana perguntou:

— Por que fez isso?

— Ora! Nenhum de nós dois está assistindo à televisão. Não consigo prestar atenção ao filme. Vamos sair, andar um pouco? Gosta de caminhar?

— Bruno, estou cansada. Também não tive o melhor dia de minha vida.

— Quer falar a respeito?

— Não sei se devo.

Bruno voltou a sentar-se no chão. Estava com uma expressão desanimada, e Ana avaliou que os problemas dela poderiam não ser nada em relação aos dele. Ela sorriu, levantando-se e dizendo:

— Vamos caminhar. O ar da noite pode nos dar ânimo.

— Ana, você já olhou para a janela e pensou que ela poderia ser a solução para sua vida? Uma queda rápida, um estouro no chão, e adeus aos problemas.

Ana rapidamente sentiu a profundidade dos pensamentos de Bruno. Por reflexo, foi até a janela e a fechou. Ele sorriu:

— Não precisa fazer isso. Posso abri-la, se eu quiser.

— Por favor, não pense nisso. Todos temos problemas. Sei que o seu deve ser grande... Conviver com o preconceito não deve ser fácil.

— Todos os meus problemas não se resumem a isso. Quero estudar e não sei se terei dinheiro para o pagamento do mês que vem. Terceiro ano, e todos os meses é a mesma coisa. A tortura de todos os dias. Conseguirei pagar o mês que vem? Chegarei ao fim do ano?

— Você trabalha, ou seus pais pagam a faculdade?

— Os dois, mas tudo é sempre tão pouco. Meus pais estão em seus limites, e cada tostão que ganho é para a faculdade. Não saio, não passeio. Vai fazer um ano que não vejo meus pais. Tudo sempre tão contadinho, contadinho, e às vezes não dá.

— Você conseguiu por três anos. Conseguirá pelos que faltam.

— Hoje mesmo, estudei com afinco, tentando espantar a dúvida. Estarei lá no mês que vem? Tenho uma mensalidade que não consegui acertar. Mais uma, e estou fora. Não devia ser assim. Devíamos ter condições de estudar. As bolsas são inexistentes.

Bruno levantou-se, abriu a janela e olhou para baixo. O ar da noite voltou a invadir o apartamento, e ele sorriu amargamente:

— Minha solução é tentadora.

— De forma alguma. Você tem força, vai vencer.

Ana sentia-se como se fosse a consciência de Bruno, lutando para que ele se mantivesse na batalha.

— Dia virá que você terá dinheiro e se divertirá com esses pensamentos. Quantos homens ricos hoje já não passaram pela pobreza?

— Talvez — respondeu ele ainda olhando para baixo, debruçado na janela. — Às vezes, creio que estou ficando louco. Até sinto como se uma voz sussurrasse: — Pule, é tão fácil.

— É seu medo. Quem não tem medo e insegurança, quando não se tem certeza do amanhã?

Ana sentou-se no sofá e voltou a pensar nela. Ficaram em silêncio uns dez minutos. Bruno continuava debruçado na janela, e ela o olhava sem realmente ver.

O perfil de Bruno era complicado. Com muito dinheiro em vidas anteriores, fora um folgadão. Quando era cobrado a fazer qualquer coisa, gritava divertido: "Para quê? Posso pagar para fazerem".

E realmente pagava. Ele não compreendia que a vida não é só isso. Há muitas reencarnações, já era uma pessoa classificada como de boa índole. Era bondoso com os que o cercavam, no entanto, pouco progredira em termos de conhecimento.

Herdara do avô régia fortuna, gastando desnecessariamente quase todo o dinheiro antes de morrer e estimulando nos filhos, sem querer, a arrogância e a cultura de que o dinheiro nos desobriga a qualquer outro papel que não seja o de gastá-lo futilmente, sem outras obrigações. Com isso, acentuou suas imperfeições e da geração seguinte, criando, por consequência, a necessidade de ganhar dinheiro novamente e dar mais valor ao trabalho e à necessidade do conhecimento.

Depois de algum tempo, ela rogou:

— Bruno, saia dessa janela, por favor.

— Ana, a distância parece tão pouca. Qual será a sensação?

Ela foi até ele e o tirou de lá como uma mãe faria com uma criança teimosa.

— Olhe, eu também tenho problemas. Posso lhe garantir que são graves, mas você não me vê pensando nisso.

— Ana, você acredita em acaso?

— Lógico! Nosso encontro foi um acaso.

— Será que foi? Eu estava aqui quase não resistindo a pular da janela. Saí em um ímpeto e a vi. Fui com você e me senti melhor, mas temi voltar. É como se fantasmas me perseguissem quando fico só e sussurrassem em meus ouvidos.

— Bruno, você já é crescido para pensar em fantasmas. Você deve ter lido ou assistido a filmes demais sobre isso — disse ela sorrindo, tentando quebrar a tensão que se formara.

Ele sorriu de volta melancolicamente, respondendo:

— Você só pode ter razão, desculpe. Mas é tão real para mim. Outro dia, tive a sensação de que o apartamento estava cheio deles.

— Talvez um tratamento o ajudasse.

— Pensei nisso, mas cadê o dinheiro? Um psiquiatra é caro.

Ana teve certeza de que todos os problemas de Bruno tinham origem no conflito sexual que ele deveria sentir. Mas, como administrar aquele problema, se ela mesma descobrira há pouco mais de meia hora que tinha muito preconceito?

Curiosamente, Bruno não perguntou a Ana que tipo de problema ela tinha. Falavam só dos problemas dele, principalmente dos financeiros. Ela desejou conhecer alguém que pudesse arranjar um emprego melhor para o rapaz. O trabalho como balconista de loja por meio período não cobria realmente as despesas da faculdade.

A campainha tocou, e Margarete apareceu na porta cumprimentando-os. Ana teve vontade de dizer que queria ficar, mas despediu-se de Bruno e se foi recomendando-lhe cuidado.

Ana esqueceu sua preocupação pessoal e ficou só pensando nos problemas do rapaz e em sua tendência para o suicídio.

Margarete falava de seu programa com o namorado entusiasmada e feliz. Ana não comentou nada sobre Bruno, pois poderia apagar a felicidade da amiga.

Quase duas horas da madrugada, as duas mulheres se recolheram como colegiais em visita. Ana, por um longo tempo ainda, não conseguiu dormir; tinha vontade de voltar ao apartamento de Bruno para vigiá-lo.

A preocupação foi tanta que ela sonhou que ia até lá e via Bruno com medo de pessoas que ocupavam seu apartamento. Uma dessas pessoas, inclusive, tentava convencê-lo de que ele deveria se suicidar, afirmando que a vida não valia a pena e a solução era fácil e indolor. Ana se viu intrometendo-se na conversa e afirmando a Bruno que era mentira e que ele fizera uma promessa. Ela ainda disse que tinha certeza de que ele ainda seria muito feliz.

No meio daquela confusão de vozes e ameaças, Ana acordou assustada, teve ímpetos de sair correndo pelo corredor e ir até o apartamento do rapaz. Avaliou que pareceria insana, mas foi o que fez. Ela abriu a cortina e olhou se amanhecia. Checou o relógio e viu que marcava cinco da manhã.

Ana disse a si mesma que voltaria para a cama, mas se viu abrindo a porta do apartamento devagar e andando de camisola pelo corredor. Por fim, ela tocou a campainha de Bruno, mas ele não atendeu.

Ela pegou na maçaneta e a girou devagar, como se soubesse que a porta não estaria trancada à chave. Ana, então, o viu debruçado na janela. Ele sequer a vira entrar no apartamento. Parecia paralisado, olhando para baixo.

— Bruno, saia daí — Ana disse mansamente, aproximando-se e puxando-o.

— Você é mais uma aparição?

— Não existem aparições, Bruno. É seu medo da vida.

— Preciso de um tratamento, mas onde fazer? Não tenho dinheiro — disse o rapaz quase chorando.

— Estou aqui. Vou tomar conta de você e impedi-lo de fazer o que eles querem.

No mesmo instante que acabou de dizer isso, ela pensou: "Meu Deus, do que estou falando? Não acredito no que eu disse. Eles quem?".

Ana acendeu a luz da cozinha e fez um café. Olhou para si e percebeu que estava de camisola. O que Margarete pensaria se a visse no apartamento de um homem vestida daquele jeito?

Ela serviu café ao rapaz que parecia inanimado e disse em voz de comando:

— Fique aí, volto já.

Ana correu pelo corredor e entrou no apartamento da amiga. Foi ao quarto que ocupava procurando não fazer barulho e trocou rapidamente de roupa, como se fosse uma emergência. Voltou deixando a porta só encostada. O rapaz continuava sentado tomando gole a gole o café.

Ela procurava pensar em qual seria a melhor forma de ajudá-lo. Dinheiro para um psiquiatra ela também não tinha. Como pedir emprestado, se não sabia quanto tempo poderia durar o tratamento?

— Ana, obrigado por ter vindo. Foi como se me despertasse. Foi como se algumas pessoas, melhor dizendo, fantasmas, me pegassem e me levassem até a janela.

— Deve haver alguma explicação lógica para isso. Deve ser sua depressão pela falta de dinheiro. Bruno, não se permita entrar nesses estados.

Ana dizia isso, mas ela mesma não acreditava no que dizia. Às vezes se sentia assim quando brigava com Sílvio e era expulsa de casa. Ela teve certeza de que Bruno se sentia como ela: como se não houvesse ninguém para entender a extensão da dor infligida.

— Ana, que horas são?

— Não peguei meu relógio, mas deve ser por volta das seis.

— Seis?!

— Bruno, como aconteceu? Como foi para a janela?

"Idiota", pensou ela. "Ele estava acordado, levantou-se, abriu a janela e debruçou-se".

— Ana, eu não sei. Foi como se eu tivesse sido hipnotizado.

Rapidamente, a moça pensava: "Deve ser estado de loucura. Nunca li nada a respeito, mas vou procurar ler alguma coisa para ajudá-lo".

Os dois ficaram em silêncio. Ele acabou de tomar o café, recostou-se no sofá e voltou a dormir, mas Ana ficou ali, como a vigiá-lo.

Precisava voltar para o apartamento onde estava hospedada, pois Margarete podia pensar que ela havia passado a noite com o rapaz. Mas, se fosse, sentiria como se abaixasse a guarda.

Ana percebeu, depois de algum tempo, que ele dormia profundamente. Então, saiu sentindo remorsos e deixando a porta encostada.

Quando entrou no apartamento, Margarete estava na cozinha. Ela sorriu-lhe, dando bom-dia.

— Desculpe, eu fui até o apartamento de Bruno. Conheci-o ontem.

— Nosso vizinho? Por que tão cedo? Ele está doente?

— Sim, está. Pensa em suicídio.

— Direito dele. A vida é dele.

Ana ficou chocada com a indiferença da amiga.

— Como direito dele? Ela está sofrendo de depressão e não tem dinheiro para ajuda médica.

— Bem, eu não sou psiquiatra. Então, o que posso fazer?

A indignação de Ana foi tanta que ela até se sentou, como se uma ligeira vertigem a envolvesse. Ela lembrou-se do ditado: "Quem vê cara não vê coração".

— É seu vizinho e está com problemas. E antes disso, é um ser humano.

— Ana, por que acredita que pode resolver problemas alheios, se não pode resolver nem os seus?

Ana calou-se muito magoada. Veio-lhe à mente a frase: "Ninguém tem tão pouco que não possa dar". Realmente, não tinha dinheiro, mas uma palavra amiga, encorajadora, ela não podia negar.

Ana pegou um pouco de café, cortou um pedaço do pão doce trazido na noite anterior e começou a alimentar-se. As duas ficaram em um silêncio desconfortável. Margarete desculpou-se:

— Desculpe, Ana, mas todos nós temos problemas e não precisamos assumir os alheios. Se fizermos isso, ficaremos loucos.

— Será que não temos nada para dividir, Margarete? Que não somos capazes nem de dar um pouco de nossa companhia?

— Eu não sei. Vou voltar para a cama. Nem sei o que me acordou. Creio que foi a fome. Nem são sete da manhã de domingo e já estou acordada. Fique à vontade — disse se retirando.

Ana acabou de alimentar-se. Sentia como se Bruno fosse responsabilidade sua. Pensou na indiferença da amiga e teve certeza de que estava incomodando. Teve dúvidas novamente se deveria ir para a casa dos pais, pois pelos menos com eles tinha mais intimidade.

Pensou novamente nas reclamações dos pais, nos mil sermões que teria de engolir, e lastimou mais uma vez não ter um apartamento só para si, para refugiar-se naqueles momentos.

A moça limpou a mesa, cortou um pedaço do pão doce e levou para Bruno. Abriu a porta devagar e viu que ele ainda dormia. Teve a impressão de que a espiavam. Pensou que podia ser do prédio da frente. Olhou bem e não viu ninguém a observar, mas a sensação não passou.

Capítulo 3

Sílvio acordou de péssimo humor. Procurou a esposa tateando a cama e lembrou-se de que ela não estava. A briga voltou clara à sua mente, e ele indagou-se por que fazia aquilo. Tentara se controlar, mas gritou e ainda por cima a expulsou.

Ele pensou: "Deus, por que sempre faço isso? Eu a amo, sinto uma terrível saudade dela, mas é como se eu estivesse possesso. A raiva me cega! E por que fiquei tão irado? Só porque ela se esqueceu de levar o carro à oficina? Eu nem sequer a deixei se defender! Isso lá é motivo para tantos gritos e acusações?".

"Ela também trabalha fora. Está certo que é meio período... Eu trabalho longe, terei de pegar duas conduções e detesto pegar ônibus. Mas precisava mandá-la embora? Até quando Ana suportará essas tempestades minhas? Ela não tem essa obrigação... Preciso procurá-la, pedir-lhe desculpas, mandar-lhe flores. A mágoa dela ainda está fresca... Corro o risco de que ela não me receba. E, então, brigaremos novamente, e, embora a culpa seja minha, vou perder de novo meu controle e, pior, na casa dos pais dela, criando ainda mais confusão. Eles me detestam, mas como posso lhes tirar a razão? Ana, Ana, por que eu faço isso? Sou um idiota. Qualquer dia, você arranja alguém mais estável emocionalmente e me deixa. Será bem feito, e não poderei reclamar."

Sílvio levantou-se, fez seu próprio café e em nenhum momento deixou de pensar em Ana. Olhava para o lugar dela à mesa e quase a materializava, lastimando-se: "Ana, por que leva em conta o que lhe digo? Por favor, jogue fora isso, como um papel velho sem deixar resíduos. Do que adianta jurar que não vou fazer mais, se continuo me repetindo?".

"Sou assim, mas preciso mudar. Tenho certeza de que a amo. Se não fosse isso, eu não sentiria tanto arrependimento depois. Não vou esperar dias como faço das outras vezes. Vou buscá-la agora. Ela é minha esposa e seu lugar é comigo."

Para que sua raiva e a mágoa de Ana diminuíssem, ele tinha deixado passar o domingo. Precisava ir trabalhar com a certeza de que, quando voltasse, a esposa estaria em casa.

Sílvio voltou para o quarto e vestiu-se. Logo depois, chamou um táxi e foi direto para a casa dos sogros. Bateu e viu a sogra aparecer, olhando-o preocupada e perguntando:

— Onde está minha filha? Aconteceu algo a ela?

Foi a vez de Sílvio se apavorar.

— Não brinque, minha sogra. Nós brigamos. Ela tem de estar aqui.

— Pois não está. Dou-lhe minha palavra.

Sílvio sabia que, além de o detestarem, os pais de Ana acreditavam que ele era um mau caráter, por isso o tratavam sempre friamente. Naquele momento, por exemplo, a sogra nem sequer o convidara para entrar. Com a negação dela, ele ficou sem ação.

A sogra, Rosinda, logo deduziu o que acontecera. Sentiu-se irada. Sempre julgou o marido da filha um canalha. Podia ouvir como Sílvio gritava com ela quando namoravam e, como mãe, sentia-se ofendida também. Como ele se atrevia a gritar com Ana estando em casa alheia?

Quantas vezes também haviam desmanchado o namoro e o noivado por causa das grosserias dele? Quantas vezes ela tivera a esperança de que a filha arranjasse outro homem, um bom partido? Quantas centenas de vezes pedira a Ana para não se casar com aquele sujeito, pois qualquer dia apanharia dele?

Rosinda olhou bem nos olhos do genro. Será que isso já acontecera, e a filha não lhe dissera nada? Lembrava-se bem do seu tempo, em que a mulher era obrigada a obedecer ao marido, não tinha cultura e trabalho, e se o abandonasse ficaria à mercê da sorte, afinal nem a família nem a sociedade a apoiavam.

Toda aquela frustração vivida por sua geração parecia explodir em ódio naquela figura à sua frente. Para sua sorte, tivera algumas brigas com o marido, mas não a ponto de desejar separar-se. Ele sempre fora um bom homem, trabalhador e pai. Como marido, ela tinha muitas queixas em relação a ele, mas, sem instrução e sem experiência para um emprego, precisava engoli-lo.

Com a filha era diferente. Ana era jovem, estudada, tinha emprego e apoio dos pais. Talvez seu marido, o pai de Ana, reclamasse, mas nunca expulsaria a filha de casa, ainda mais em um momento em que ela precisasse de ajuda. O que ela ainda fazia aguentando aquele canalha?

Todos esses pensamentos lhe ferveram o sangue. Rosinda tentou controlar-se para não gritar ou dar um tapa na cara de Sílvio, como há muito desejava. Disse somente em tom de acusação.

— Você a expulsou novamente! Ela não veio para cá, pois certamente sabia que você voltaria com essa sua cara de cobra arrependida.

Sílvio sentiu-se humilhado, mas precisava explicar o que acontecia dentro de si, em sua alma. Calou-se.

Como exteriorizar aquilo que se passava com ele, quando nem mesmo entendia o que acontecia?

— Senhora, foi à toa. Eu perco a paciência fácil...

Rosinda não o deixou terminar e deu-lhe um longo olhar de desprezo total, afirmando:

— Não venha com desculpas. Você pode enganar minha filha, mas não a mim. Nunca quis esse casamento e ainda não quero! — virou as costas e entrou. Não se preocupou, pois a filha sempre corria para casa. Rosinda tinha certeza de que Ana logo chegaria.

O pai de Ana ainda lia o jornal na sala. Aposentado, ele fazia uns bicos para sobreviver quando conseguia. Sem tirar os olhos das notícias, ele perguntou à esposa,:

— Quem era?

— Ninguém. Somente alguém querendo vender algo, mas não quero comprar nada.

Atravessando a sala, Rosinda foi para a cozinha, avaliou quantas horas de sua vida tinha passado naquele ambiente, cozinhando e cozinhando. Teve uma vontade imensa de tacar fogo em tudo. Afinal, a liberdade que tinha sonhado para a única filha, dos dois filhos que tivera, parecia não ter adiantado nada.

Rosinda sentou-se desanimada em uma cadeira. O silêncio de vozes há muito era presente. De onde estava viu o marido lendo o jornal. Pensou: "Parece que eu e ele não temos mais nada a conversar. Depois de tantos anos de convivência, o que sobrou? Nada, só um cansaço imenso".

Se ela fosse ainda um pouco jovem e se tivesse escolaridade, poderia ainda fazer algo por si mesma, "virar a mesa". Olhou para a pia. Toda a louça do café da manhã estava ali. Parecia que todos os dias a louça suja estava lá, indefinidamente como castigo.

Teve uma imensa vontade de chorar, mas não soube por quem. Se pela filha, se por si ou se por todas as mulheres do mundo, tão injustiçadas pela sociedade. "Será que em outros países era igual?", pensou.

31

Pensou também que seu grande sonho era fazer uma viagem de navio, naqueles bem grandes, mas o dinheiro sempre fora pouco e os filhos sempre vieram em primeiro lugar. E quando finalmente todos estavam criados, restaram o nada e o silêncio da indiferença entre ela e o marido. Era como se todas as forças dos dois tivessem sido suprimidas, se esvaído, e só o lado mecânico dos corpos tivesse ficado.

Tentou controlar o choro, mas algumas lágrimas teimaram em rolar. Se Ana pelo menos fosse feliz, ela, como mãe, se sentiria um pouco feliz também. Não fora aquele marido que ela sonhara para a filha. Pensou em alguns livros que lera, romances de amor todos os dias e para sempre. Ilusão. Nunca existiram na face da Terra, e ela já tinha certeza de que jamais haveria.

Rosinda estava certa. Aqueles romances realmente eram ficção, mas ela não supunha que o amor verdadeiro podia ser ainda maior, mais abnegado, porém, sem perder a noção da realidade. E, quanto mais exata essa noção, mais seguro e leal é esse amor.

Levantando-se para parar de pensar nisso, Rosinda começou a lavar a louça. A raiva era imensa. Há quanto tempo o marido não lhe dava um abraço, a convidava para sair, irem a um cinema ou a tocava? Velho, pensou, ele está velho, impotente, mas eu não. Castigo, mais castigo.

Olhou novamente para ele. Parecia uma figura imóvel, que todos os dias estaria naquela cadeira lendo o jornal, indiferente a tudo o que o cercava, inclusive como se ela fosse invisível, como um móvel, de que lembramos apenas para limpá-lo e usá-lo.

Lembrou-se do seu tempo de namoro, do casamento quase obrigado pelo pai, da precipitação da família, que não a deixou namorar outros para escolher melhor.

Mas, Ana! Deus! Rosinda deixara a filha namorar com muitos para que escolhesse bem. Em momento algum, tinha apressado a filha, ao contrário. Desde que

Sílvio pisara naquela casa, ela o detestara. Depois, passou a tolerá-lo para que Ana se desiludisse, mas isso não aconteceu e o casamento inevitável veio.

Rosinda lembrou-se de quando ficou de braços dados com o marido na igreja, olhando para Ana, que, no altar e vestida de noiva, se casava, enquanto ela rezava para que a filha dissesse não. Porém, sorrindo, Ana dissera sim, e, ela, a mãe, com todos seus instintos, ainda tentava alcançar a filha para que ela dissesse mil vezes ao padre: "Não quero me casar com este homem".

A raiva em Rosinda era tão grande que, não mais se controlando, ela jogou uma xícara no chão como um modo de aliviar-se. O marido perguntou sem nenhum interesse, como por pura obrigação:

— Você se cortou? Tome mais cuidado.

Rosinda não respondeu. Para quê? Ele não estava realmente interessado. O homem nem sequer cobrara a resposta. Ela teve vontade de quebrar toda a louça que estava na pia, mas do que ia lhe adiantar? Do que a livraria daquela vida vazia?

Como convenceria Ana a não voltar para aquele canalha? Rosinda tinha vontade de esmurrar, matar e ver Sílvio sangrar. Pela filha, sentia uma grande desilusão por aguentar tudo aquilo, por todas às vezes que voltava para ele.

Rosinda deduzia que Ana provavelmente estivesse em um hotel barato, mas que logo iria para a casa dos pais, pois não tinha dinheiro para pagar a hospedagem por muito tempo. Quando a filha chegasse, novamente lhe rogaria que se divorciasse de Sílvio.

A mãe rezou para que Ana não tivesse retornado para casa e que voltasse a morar com eles definitivamente. Pelo menos assim, teria notícias por meio da filha do que acontecia lá fora.

Ela e Ana sempre conversavam muito. A filha sempre comentava sobre o trabalho, as amigas, a rua. Era como se Rosinda, por meio da vida da filha, tivesse também um pouquinho de uma vida diferente.

Restava pouca louça, mas na sua raiva misturada com angústia largou tudo na pia, até a que já estava ensaboada. Não aguentava mais aquela rotina.

Rosinda tirou o avental e o jogou longe. O marido nem se mexeu. "Com certeza, está morto, sentado com o jornal nas mãos", deduziu, maldosamente. Ela precisava sair, andar um pouco, sentir o sol, ter certeza de que não vivia em um mundo apartado do resto.

Passou pela sala, e repensou: "Morto, ele está morto com esse maldito jornal nas mãos!". Entrou no quarto, trocou de roupa, calçou sapatos confortáveis e comunicou ao passar pela sala:

— Vou sair.

Ele respondeu sem olhá-la:

— Vai trazer sacola pesada?

Novamente, Rosinda não respondeu, mas pensou: "Maldito! Nem é dia de feira! É sempre assim! Só saio para ir ao mercado ou à feira! Escrava! É isso que me tornei: escrava!".

Com os filhos crescidos, o que a prendia àquela escravidão? Seu sustento. Precisava da aposentadoria do marido para comer, beber, morar etc.

Sem suportar mais aquela agonia, Rosinda andou apressada pela calçada, detestando tudo: a rua, as vizinhas, a vida. Andava apressada como se tentasse sentir que seu sangue ainda circulava e se continuava viva.

Viu um casal de namorados de mãos dadas à sua frente e teve vontade de gritar à jovem adolescente: "Largue-o, fique só! Não se case! Um dia, ele morrerá sentado com um jornal nas mãos, como se você não existisse, ou a expulsará cada vez que você não o agradar!". Rosinda sentiu uma agonia maior ainda, como se fosse mãe de todas as jovens do mundo.

Andou, andou, até quanto suas pernas aguentaram. Depois, voltou como se estivesse sendo obrigada. Não tinha para onde ir. A louça ainda estava lá, e o marido continuava mumificado. Porém, os filhos, seus carinhos e sorrisos, não mais.

Rosinda precisava despertar. Há fases na vida para ser bebê, criança, adolescente, adulto, mãe, avó, e, em paralelo a todas essas, não deixamos em nenhum momento de ser humanos, de ser espíritos em crescimento.

Ela estava mentalmente procurando ser ainda melhor e fazer mais. E, como disse Jesus: "Buscai e achareis"[1].

---

1 - Matheus 7:7 Bíblia João Ferreira de Almeida

Capítulo 4

Ana, por sua vez, pensava em avisar à mãe. Foi até um telefone público e ligou para casa. O pai atendeu. A moça perguntou como estavam todos, e ele respondeu que bem, mas a mãe estava fora, na feira, e logo voltaria.

Romualdo olhou no relógio e viu que mais de duas horas tinham se passado. A esposa estava demorando. Ana desligou dizendo que ligaria mais tarde. "É sempre assim", pensou ele. "Os filhos esquecem que têm pai. São sempre dedicados à mãe. Também, pudera! Durante toda a minha vida, trabalhei muitas horas para sustentá-los e não tive tempo para conviver mais amiúde com eles".

Sempre que iam visitar os pais, os filhos preocupavam-se com a mãe, levavam presentes para ela e o máximo que faziam para ele era ligar e dar os parabéns em seu aniversário.

Romualdo colocou o jornal ao lado. Por que lia o jornal todas as manhãs? As notícias eram sempre as mesmas. Na política nem o discurso mudava. A onda de assassinatos, os golpes e os roubos mudavam os figurantes, mas a ação era sempre a mesma. No seu desconhecimento da história da humanidade, julgava ele que nada nunca mudava.

Olhou pela janela. A rua continuava silenciosa, e algumas crianças brincavam. Voltou a pensar em seus filhos.

Devia ter-lhes dado mais atenção. Devia ter se esforça-do para ter mais paciência, ter jogado bola com eles, como o marido da vizinha sempre fazia.

Lembrou-se do dia em que seu filho mais velho, Amâncio, pediu para viajar com o senhor Antônio. Lembrou que temeu, que ia negar, pois mal conhecia o vizinho e sua família. Mas o olhar de felicidade de Amâncio era ta-manho. Era como se o senhor Antônio fosse o melhor pai do mundo. E era. Ele levava os filhos para pescar e para passear. Amâncio era amigo de um dos filhos do vizinho.

Quando Amâncio voltou do passeio, depois de três dias, vinha feliz, irradiando felicidade. Romualdo ouviu o filho comentar com a irmã:

— Queria muito que o senhor Antônio fosse meu pai. Ele é muito legal. Ensinou-me a nadar no lago, a pes-car, a montar barraca. Foi incrível.

E a filha respondeu:

— Eu também queria muito ir. Nosso pai nunca nos leva para acampar ou passear em lugares assim.

Romualdo lembrou-se de que sentira muita tristeza por isso. Como podia ele ficar fora tanto tempo? O di-nheiro sempre suado, o trabalho pesado na fábrica, exi-gindo-lhe muito de seu físico... Além disso, ele nunca gostara de mato.

Ele, no entanto, avaliava tardiamente que deveria ter feito um esforço a mais e tentado ser mais amigo. Teria levado os filhos para acampar, jogado bola com eles, conversado mais. Porém, a paciência sempre lhe faltava. Parecia que as crianças faziam muito barulho, que falavam e brigavam demais, e agora ele detestava o silêncio que tanto desejara e que naquele momento tinha. Como pôde ter mandado os filhos se calarem milhares de ve-zes e agora rogava que o barulho voltasse? Como cresce-ram tão rápido? Em um dia, nasciam e no outro já surgiam adultos? Amâncio, inclusive, já lhes dera netos.

Como sempre detestara o trabalho na fábrica e, na-quele momento, aquele mesmo trabalho lhe fazia imensa falta? Olhou para o jornal largado em cima do sofá, olhou a hora. Realmente a esposa demorava. Certamente, estava de conversa com alguma vizinha na feira.

Ela não devia fazer isso. Ele precisava almoçar mais cedo, pois ia ver aquele "bico" para aposentados que lhe haviam indicado. Uns trocados a mais na aposentadoria irrisória, um motivo para voltar a viver e sentir-se útil.

Ainda pela janela, viu que a esposa abria o portão. Estava um pouco suada, arquejante e sem a sacola.

Assim que Rosinda entrou em casa, ele perguntou:

— Cadê as compras?

— Hoje não é dia de feira — ela respondeu secamente.

— Então, aonde foi?

— Andar. Eu precisava ver se ainda estou viva! — respondeu mal-humorada, entrando no quarto.

O marido calou-se pensando: "O que deu nela para andar assim à toa pela rua, a essa hora da manhã?".

Quando Rosinda saiu do quarto, tinha tomado um banho e trocado de roupa. Ele deu o recado:

— Sua filha Ana ligou e disse que vai ligar novamente.

Era assim que ele sentia: como se Ana fosse filha só de Rosinda e não tivesse nenhum vínculo com ele. Ao voltar para a cozinha, Rosinda olhou desanimada para a louça, lembrando que devia já ter começado o almoço há meia hora. Ela perguntou:

— Ela está bem?

— Disse que queria falar com você e que volta a ligar.

"Pai sempre ausente", julgou Rosinda. Onde estava ele quando ela precisava? Nos dias em que se sentia cansada demais, com algum filho doente para cuidar dia e noite?

Fora trabalhar. Como se faltar um dia ao trabalho fosse motivo para ser demitido. Nunca, nunquinha, ele passara uma noite acordado cuidando de um dos filhos.

Ela, no entanto, passara milhares. Também não dava para confiar nele, pois Romualdo tinha sono pesado. Rosinda olhou para o marido novamente, e ele voltara à mumificação, com o jornal nas mãos. Ela rezou:

— Deus, ajude-me para que eu faça algo que me deixe feliz e não tenha que ficar nesta casa assim, como uma morta-viva.

Com o jornal nas mãos, o marido avaliava que aquele "bico" precisava dar certo. Também se sentia um morto-vivo. Ele acreditava que Deus era injusto ao obrigar o homem a trabalhar e, quando este já estivesse acostumado, lhe tirar o trabalho, fazendo-o sentir uma falta imensa da atividade.

Romualdo avaliou que o homem devia trabalhar até o último momento de sua vida e que seu corpo não deveria se sentir cansado, como o dele, por exemplo, que já começava a dar sinais. Lições de humildade que sempre surgem para combater a arrogância que nossa ignorância nos dá. Romualdo, no entanto, ainda não aceitava isso.

Ao se lembrar do compromisso, ele recomendou à mulher que não atrasasse o almoço, pois não gostava de alimentar-se fora de casa. O sabor não era o mesmo. Estava acostumado com o tempero leve de sua esposa. Olhou para a televisão e pensou em ligá-la. "Para quê?", perguntou-se, deduzindo que só haveria programas para crianças, que ele julgava idiotas.

Romualdo voltou a lembrar-se de que vira os filhos muitas vezes assistindo à televisão, que até tentara fazer-lhes companhia algumas vezes para ter algo em comum com as crianças, mas lhe pareciam tão infantis e ele não tivera a paciência devida, como ainda não tinha.

Ouviu o telefone tocar novamente. Teve certeza de que era Ana para a mãe e sequer fez menção de atender. Rosinda veio da cozinha, reclamando:

— Está surdo, não ouviu o telefone?

Ele não respondeu. Como explicaria à esposa que sentia como se Ana fosse apenas filha de Rosinda e que parecia que nunca existira nenhum tipo de intimidade entre ele e Ana?

Com o jornal ainda nas mãos, Romualdo ficou ouvindo a conversa entre as duas mulheres. De repente, ouviu quando a esposa suspirou alto, dizendo:

— Outra vez, filha? Quando vai acabar com isso? Largue-o e volte a morar conosco.

Romualdo pensou nessa frase. Será que, se Ana voltasse a morar com o casal, ele finalmente conseguiria ter a intimidade que um pai deve ter com seus filhos?

Ele também sabia que a filha tinha problemas com o marido. Não que o genro fosse um canalha, mas ele tinha temperamento explosivo. Será que um homem não tinha o direito de gritar uma vez ou outra em sua própria casa? As mulheres já não eram mais as mesmas, estavam intolerantes. Antigamente, sim, o homem era o dono da casa e do lar, e os filhos o respeitavam como devia.

Para Romualdo, Ana devia aguentar os gritos do marido sem sair de casa. Logicamente, ele, como pai, não lhe negava abrigo quando ela chegava de mala na mão e chorando, mas divórcio era algo intolerável para ele. Ana escolhera o marido. Logo, que vivesse com ele. Sílvio era honesto, trabalhador e ganhava bem. O que mais Ana poderia querer?

Romualdo leu uma notícia no jornal, enquanto Rosinda falava com a filha. Ele iria conversar com a esposa. Ela não devia estimular Ana a divorciar-se. Ele teve certeza de que deveria ter influenciado mais na educação dos filhos e ensinado à filha que ela tinha de obedecer ao marido.

Rosinda, no entanto, ensinara aos filhos de seu próprio jeito e dera no que dera. Ana, com qualquer briguinha, voltava chorando para a casa dos pais, e a mãe dava-lhe apoio, quando deveria negar-lhe pelo menos algumas vezes.

E se ele tentava dizer algo, as duas partiam para cima dele, como se a sua opinião fosse a mais absurda. Modismos. Como as mulheres se deixavam levar pelos modismos. "Os tempos em que a mulher obedece ao pai e ao marido voltarão. Isso é o certo", acreditava ele, dando asas à sua tendência à tirania. Ouviu quando a esposa disse à filha, repetindo-se:

— Filha, divorcie-se. Você é jovem e pode encontrar outro partido melhor. Há tantos homens melhores educados por aí.

Assim que a esposa desligou o telefone, Romualdo lhe disse:

— O casamento de Ana não dá certo porque você se intromete muito.

— Não é verdade. O marido dela grita por qualquer coisa e a expulsa de casa. O que você quer que ela faça? Que implore para ficar?

— Ela deveria obedecer ao marido! Assim, as brigas não aconteceriam.

— Obedecer?! Obedecer?! Ora! O tempo da escravidão já se foi! E você tome cuidado, pois estou pronta a me soltar das amarras do tronco.

— O que você quis dizer com isso?

— Que qualquer dia desses, eu largarei tudo e tentarei outra vida.

— O que Ana tem dito a você? Isso lá é coisa para uma mulher de família com neto dizer?

— E daí? Eu não estou morta! E tentarei! Deus há de me ajudar. Preciso me sentir viva! E sabe de uma coisa? Se quiser seu almoço, faça-o! Eu não faço mais porcaria nenhuma! Não quero almoçar, então por que tenho de fazer?

— Porque sou seu marido, e esposas são para isso! Agora vai querer ficar vagabundeando por aí, nessa idade?

— Quero! Quero, sim!

Rosinda tirou o avental e jogou na cara de Romualdo. Depois, apagou o fogo do feijão que já cozinhava. Ele que comesse ovo frito ou um lanche na padaria ou onde quisesse.

Passando pela sala, Rosinda desligou a televisão portátil da tomada e a carregou para o quarto. Ia, sim, tirar um dia de folga. Ela também trabalhava e tinha direitos.

Nunca em sua vida, deixara um dia de cozinhar. Pois, naquele dia, não ia cozinhar. Bateu a porta do quarto com força e ligou a televisão em qualquer canal. Desenhos infantis. Pois, sim. Era o que assistiria. Deitou-se na cama de pernas para cima.

A sensação de que ela fugia de uma obrigação, no entanto, não a deixou relaxar. Rosinda ficou pouco mais de meia hora no quarto e voltou para a cozinha. Talvez o "bico" que o marido iria ver pudesse lhes dar uma condição melhor. Talvez sobrasse dinheiro para irem ao cinema de vez em quando, ver aquele filme que ela tanto queria.

Ao entrar na cozinha, viu que o marido fazia um lanche frio de queijo com presunto. Era só isso que a habilidade dele na cozinha lhe permitia fazer. Sem dizer nada, Rosinda fritou um bife e serviu ao marido. Pelo menos assim, estaria melhor alimentado. "Talvez ele precisasse demorar", pensou ela, com remorso.

Romualdo comeu o bife com pão e sequer a agradeceu. Foi até o quarto e trocou de roupa, saindo em seguida. Rosinda, então, sentiu-se só e, juntando o jornal que o marido deixara espalhado na sala, começou a chorar, por ela, pela filha e pelas mulheres de vida infeliz.

Assim que colocou os pés na rua, Romualdo olhou em volta e teve a certeza de que o mundo estava perdido. Observou as mulheres andando na avenida, dirigindo carros, trabalhando nas lojas, nas fábricas e nos bancos. Lugar de mulher não era ali, mas no lar, cuidando dos filhos. Não era por acaso que os casamentos acabavam. Qual homem gostava de chegar em casa e não ter a mulher em casa com o jantar pronto, os filhos de banho tomado e a casa reluzindo de limpa?

Romualdo pegou o ônibus e foi sacolejando até o outro lado da cidade. Se conseguisse o emprego, faria aquele trajeto todos os dias. Talvez o salário não valesse a pena, mas ficar em casa, lendo o jornal todos os dias, seria um pesadelo. Além disso, Rosinda andava tão mal-humorada que era preferível não falar com ela.

E o que ela fizera pouco antes, levando a televisão para o quarto e deixando de fazer o almoço? Aquilo não deveria ser tolerado por homem algum. Mas ele não queria brigar. Já tinham brigado antes, e uma briga por dia bastava.

Romualdo desceu no ponto e andou até a agência de emprego. Pegaram seu nome e pediram que ele esperasse. Ele sentou-se entre outras pessoas: jovens, velhos e mulheres.

Romualdo olhou através do vidro e viu que todas as entrevistadoras eram mulheres. "Onde estavam seus filhos? Por quem estavam sendo criados? Lugar de mulher não era ali tomando emprego de homem", pensou.

A moça que o atendeu logo depois certamente era mais jovem do que sua própria filha. O que entendia ela de trabalho? Como poderia julgar sua capacidade de mais de trinta e cinco anos de fábrica? Como poderia julgar seu conhecimento de cada parafuso? Não era justo. Ele, sim, deveria estar entrevistando as pessoas e julgando-as.

A jovem falava-lhe do emprego, do que exigiam, mas ele se levantou bruscamente, questionando-a:

— Quem está criando seus filhos? Por que não deixa o emprego e vai cuidar deles?

A jovem, passada a surpresa, olhou-o sorrindo.

— Senhor, não sou casada e não tenho filhos.

— Então, o que entende da vida? Como pode avaliar minha capacidade? Quantos anos você tem?

Romualdo viu a jovem, sem discrição, olhar para a outra mesa e trocar risos e olhares com uma colega. Depois, ela voltou-se a ele, dizendo:

— O senhor não preenche os requisitos exigidos pela empresa.

Ele não retrucou. Levantou-se e saiu devagar, ouvindo às suas costas a jovem observar sem caridade:

— Esse já está gagá. Está preocupado com filhos que nem tenho.

Juntaram-se os risos de mais pessoas. O mundo estava virado, e ele não queria mais viver naquele mundo. Romualdo não foi para casa e andou pela cidade.

Cansando-se, sentou-se em um bar e tomou uma cerveja. Onde estariam todas as pessoas que, como ele, trabalharam os trinta e cinco anos? De repente, parecia que o mundo não tinha mais lugar para nenhuma.

Pareceu-lhe que essas pessoas serviam apenas de motivo de chacota e risos nada discretos. E o que dera nele para perguntar à jovem sobre filhos que ela nem tinha? Era jovem demais e mal saíra das fraldas. Será que também iria ser intolerante com o marido, como Ana era e como Rosinda estava se tornando?

Romualdo esperou entardecer para ir para casa. Era assim que deveria ser. Um homem precisa trabalhar pelo menos oito horas para depois voltar para casa. O governo precisava garantir emprego a quem pudesse trabalhar.

Ele pensou naquela viagem de férias com que um dia havia sonhado. Mas como levaria a família toda, se o dinheiro não permitia? De repente, aquela viagem desejada perdera complemente o sentido, e ele só pensava no cansaço do deslocamento. Será que era isso que o frustrava tanto agora?

Não tinha mais o que fazer na rua. A cerveja já fora consumida, e ele não era de beber nada. Precisava urgentemente arranjar algo para fazer. Ficando em casa, ele incomodava a esposa, e, ao mesmo tempo, ela o incomodava.

Esperou o ônibus para voltar para casa. Pegou-o, desejando que demorasse a chegar.

Capítulo 5

No dia seguinte, Sílvio pensou em faltar ao trabalho. Ligou para a escola onde Ana trabalhava como professora, e disseram-lhe que ela não tinha aparecido. "É mentira", ele deduziu. Ana estava com raiva, muita raiva, e com razão. Ele não insistiria. Era melhor deixar os dias passarem. Mas voltar para casa e não vê-la o deixava com muito remorso.

À hora do almoço, por coincidência, Sílvio encontrou uma colega de trabalho, e almoçaram juntos. Ele teve uma vontade imensa de convidá-la para ficarem juntos naquela noite. Um programa inocente, um cinema, só uma companhia.

Sílvio sentiu uma censura. Era melhor não. Mas, sozinho em casa, voltou a pensar nela. Detestava a solidão. Se fosse jantar na casa de seus pais sem Ana, teria de explicar muita coisa. Seus pais também não apoiavam suas explosões. A colega sequer sabia que ele era casado. Sílvio só queria uma companhia para matar o tempo. Não a tocaria. Afinal, perguntou-se: "Tenho o direito de ter uma amiga ou não?".

No dia seguinte quando quase acabava o almoço e enquanto ela falava a Sílvio sobre sua família, ele a convidou. A moça sorriu e prontamente aceitou o convite.

Mal fez isso, Sílvio já se arrependeu, mas a moça o olhava sorrindo, expressando prazer.

Ele programou-se para ir em casa, tomar um banho e trocar de roupa. Pegaria a moça em casa ou em qualquer outro lugar para jantarem juntos e talvez irem ao cinema. E depois, mais nada.

Durante o resto da tarde, Sílvio não viu mais a colega. Trabalhavam em departamentos diferentes. Várias vezes, pensou em ligar pelo ramal interno e cancelar o encontro, dizendo que aparecera um compromisso urgente e que teriam de adiar. Não! Diria que não podia e contaria que era casado, afinal poderia haver fofocas.

Como tábua de salvação, Sílvio ligou para o trabalho de Ana novamente. Outra vez, disseram que ela não estava, sem que ele sequer tivesse se identificado.

Estranhou aquilo, mas julgou que provavelmente já conheciam sua voz. Olhou para o calendário. A raiva de Ana duraria no mínimo uma semana. Ele tornou a arrepender-se do que fizera.

Sílvio ligou para Lígia, a colega, e ela o atendeu. Um segundo antes, ele havia decidido desmarcar o encontro, mas, ao ouvir a voz da moça, idiotamente, apenas confirmou.

Ele foi para casa no fim do expediente, tomou um banho demorado, e surgiu-lhe a certeza de que não iria. No entanto, quando estava se trocando para o encontro, decidiu ligar para a sogra, que, assim que ouviu sua voz, bateu o telefone.

Sílvio ficou sentado um pouco mais ao lado do telefone. Ia ligar de novo, pois, quem sabe, Ana atenderia, e ele correria para ela. Tentou, e o telefone novamente foi batido com força.

Ele levantou-se da poltrona, olhou-se no espelho, penteou o cabelo e pensou: "Ana, Ana, por que você ouve o que digo quando estou com raiva? Sinto sua falta e detesto ficar sozinho!".

Sílvio olhou para o relógio que ficava ao lado de uma foto em que ele e Ana estavam abraçados e sorrindo e condenou-se mais uma vez. Não saiu. Ficou sentado no sofá, pronto, arrumado para sair, mas esperando, como se a esposa fosse chegar a qualquer momento.

O tempo passou. Ana não chegou, ele não foi ao encontro e sentia muita fome. Sílvio foi até a cozinha e fez um lanche com pão do dia anterior, que estava um pouco duro. Encontrou um resto de refrigerante, mal fechado, provavelmente também por ele, quase sem gás, horrível. Alimentou-se. Era seu castigo por maltratar a esposa.

Olhou no relógio da cozinha. Nunca tinha reparado que a casa tinha tantos relógios, como a marcar o tempo que ficava sem Ana.

Foi para o quarto e começou a tirar a roupa devagar. A cama estava desarrumada desde a noite anterior. Ele olhou para o telefone. Queria ao menos dizer um boa-noite à esposa. E, embora já fosse tarde para ligar para qualquer pessoa, pensou que talvez Ana também não estivesse dormindo e que desta vez seria ela e, não a sogra, quem atenderia o telefone.

Discou o número e esperou tocar diversas vezes. Uma voz sonolenta atendeu, e ele pediu suplicante:

— Senhora Rosinda, deixe-me falar com Ana, por fa...

Ele nem sequer conseguiu terminar a frase. A sogra novamente batera o fone. Sílvio teve vontade de ir até lá e implorar, gritar seu arrependimento, mas não o fez. Tirou o resto da roupa e vestiu uma camiseta. Deitou-se na cama e desejou que a esposa estivesse ao seu lado para poder abraçá-la e lhe pedir perdão mil vezes, se fosse preciso.

Ana, por sua vez, realmente não fora trabalhar. Ela dissera que estava doente como justificativa, mas não queria deixar Bruno sozinho. Chegara a trocar-se para ir ao trabalho e a pegar suas coisas, mas antes passara para ver como ele estava.

Sentira nele como algo ruim pairando à sua volta, um temor frio passara-lhe pelo corpo. Depois de pedir para entrar no apartamento, Ana acomodou-se no sofá. O rapaz aproximou-se dela, abraçando-a como se fosse sua mãe e depois ficou em silêncio.

Ana olhava disfarçadamente para seu relógio de pulso. Estava se atrasando, mas como iria dizer: "Sinto muito, mas sou apenas sua amiga nas horas de folga e agora preciso ir trabalhar"?

Não disse, não era cristão. Ana sorriu intimamente. Desde quando passara a pensar assim, se era ou não cristã? Ela nem sequer conhecia as leis de Deus. Sabia alguma coisa, lógico, pois fizera o catecismo, mas parecia um fato tão remoto.

Depois de um longo tempo, Bruno lhe disse:

— Você foi como uma enviada do céu. Sinto-me bem em sua presença. Não parece que somos amigos há anos? No entanto, eu mal a conheço.

— Bruno, Deus sempre socorre aquele quem lhe pede ajuda com sinceridade. Tomara que eu possa fazê-lo.

Soltando-a, o rapaz sorriu e pediu:

— Pode ficar comigo hoje? Tenho medo de sair, de ir à faculdade, de ficar só... É como se mil perigos estivessem à minha espreita.

Ana olhou em volta. Na sala pobre, mal decorada e bagunçada, ela teve certeza naquele momento de que, de alguma forma, o rapaz falava a verdade e viu-se dizendo sim, que ficaria. Pediu somente que lhe desse alguns momentos para ligar para o trabalho e inventar uma desculpa. Não queria abusar e preferia telefonar fora.

Bruno a acompanhou ao telefone público. Ela ligara para o trabalho e para a casa dos pais. A mãe não estava, e o pai sempre continuava sendo ausente. Ana não lhe contou nada. Depois ligaria novamente para a mãe.

Voltaram para o apartamento de Bruno e começaram a limpar e arrumar as coisas. Ele era muito organizado. De repente, se viram rindo, completamente à vontade, contando um ao outro coisas engraçadas de suas vidas. Parecia que ele esquecera o perigo e que a presença dela espantava seja lá o que fosse. Algo que às vezes ela também podia sentir.

Para terem motivos para sair um pouco, Ana sugeriu que fossem almoçar fora. Ele não queria, pois não tinha dinheiro. A moça teimou, dizendo que iriam a um lugar bem barato e que ela pagaria. Relutante, ele aceitou. Saíram, deram um passeio pela praça, compraram pipocas para os pombos e sentaram-se um pouco.

Quando já passava de uma hora da tarde, almoçaram em um lugar realmente barato que Ana conhecia. Bruno a convidou para um dia viajarem até a casa dos pais dele e falou-lhe sobre a cidade pequena e suas peculiaridades.

Voltaram para o apartamento. Ele tinha um trabalho da faculdade para fazer, e ela se propôs a ajudá-lo. Fizeram o trabalho juntos como uma parceria perfeita.

A noite começou a se aproximar, e o comportamento de Bruno começou a mudar. Ele voltou a ficar temeroso, mas ela não podia passar a noite com o rapaz. Margarete poderia deixar isso escapar a alguém, e quem acreditaria que Ana só fizera companhia a Bruno? Ninguém.

A moça percebeu que, durante todo o dia, não pensara em Sílvio, mas queria ir até o telefone público e ligar para ele, embora deduzisse que o marido ainda estivesse com raiva e que iriam discutir novamente. Ana começou a pensar se realmente valia a pena voltar para o marido.

A noite estava quente, e Ana pensou em convidar Bruno para tomar um sorvete. Decidiu que não, pois ela teria de pagar novamente, e ele poderia se sentir humilhado.

Fizeram um lanche no apartamento de Bruno, e ela sentiu que a angústia do rapaz aumentava a cada momento. Não sabia se era por que a noite se aproximava ou se por que ele sabia que Ana voltaria para o apartamento da amiga, que já devia ter chegado.

Ana acabou convencendo-o a sair para andar. Sentia desconforto em deixá-lo, mas não podia passar a noite com ele. Passara o dia, e o porteiro os vira subir e descer várias vezes juntos e provavelmente já estava pensando o que não devia.

Ana avaliou como as aparências enganavam. Será que o porteiro sabia que o rapaz era homossexual? Duvidava. Mas também o que importava? Em alguns dias, ela iria embora e voltaria para Sílvio.

Andando pela calçada, Ana teve vontade de pegar na mão de Bruno várias vezes, como se fossem íntimos. Chegou mesmo a ficar olhando para as duas mãos balançando ao ritmo do movimento de andar.

Ela tentou várias vezes tirar esse pensamento da cabeça, mas, involuntariamente, sentiu prazer quando ele pegou em sua mão com naturalidade.

Quando já estavam chegando perto do prédio, ela se deu conta de que poderiam ser mal interpretados e, discretamente, soltou a mão de Bruno, fingindo que precisava procurar algo na bolsa.

Pegaram o elevador, e, quando chegaram ao andar, Bruno comentou:

— Engraçado, meu medo diminuiu.

— Ótimo! Vou dormir mais sossegada! Mas, mesmo assim, mantenha a janela fechada — observou ela, admirada de brincar com algo que estava temendo há pouco tempo.

Ana tirou as chaves do apartamento da amiga da bolsa, abriu a porta e entrou. Não contou nada a Margarete de que faltara ao trabalho naquele dia. Falaram de coisas corriqueiras e depois se recolheram.

Ana ainda ficou pensando em Bruno por um tempo, em seu olhar tristonho e em suas inseguranças e teve certeza que, de algum modo, ela fazia diferença real na vida dele.

Bruno ainda não percebia claramente que cultuava um grande complexo de inferioridade e que era pessimista quanto ao futuro. Sempre lhe ocorria que a vida era seguir o caminho para o nada.

Era um bom filho, preocupava-se com os pais, que não mediam sacrifícios para ajudá-lo nas despesas para que continuasse estudando.

Ele não procurava fazer amizade, era muito quieto na faculdade, e os colegas nada ou pouco o conheciam. Ele se sentia forçado a viver, como se os pais o obrigassem a isso. E se não tinha cometido o suicídio ainda era para não desiludi-los. Porém, com o afastamento do seio familiar, esse medo diminuía, e essa falta de esperança e fé no futuro o deixava à mercê das más influências.

Capítulo 6

No outro dia, envolvida com seu trabalho de professora de meio período, Ana até se esqueceu dos problemas e percebeu que o trabalho também servia como alívio. Gostava do que fazia, adorava os alunos do ensino fundamental, turma de quarta série. No intervalo de quinze minutos entre as aulas, corrigia lições ou dava um visto nos cadernos.

Estava fazendo isso na sala dos professores, quando uma colega a chamou, dizendo que seu marido a procurava. Por uns momentos, Ana sentiu-se confusa, mas depois sorriu agradecendo. Temeu que Sílvio fizesse um escândalo ali mesmo e sentiu as mãos frias. Ele nunca tinha ido até o colégio procurá-la.

Ana respirou profundamente. Melhor seria levá-lo para fora das imediações da escola. Olhou no relógio e viu que faltavam menos de dez minutos para recomeçarem as aulas. Não ia dar.

Assim que saiu da escola, teve uma surpresa. Bruno, de caderno nas mãos, sorria para ela e brincava:

— Vim assistir às suas aulas.

— Por que disse que era meu marido? — perguntou ela andando para fora do prédio, descontente pela brincadeira.

— Você comentou comigo que ninguém conhecia seu marido. Fiquei sem jeito de me identificar como um colega ou amigo, pois as pessoas não aceitam isso muito facilmente sem malícia.

Ana avaliou que ele não deixava de ter razão, pois as pessoas sempre preferiam pensar mal dos outros.

— O que veio fazer aqui?

— Vê-la. Só tive uma aula e sei que vai ficar aqui durante algum tempo ainda. Posso vir buscá-la?

— Não, Bruno, prefiro que não. Por favor, não faça mais isso e é melhor não vir até aqui. Direi que você é um primo e que fez uma brincadeira tola.

Ana percebeu que o rapaz ficara ressentido, mas Sílvio poderia ficar com ciúme. Ao pensar no marido, Ana gelou, lembrando-se de como ele agia quando ficava com raiva. Para sua surpresa, ela descobriu que não estava sentindo saudades dele e que ultimamente já não tolerava mais tanto aquelas crises.

Ela tentou tirar isso da cabeça. "Amo-o e sinto saudade dele", afirmou mentalmente para si mesma, convencendo-se. Bruno continuava falando, então ela parou de pensar para prestar atenção ao que o rapaz dizia:

— Ana, essa noite não tive medo algum. Senti algo em meu quarto, mas como algo bom. Era como se você estivesse lá.

A moça sorriu:

— Eu não fui ao seu apartamento. Dormi tão profundamente que quase perdi a hora.

— Vim aqui para lhe pedir que me faça companhia hoje, depois das aulas. Você me faz bem.

Como primeiro impulso, Ana quase disse que sim, mas pensou que o melhor era dizer não.

— Ana, por favor, o que vai fazer hoje à noite? Fique comigo lá em casa.

— Tenho muitas provas para corrigir. Preciso entregar as notas, fechar o diário...

— Eu a ajudo! Afinal, sou universitário. Em dois, fazemos esse trabalho na metade do tempo. Aliás, dê-me algumas e eu começo a corrigir antes do trabalho.

A moça viu-se encurralada. Ele passava a impressão de que faria com prazer. Ana voltou para dentro do prédio, pegou as provas e, em seguida, entregou-as a ele, dizendo:

— Você só coloca certo ou errado. Eu dou as notas.

Bruno pegou as folhas, mediu a grossura e, visivelmente feliz, disse:

— Uma hora ou duas, e tudo estará pronto.

Ana sorriu e agradeceu. Olhou no relógio e viu que faltavam menos de cinco minutos para recomeçarem as aulas. Ela despediu-se do rapaz rapidamente, correu para a sala dos professores e bebeu um pouco de água. Pensou em Bruno e em como em dois dias podia ter tantas preocupações com alguém e uma compreensão tão grande de seus problemas?

As aulas da manhã já terminavam, quando a diretora procurou Ana na sala de aula e pediu-lhe para substituir uma professora da tarde, que estava doente e não poderia trabalhar.

Ana suspirou e agradeceu a Deus, assim teria com que se ocupar e ainda ganhar um dinheiro extra. Fez um lanche rápido para substituir o almoço e assumiu a classe.

A tarde passou, e Ana nem viu. Ao sair, teve vontade de ligar para Sílvio, mas teve medo também. Percebeu nitidamente que de certa forma tinha medo das reações dele.

Isso não a havia incomodado tanto como naquele momento Ana pensou: "Ele é meu marido, e eu o temo! É absurdo, absurdo!".

Ana ligou para a mãe, que a aconselhou mais uma vez a deixá-lo e procurar uma pessoa mais estável emocionalmente. Ana foi para a casa da amiga e, assim que colocou a chave na porta, Bruno abriu a porta de seu apartamento. Olhando-a, ele sorriu e disse:

— Tudo corrigido, professora. É só dar a nota.

— Já vou aí. Vou tomar um banho e trocar de roupa.

— Está bem, farei o mesmo.

Sentindo-se ainda uma intrusa, Ana entrou no apartamento da amiga e voltou a pensar que ter um apartamento próprio seria muito bom. Não teria aquela sensação de estar atrapalhando e ficaria mais à vontade.

Ana acabou seu banho, fez um lanche rápido e contou o dinheiro da carteira. Tinha intenções de jantar com Bruno em algum lugar simples e barato. Não ia dar, precisava economizar. Não poderia pedir dinheiro ao marido ou ao pai no fim do mês, caso lhe faltasse.

Alimentada e pronta, Ana saiu. A moça bateu de leve no apartamento de Bruno, que demorou para atender à porta. Quando Ana o viu, notou que ele não havia tomado banho ou se trocado como dissera que faria.

Olhando o rapaz, Ana estranhou. Vinte minutos antes, ele parecia animado, mas agora, observando-o melhor, ela teve a sensação que algo muito desagradável vinha dele. Ana avaliou que Bruno era complicado demais e que não devia ser equilibrado emocionalmente. Ela ia dizer:
— Dê-me as provas, preciso ir, mas as palavras que saíram foram outras:

— O que foi? Você já se entregou novamente?

Mal completou a frase e condoeu-se, perguntando-se: "Por que falei isso?". Depois, repensou: "Vou embora. Ele que fique com seus problemas, eu já tenho os meus. Egoísta, estou ficando egoísta", condenou-se mais uma vez e disse ao rapaz:

— Vamos sair assim mesmo, sem banho ou troca de roupa. Vamos jantar fora.

Ana já havia feito um bom lanche, mas queria tirá-lo dali e viu-se procurando as chaves do apartamento de

Bruno. Ela mesma fechou a porta e pegou-o pelo braço para guiá-lo até o elevador.

Quando o elevador chegou, só então ela percebeu que Bruno não tivera qualquer reação. O rapaz parecia um tanto autômato.

Na calçada, Ana continuou guiando-o pelo braço até chegarem em frente ao pequeno restaurante. Ele não quis entrar. Bruno parecia uma criança emburrada quando não queria ir para a escola, mas ela o convenceu a entrar, por fim.

Entraram e se sentaram, porém Ana sentiu-se irritar e levantou-se antes mesmo de o garçom aproximar-se. Pensava: "Afinal, o que eu tenho a ver com ele? Amanhã ou depois, terei de voltar para meu marido e não serei muleta para quem não quer se ajudar. Um instável já me basta!".

Bruno também se levantou, e ela nem sequer olhou para trás. Saíram, e ele a seguiu em silêncio. Ana incomodou-se e começou a falar sobre as provas de seus alunos e de suas dificuldades na resolução dos exercícios e lembrou-se de que ainda teria que dar as notas. Bruno pareceu relaxar e comentou sobre as provas e o perfil de algumas crianças, acertando aspectos sobre suas personalidades.

Ana não pôde deixar de admirar essa argúcia, mas, ao mesmo tempo, avaliou que o rapaz sofria de dupla personalidade, um caso grave para a psiquiatria.

Ela não o convidou mais para jantar. Julgou melhor se afastar de Bruno, afinal, voltaria para o marido. Pensou novamente, como se tivesse só tendo umas férias e lembrasse, a todo momento, da obrigação de voltar.

Ana parou em um telefone público e ligou para a mãe. Novamente, Rosinda a aconselhou a abandonar Sílvio. A moça, no entanto, não queria ouvir isso e por essa razão desligou em seguida.

Bruno e Ana voltaram para o prédio. Ela foi até o apartamento do rapaz e pegou as provas. Ia trabalhar e dar as notas no apartamento da amiga, mas ele insistiu, e Ana acabou ficando.

De um lado da mesa, ele estudava concentrado; do outro, ela dava as notas e conferia as correções dele.

Ana olhava-o de relance, pensando: "O que esse homem é realmente? Um perturbado? Um esquizofrênico? Um idiota?".

Quando acabou o trabalho, Ana olhou para o relógio e viu que já eram mais de dez horas da noite. Ela levantou-se e avisou que precisava ir. Bruno a olhou e pediu que ela ficasse mais um pouco, dizendo-lhe:

— Ana, sua presença me traz conforto. É mais do que a presença de uma amiga. É como se tudo que me dá má sensação fosse embora.

A moça somente sorriu. Talvez os problemas de Bruno se resumissem à carência afetiva por estar morando longe dos pais e pelas dificuldades financeiras. Mas por que ela o fazia melhorar? Não podia dar-lhe o que teria de tomar, por isso respondeu:

— Lastimo, mas preciso ir, Bruno. Não posso ficar dormindo aqui.

— Desculpe ter pedido. Não deveria, mas me sinto tão à vontade com você. É como se você fosse minha irmã.

Ana tornou a sorrir, aproximou-se e passou as mãos pelos cabelos de Bruno como uma mãe e foi assim que se sentiu. Ela sorriu avaliando que isso era bobagem e se retirou em seguida, dando-lhe boa-noite.

Capítulo 7

Assim que Ana desligou o telefone, Rosinda tornou a pensar em tudo que podia usar para depreciar o genro. Ela olhou para o marido vestido em seu pijama, assistindo à televisão como se tivesse encantado.

Em que momento todos os assuntos entre eles haviam acabado? Nem as notícias boas ou as más lhes davam vontade de trocar impressões entre si. Passou pela mente de Rosinda pedir a separação. Olhou em volta da sala e depois pensou em cada canto da casa. Quem sairia? Ela ou ele? Talvez ele, mas para onde iria? Seus sogros já haviam falecido. Mandá-lo morar com a nora era impossível. E com a filha, naquele casamento, era mais impossível ainda.

Pensou no marido em um asilo. Ela tinha certeza de que não teria essa coragem, afinal, a casa era deles. Os dois haviam feito sacrifícios para comprá-la há muitos anos.

Rosinda suspirou profundamente, e o marido nem a ouviu. Estava como sempre paralisado. Quando não estava com o jornal nas mãos, estava assistindo à televisão.

Ela levantou-se, perguntando-se: "Ficarei louca se viver mais vinte ou trinta anos nesta rotina vazia?".

Querendo obter qualquer reação do marido, talvez para checar se ele realmente ainda estava vivo, Rosinda foi até a televisão e mudou de canal, para variar. Ele cobrou:

— Por que mudou de canal? Não é esse o que vemos todas as noites?

— Eu não aguento mais ver sempre a mesma coisa. Quero ver o que tem nos outros canais.

— Logo hoje! Agora que eles estavam dando a notícia que eu queria ouvir.

— Você leu o jornal o dia todo, portanto, deve saber as notícias de cor e salteado.

— Gosto de assistir a esse telejornal.

Romualdo se levantou, foi até a televisão e recolocou no canal anterior. Rosinda teve vontade de xingá-lo. Com certeza, o marido era um morto-vivo mesmo.

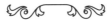

No dia seguinte, assim que acordou às sete horas em ponto, Rosinda pensou: "Para quê? Não há mais ninguém para ir à escola nem marido para ir ao trabalho. Vou ficar em casa o dia todo".

Mas acordada, ouvindo o marido roncar, nem deu sete e dez da manhã e ela já havia levantado. De camisola ainda, abriu um pouco a janela da sala, viu a vizinha passando em frente à casa e fazendo caminhada. Julgou que era boa ideia.

Apressadamente, tomou um banho, vestiu uma roupa e calçou sapatos confortáveis. Mesmo sem alimentar-se, saiu fechando a porta devagar. Foi até uma praça a quase quatro quadras de sua casa e viu que muitos caminhavam.

Rosinda sentiu um pouco de desconforto por estar sozinha, mas teimou. Depois, se julgou uma idiota e novamente decidiu ficar. Logo em seguida, a vizinha, a mesma que a inspirara, a chamou de forma simpática:

— Rosinda, venha cá.

Rosinda sorriu sem graça, querendo sair correndo dali. Depois, se repreendeu: "Por que estou me sentindo assim? Não estou fazendo nada de errado".

Ela caminhou até a vizinha, que lhe apresentou à outra vizinha que morava na rua de cima.

Entre conversas amenas e a caminhada, o tempo passou. As três mulheres voltaram para casa e combinaram de encontrarem-se no dia seguinte. Rosinda sentia-se feliz, pois encontrara algo diferente para fazer e alguém com quem tinha assunto para conversar.

Quando chegou em casa, o marido estava sentado no sofá, já com o jornal na mão. Ele reclamou, assim que a viu:

— Você foi à feira e não fez o café. Estou com fome.

— Hoje não há feira. Fui caminhar com as vizinhas, e você devia fazer o mesmo, antes que fique petrificado nessa posição.

— Você foi fazer o quê?

— Caminhar! — respondeu ela, sem paciência.

— Você está velha! Que modismo é esse agora?

— O que é estar velha? Não me sinto assim e não estou petrificada! — respondeu com vontade de tacar fogo no jornal e no marido.

Rosinda foi até a cozinha e fez o café. Ela colocou a mesa, mas o exercício fez seus efeitos, e Rosinda começou a sentir os músculos doerem. Arrependeu-se por não ter sido moderada, mas a conversa estava tão boa e a companhia também.

Ela teve vontade de deitar-se um pouco. Rosinda disse a si mesma que tinha esse direito, mas não o fez. O condicionamento de horários a fez ficar de pé, levando sua rotina a seguir em frente.

O marido, em compensação, pensava: "O que deu nessa mulher? Agora que já é avó, fica inventando moda. Vai torcer o pé e dar trabalho. Não vê que há muita coisa em casa para fazer. Deve ser a má companhia das vizinhas. Bem que eu gostava quando os filhos ocupavam o tempo todo dela, pois Rosinda não inventava moda".

E continuou refletindo:

"Logo vai querer voltar a estudar. Li outro dia que inventaram uma escola para idosos! Para quê? Agora, no fim da vida, querem nos dar escola? É uma bobagem! As crianças, sim, precisam de escola, para trabalharem e ganharem bem. Para não terminarem assim, com essa aposentadoria miserável, sem dinheiro até para uma pescaria."

"Se Rosinda pensa que vou deixá-la solta, está enganada! Amanhã mesmo, vou proibi-la de ficar andando com essa vizinhança. Será que não vê que a vizinha até pinta os cabelos? Mulher que pinta os cabelos não deve ser boa coisa... Mulher minha não se perde assim! Já basta minha filha! Talvez não seja influência das vizinhas, mas de Ana. E, filha ou não filha, eu não vou deixar mulher minha com modernismos pecaminosos. Não eu! Afinal, estou velho, mas sou o dono da casa."

Romualdo foi até o portão, pois queria ver de perto a vizinha. Queria verificar por si mesmo que bisca ela podia ser, afinal a filha ele já conhecia bem. Não obedecia ao marido e, quando queria, o largava. Romualdo não entendia bem esse tipo de casamento. E continuava pensando: "Um dia juntos, no outro separados. No meu tempo que era bom! Mulher não arredava o pé de casa, fizesse o marido o que fizesse. Afinal, quem disse que mulher pode ter opinião?".

"Metidas a tirar o trabalho dos homens e pensam ser donas de seus narizes! E os filhos, onde ficam? Lugar de mulher é tomando conta dos filhos, do marido e da casa, para quê mais? Essas máquinas modernas também cooperam muito para isso. Antes, uma mulher passava horas lavando roupa, mas, com a máquina, pronto! A máquina faz tudo!", pensou.

Quando Romualdo estava no portão, a tal vizinha passou por ele. E passou dirigindo, sorriu-lhe e o cumprimentou com um aceno de mão.

61

Romualdo se apavorou. Logo Rosinda também ia querer aprender a dirigir. Ana aprendera, pois o marido a ensinara. E era por isso que ela não o obedecia. "Ai de Rosinda, se ela vier com essa história!".

Romualdo olhou para a garagem. Como ela aprenderia a dirigir e para quê? O salário não dava nem para um carrinho. Então, ele confessou para si mesmo que sempre tivera o sonho secreto de ter pelo menos um carrinho popular, simples, mas muito bem cuidado. Pensou no prazer que teria de andar de carro e nas tardes de domingo, quando o lavaria com prazer, o limparia por dentro, deixando-o impecável.

Ele pensou também em Rosinda. Se tivessem um carrinho velho, ela não precisaria voltar da feira ou do supermercado com a sacola pesada e ele não seria mais obrigado a ajudá-la.

Mas, Romualdo refletia: "Estamos velhos, e velhice é quando todos os sonhos morrem e não há mais esperança de futuro". Como se enganava Romualdo!

Ele lembrou-se que lera no jornal um anúncio de emprego para idosos aposentados. Todos queriam tirar lucro de seus anos de trabalho e pagar mais uma miséria ainda. Voltou a pensar no carrinho, no luxo que seria poder passear com ele nas tardes de sol, levando a esposa consigo, tendo um motivo para saírem. Talvez assim, ela não inventasse moda. Ao ver a vizinha dirigindo, teve a certeza de que ela, assim como Ana, não seria boa influência para Rosinda.

Ele precisava tomar uma providência. Já era um idoso, mas ainda era o dono da casa e Rosinda era sua esposa, reafirmou-se.

Quando entrou novamente em casa, Rosinda estava na cozinha. Parecia feliz cantarolando baixinho a música que tocava no rádio. Há muito tempo, ele não a via tão bem-humorada. Talvez a companhia da vizinha não lhe tivesse feito tão mal assim.

Romualdo voltou a pensar. Logo Rosinda pararia por ela mesma com aquela história de caminhada, afinal, tinha sido só aquele dia, e ele duvidava que no dia seguinte aquilo se repetiria.

No dia seguinte, no entanto, novamente Romualdo acordou, e Rosinda não estava em casa. E isso aconteceu no noutro dia e no seguinte. Ele cobrou-se. Precisava tomar uma atitude. Falaria com a esposa. A cada dia, ela chegava mais tarde. Nem quando ele a viu mancar, certamente devido aos exercícios, ela parou de ir. Seria aquele o dia da conversa, mas faria assim que voltasse da rua, pois iria ver outro "bico". Seria bom se conseguisse um trabalho, afinal seria um salário mínimo a mais.

Depois do almoço, lá foi Romualdo. Ele pegou o ônibus, que demorou a chegar, e foi para o centro da cidade. Como tudo parecia sujo e bagunçado, até as árvores pareciam tristes. Pareciam não ter mais o verde brilhante que aparentavam ter tido um dia.

Quando Romualdo chegou, mal passava das treze e quinze da tarde. As entrevistas, dizia no jornal, só começariam às quinze horas, mas a fila já estava enorme. Ele olhou para aquele mundaréu de aposentados, que estavam ali atrás de uma mísera vaga de salário mínimo.

Não adiantava esperar. Alguns ali certamente já esperavam pela entrevista desde as oito horas da manhã. Seria humilhação demais ficar ali por horas e nem sequer ser atendido.

Romualdo, no entanto, tinha gastado o dinheiro da passagem. Não era muito, porém, para gastar à toa fazia falta. Ele teve uma vontade imensa de chorar. Parecia que naquela idade todas as portas se fechavam. Talvez, na juventude, deveria ter ido morar no estrangeiro, mas aquilo nem passara por sua cabeça. Confiara no seu futuro e no do país que crescia. Tivera a certeza de que teria, depois de trabalhar tanto e honestamente, uma vida digna e um carrinho popular.

Romualdo se perguntava onde estava o dinheiro da previdência, que durante tantos anos pagara ao governo. "Perdido em alguma coisa ilícita", deduziu ele e sorriu amargamente, arrependido por ter sido sempre tão honesto.

Influí: "Não se arrependa nunca pelo bem. A impunidade não existe para ninguém e nem queira imaginar o que acontece aos espíritos que, tendo o poder, se apropriam dele somente para satisfazer às suas mesquinharias".

Romualdo sentiu a influenciação, mas, mesmo assim, sorriu amargamente e respondeu-me sem consciência clara de que o fazia:

— E do que adianta? Por causa de atitudes como essas, muita gente nem sequer tem com que se alimentar. Não. Não somos iguais como afirma a Constituição e como dizem que Jesus pregou.

"Somos. Talvez não agora, pois o nível evolutivo varia. Por favor, continue sendo honesto e perceberá o quanto isso é importante."

Romualdo olhou para os lados, procurando a justiça que eu lhe influía existir. Acreditou não ver. Desiludido, ainda enviou-me:

— Talvez eu nunca tenha sido desonesto por falta de oportunidade. Passei minha vida dentro de uma fábrica. Comecei a trabalhar aos catorze anos de idade. Ser desonesto, como?

"Nunca deseje ser desonesto. Você podia ter se aposentado em uma posição melhor, porém, você nunca quis estudar. Você sentia-se feliz onde estava. A acomodação ainda está arraigada à sua personalidade."

— Talvez seja verdade. Porém, nada faltou para meus filhos. Eles não tinham grandes luxos, mas eu também não tinha. Aposentado, parece que não consigo fazer mais nada. O salário é muito pouco. Preciso trabalhar para me sentir útil novamente.

"O mundo muda rapidamente. Estude alguma coisa de que goste. Não há mais como ficar vinte, trinta anos sem se atualizar."

— Estou velho. Velho! Por que esses pensamentos estão surgindo agora? Não quero pensar no que devia ter feito e não fiz, e menos ainda buscar consolo em uma justiça que não vejo. Os canalhas herdam o mundo! — gritou ele.

Reafirmei: "Não é verdade. Eles até pensam assim, mas não é verdade. Acredite".

Romualdo não desejava acreditar. Desviou sua atenção, pois não queria mais pensar sobre o assunto. Não influí mais. Sorri. Ele sempre fora assim, preocupado apenas com o aqui e o agora, até porque não queria saber o que mais existe atrás da cortina da existência corpórea.

Capítulo 8

Olhando o telefone, Sílvio pensava em ligar novamente para a sogra. Durante três dias ligou, mas a ouviu bater o telefone ou xingá-lo.

Sílvio marcou um novo encontro com a colega Lígia. Ela ligara para ele reclamando, e Sílvio, sem ter uma desculpa, inventara uma mentira sobre uma doença repentina na família. Fora ela então, não ele, quem marcara um novo encontro para dali a dois dias.

Agora Sílvio se via sem saída. Não queria ir, mas ao mesmo tempo queria. Ficar sozinho no apartamento, sem Ana, o deixava mais triste e deprimido a cada dia. Ele sentia como se das outras vezes não tivesse ficado tão abalado.

A sogra era a única que poderia ajudá-lo, mas ela não queria. O local de trabalho de Ana era longe. Se fosse até lá, chegaria muito atrasado e a atrasaria. Olhou em sua agenda e ligou para o colégio onde Ana dava aulas. Sentia-se sufocado. Tinha medo de sair com Lígia e aumentar seu erro, pondo tudo a perder irremediavelmente.

Sílvio ligou para o colégio. Ana estava em sala de aula. Ela não podia atender, a menos que se tratasse de uma emergência. E era. Mas ele não podia dizer isso à diretora. A emergência era que ele estava arrependido do rompante. Queria jurar que não faria mais aquilo, mas sabia que incidiria no erro como sempre.

O ramal interno tocou. Ele teve esperança de que fosse a telefonista avisando-lhe que era Ana ao telefone, mas era Lígia, com voz adocicada convidando-o para almoçarem juntos.

Sílvio negou-se a ir, dizendo que tinha trabalho para fazer e que almoçaria apenas um lanche. Sentiu-se constrangido, pois não gostava de mentir. Mas aquela coincidência e sua boca grande criaram uma situação difícil de resolver. Pensou com desespero: "Ana, Ana, volte para mim, antes que eu me perca".

Ligou para uma floricultura e mandou flores para a casa da sogra. Queria que o buquê estivesse lá quando Ana chegasse. Depois, iria à noite buscar sua esposa. O lugar dela era a seu lado. Já havia passado tempo demais.

Era quase fim de tarde, quando Sílvio recebeu uma ligação que a telefonista disse ser particular. Olhou a hora e sentiu-se feliz. Tinha grandes chances de ser Ana, agradecendo as flores e o perdoando mais uma vez.

Não era. A ligação era da floricultura, informando-o de que as flores tinham sido recusadas. Ele não pôde acreditar. Ana não faria aquilo com ele. Sílvio desligou sentindo-se arrasado. Talvez Ana não tivesse chegado do trabalho ainda, e a megera da mãe recusara o presente.

Sílvio ligou para o chefe e avisou que tinha uma emergência na família. Pediu dispensa e saiu. Eram quase cinco horas, e sair meia hora mais cedo não faria muita diferença.

Ele foi até a garagem e pegou o carro. Precisava ir à casa da sogra. Avaliou que deveria ter pensado melhor e ido antes que Ana chegasse, interceptando-a no caminho.

Olhou novamente a hora e arrependeu-se de não ter pensado nisso mais cedo.

Durante todo o trajeto, Sílvio só imaginava encontrar a esposa e pedir-lhe milhões de desculpas. E, no dia seguinte, iria até Lígia e diria que era casado, que amava Ana e que tinha certeza de que não viveria sem ela.

Sílvio passou devagar em frente à casa dos sogros. Passou novamente e parou. Desceu do carro e tocou a campainha. Rosinda atendeu, viu que era Sílvio e disse secamente que Ana não estava. Depois, virou as costas e entrou. Ele conferiu a hora. Certamente Ana chegaria em pouco tempo. Pensou em esperá-la no ponto de ônibus, como fizera muitas vezes quando namoravam.

Sílvio pegou o carro novamente e parou na esquina, caminho obrigatório para Ana. Não sairia dali. Queria falar com a esposa antes que a sogra ou o sogro colocasse tudo a perder.

Ele ficou esperando. Talvez, ela não tivesse chegado mesmo. Não era incomum substituir alguma professora da tarde. Sílvio permaneceu ali, imaginando mil formas de pedir que a esposa o perdoasse e nunca mais saísse de casa, mesmo quando ele tivesse seus acessos de raiva e a expulsasse. Pediria-lhe que tivesse paciência com ele, se é que tinha esse direito.

Passaram-se vinte minutos. Não era possível que ela estivesse em casa e tivesse se recusado a atendê-lo. A ansiedade começou a tomar conta de suas emoções. Será que Ana estava doente ou viajando? Ante essas duas possibilidades, sentiu seu corpo gelar.

Se a esposa estivesse doente por causa de seus acessos, ele jamais se perdoaria. Não, Ana não era tão frágil assim.

Romualdo passou pelo outro lado da rua sem ser visto e teve certeza de que era o genro quem estava parado ali. Chegou a pensar em conversar com ele, lhe dizer que não permitisse que a esposa saísse de casa, pois lugar de mulher era em casa. Porém, julgava que o genro era um frouxo por permitir que ela saísse assim, não uma ou duas, mas muitas vezes, e por aceitá-la de volta depois.

Romualdo continuou do outro lado da calçada, caminhando para casa e lamentando o tempo e mais um dinheiro de passagem gastos à toa com um emprego que não existia. Olhou o genro dentro de um carro novo, brilhando, e se sentiu injustiçado ainda mais. Ele não tinha nem um carrinho velho bem conservado. Tudo neste país parecia voltado para os jovens; a experiência não era levada em conta.

Romualdo achava que o genro era fútil, sem controle da família e infantil. Ele só atravessou a rua, quando já estava bem em frente de casa, fazendo-o rapidamente. Ana não estava lá. Que o genro aprendesse a lição de não deixar a esposa solta por aí. Se a filha se perdesse seria culpada, mas o marido dela também seria, afinal, a responsabilidade era dele.

Sílvio só viu o sogro quando já atravessava a rua. Ele desceu do carro e fez um sinal para que o homem o esperasse. Romualdo o viu e, mesmo assim, apressou o passo para entrar rapidamente em casa.

Quase escurecia. No tédio da espera e com a raiva se acumulando, Sílvio foi até a casa da sogra novamente. Foi até o portão, sabendo que haveria outro confronto e que ele não podia confiar em suas emoções.

Sílvio tocou a campainha e esperou. A sogra apareceu na janela, e ele pediu para falar com Ana. Rosinda gritou:

— Ela não está aqui! Não veio para cá! Eu já lhe disse. Quem sabe tomou juízo e está providenciando o divórcio?! — disse isso e fechou a janela da sala com estrondo. Sílvio quis retrucar, mas uma certeza o invadiu: Ana não estava ali. Mesmo assim, tocou a campainha muitas vezes e continuou sendo ignorado. Então, começou a bater palmas, deixando claro que não desistiria facilmente. A sogra, irada, saiu novamente à janela.

— Senhora Rosinda, preciso falar com Ana. É importante! Diga-me onde ela está.

— Não sei! E se soubesse, não lhe diria! Pare de bater e tocar a campainha! Estou fazendo o jantar, e a interrupção vai me fazer queimá-lo.

Novamente, Rosinda fechou a janela com força. Sílvio teve vontade de sentar-se na calçada e de ficar lá para sempre. Onde Ana poderia estar? Por que não ligava para ele? Ela sabia que ele se arrependia depois.

As palavras da sogra o incomodavam, principalmente o "divórcio". Não. Ana o amava, e ele a amava. Aquela palavra não existia em seus dicionários.

Sílvio pegou o carro e ficou dando voltas pelas ruas do bairro, lembrando-se do dia em que conhecera Ana. Fora durante o colegial, eles estavam na mesma classe. Ao vê-la pela primeira vez, Sílvio já sentiu por ela um carinho enorme, mas na época a moça namorava um outro colega da escola.

A cada vez que os via juntos, Sílvio sentia um incômodo enorme. Era como se o colega estivesse se apropriando de algo que era seu. Quando soube que o namoro terminara, convidou Ana no dia seguinte para ir ao cinema.

Ela, no entanto, recusou o convite, e ele se sentiu arrasado. Dois dias depois, ele insistiu, e Ana novamente recusou, pois ainda tinha esperanças de voltar para o antigo namorado.

Com a insistência de Sílvio e depois de descobrir que o antigo namorado estava com outra, Ana finalmente aceitou sair com ele.

Sílvio teve certeza de que ela aceitara o convite para vingar-se do antigo namorado, mas era sua chance de conquistá-la. Não importava o motivo, ele não abriria mão da oportunidade.

Melancólico, Sílvio passou em frente ao colégio. Durante todo o segundo e o terceiro ano do colegial, ele e Ana ficavam de mãos dadas durante os intervalos.

Várias vezes, eles desfizeram o compromisso, justamente por causa do gênio explosivo e descontrolado de Sílvio. No entanto, sempre voltavam. Fora assim durante o namoro, o noivado e agora o casamento.

Circulando pela rua do colégio, Sílvio lembrou-se de vários amigos e de Margarete. Sabia que ela e Ana ainda eram amigas e que se falavam frequentemente.

Sílvio foi para casa e procurou a agenda de Ana. Não se lembrava de a esposa tê-la levado. Procurou por todas as gavetas e prateleiras, mas não encontrou. Concluiu, então, que a agenda estava com a esposa.

Tentou lembrar-se do sobrenome de Margarete. Ele sabia, mas há muito não pensava naquilo. De repente, o sobrenome surgiu-lhe na mente, e Sílvio procurou-o na lista telefônica. Ligou para o número, que era da casa dos pais da moça. Por fim, perguntou por ela.

Sílvio soube que Margarete morava sozinha em um apartamento perto do trabalho e pediu o endereço à mãe da moça, que sem resistência e sem saber quem era ele deu a informação.

Sílvio fez um lanche rápido e desejou com toda a sua vontade que Ana estivesse lá. Ele novamente pegou o carro e lá se foi.

Chegando em frente ao prédio, Sílvio estacionou o carro e desceu. Ele tocou a campainha e esperou, acreditando que o porteiro era lerdo e estava de má vontade para atendê-lo. Ele identificou-se, dizendo que gostaria de visitar Margarete, e o porteiro informou:

— Ela não está. Hoje, faz um curso e só volta depois das nove horas.

— Senhor, uma moça de nome Ana Luiza está com ela?

— Sim. Eu a tenho visto. Está morando no mesmo apartamento, mas saiu agorinha com outro morador, que se chama Bruno.

Sílvio sentiu uma raiva imensa. A cólera sem controle tomou conta de suas emoções. Quem era aquele tal de Bruno com quem Ana saíra? Ele precisava saber. Em tom de ameaça, perguntou ao porteiro:

— Eles vão demorar?

— Como posso saber? Pensa que os moradores vivem dando satisfações ao porteiro? — respondeu o homem, sentindo-se ofendido com o tom do outro. O porteiro não abriu o portão e voltou ao seu lugar na guarita do prédio.

Na mente de Sílvio, algumas palavras se repetiam: divórcio, amante, divórcio, amante, um caso.

Teve vontade de ligar para Lígia de qualquer telefone público e sair com ela. Queria vingar-se de Ana, passar bem em frente da esposa e vê-la sofrer, como ele estava sofrendo naquele momento.

Chegou a entrar no carro e sair, mas voltou duas quadras depois. Não podia passar a noite naquela agonia. Quem sabe fosse outra moça? E quem seria esse tal de Bruno? Talvez parente ou até marido de Margarete. Tinha de ser.

Por que Ana não fora para a casa dos pais? Por que ela o ouvira em sua ira? Sílvio dirigiu até um pouco longe do prédio e estacionou. Preferiu deixar o carro lá e voltar a pé, ficando de plantão em frente ao edifício.

A cada pensamento macabro que lhe passava pela mente, sua ira piorava. Ouviu risos e pensou ouvir o de Ana. Olhou, seu coração acelerou-se, mas ele não reconheceu ninguém.

As pessoas entraram no prédio, viram-no parado ali perto do portão e mal lhe lançaram um olhar. Era como se estivesse invisível.

As pernas começaram a adormecer pela posição. Sílvio caminhou um pouco pela calçada. Olhou no relógio e percebeu que sentia fome. Teve vontade de sair e ir até a esquina comer um lanche na padaria que tinha visto, mas não foi. Podia desencontrar-se da esposa.

Quando já eram nove e meia, Sílvio viu Ana virar a esquina. Estava só e vinha com um pacote de supermercado nos braços. Em um ímpeto, correu para ela, sentindo uma felicidade imensa. Esqueceu o tal Bruno. O porteiro com certeza havia se confundido. Disse aliviado:

— Ana, estive procurando você! Estou com muita saudade. Hoje mesmo, mandei flores para a casa de seus pais, mas sua mãe mandou devolver.

Ana olhou para o marido e não teve vontade de abraçá-lo. Sentia saudade, mas parecia que a tristeza que isso lhe causava havia sido superada de alguma forma. E, naquele momento, ela disse algo que soou friamente:

— Não esperava vê-lo aqui.

Foi como um banho de água gelada em Sílvio. Seus braços erguidos para abraçá-la desceram. Ele sentiu desânimo. As palavras ensaiadas voaram de sua mente, deixando-a em branco por alguns segundos. Depois, ele disse desiludido:

— Pensei que havia sentido minha falta. Eu quase morri com a sua.

— Você sempre me manda ir embora. Eu não sei se aguentarei isso novamente. Tenho pensado em arranjar um apartamento só para mim.

— Você não pode fazer isso. Temos nossa casa, somos casados, vim buscá-la.

O tempo que Ana levou para pensar o deixou deprimido. Tinha certeza de que a encontraria com tanta vontade de voltar quanto das outras vezes. No entanto, ali na sua frente, Sílvio teve certeza de que ela lhe diria não.

— Sílvio, eu preciso pensar. Hoje mesmo, procurei um apartamento pequeno para morar. Talvez, apesar de amá-lo, não tenha sido boa ideia nos casarmos. Você é explosivo demais, e eu não sei como lidar com isso. Dificilmente você mudará, e creio que perdi as esperanças.

— Ana, queria muito jurar que vou mudar, que deixarei de ser explosivo, mas eu lhe peço que não saia quando eu mandar. Não se afaste de mim, não me dê ouvidos.

— Mas você, quando faz isso, manda muitas vezes e até me empurra porta à fora. Eu fico sem opção. Sinto-me tão rejeitada e humilhada que prefiro sair. Não aguento mais os sermões de meus pais. Minha mãe me dizendo que seria melhor nos divorciarmos, e meu pai culpando-me. Quero paz!

— E eu quero que você volte para mim. Não está sentindo saudade de nossa casa, de mim?

— Estou... — respondeu vagamente Ana.

Sílvio, em sua angústia, continuou:

— Venha, eu a ajudo. Pegue suas coisas. Vamos agora, por favor. Volte.

— Não! Agora não.

— Ana, o que você quer fazer? Existe realmente um tal de Bruno?

Ana sorriu um pouco descontraída, e isso o deixou de alguma forma feliz.

— Quem lhe contou sobre ele?

— O porteiro. Mas foi sem querer. Tenho certeza de que você não tem um caso com ele. Não em tão poucos dias.

— Jamais terei. É um rapaz homossexual que mora no prédio.

Foi a vez de Sílvio ficar chocado. Desde quando sua esposa andava com aquele tipo de gente perturbada? Ele traduziu isso em palavras e sentiu a raiva de Ana em seguida.

— E você por acaso é muito equilibrado com seus ilimitados níveis de raiva? Como da última vez que você me expulsou só porque me esqueci de levar o carro na oficina? Por que eu teria de levá-lo? Raramente, eu o dirijo.

— Perdão, já lhe pedi perdão. Ana, você quer que eu me ajoelhe?

— Se adiantasse... mas eu sei que não adianta. Isso seria até a próxima vez. Não é sempre assim, Sílvio?

Ele sentia a agressividade da esposa nunca presente naquelas ocasiões em que faziam as pazes.

— Vamos, querida. Eu subo com você e a ajudo a fazer as malas. Mas eu lhe imploro, volte.

Ana voltou a caminhar em silêncio. Não queria voltar. Queria algo só para si, como Margarete tinha. Não fazia mal que fosse pequeno, afinal seu salário de professora também não permitiria que pagasse por algo muito melhor.

Sílvio a acompanhava sem dizer mais nada. Entraram no prédio. Pegaram o elevador e subiram. Ana abriu o apartamento, e Bruno abriu o dele, como se a esperasse. Ele viu o homem ao lado dela e deduziu que fosse o marido da amiga. Cumprimentou-a somente e fechou a porta.

— Quem é? — perguntou Sílvio imediatamente.

— O vizinho.

— É o tal do Bruno? Não me parece homossexual.

Ana não respondeu. Sentia que não tinha vontade de voltar para casa, mas era lá o seu lugar. Pediu ao marido que a esperasse na sala, entrou no quarto e sentou-se na cama. Naquelas brigas em que ia para a casa da mãe, Ana nunca antes havia desfeito totalmente a mala. No entanto, daquela vez, colocara tudo naquele armário embutido apertado. Ela puxou a mala de debaixo da cama, abriu-a e foi colocando peça por peça, vagarosamente.

Onde estava seu prazer em voltar para casa? Em fazer as pazes com Sílvio? Nada. Só havia a relutância em voltar.

Ana carregou a mala até a sala, e Sílvio, impaciente para irem embora, prontamente se levantou e a pegou. Enquanto Ana escrevia um bilhete para a amiga, Margarete chegou.

As duas amigas se despediram. Ana agradeceu a estadia e foi até o elevador. Quis pedir à amiga que des-

75

se um recado seu a Bruno, mas Sílvio estava atento ao que diziam. Ela queria se despedir do rapaz, no entanto, temia o marido, suas explosões e seu descontrole.

Durante o trajeto de volta, Ana olhava de vez em quando para o marido, que estava sentado ao seu lado dirigindo o carro, contando coisas corriqueiras do escritório e tentando fingir que nada mudara entre eles. No entanto, algo havia ocorrido. Era como se tivessem perdido a intimidade. Será que algum dia havia existido intimidade entre eles?

A moça imaginou-se chegando em casa. Onde estava a felicidade, aquela magia? Talvez fosse a falta das flores que Sílvio costumava dar-lhe. O marido continuava falando, mas ela pensava em Bruno. Sentia remorsos por não ter se despedido dele. Era como se fosse uma falta enorme, um grande erro.

Ana avaliou melhor e teve certeza de que Bruno entenderia. Passaram por um telefone público, e ela quase pediu ao marido que parasse e esperasse ela fazer um telefonema. Mas Bruno não tinha telefone, e Ana lastimou mais uma vez não ter dado um jeito de despedir-se dele.

Enquanto Sílvio falava, ela se esforçava para prestar atenção. Ele dizia:

— Ana, creio que desta vez sua mãe não me permitirá ir mais à casa dela. Fui até lá, e ela não me deixou entrar e até bateu a porta... Ana, onde você estava? O que aconteceu durante nossa separação? Você sabe que sou explosivo. Não me leve em conta da próxima vez. Brigue comigo e afirme que não sairá de sua casa.

Ana passou a pensar nisso. Sílvio já ligara a seta do carro, indicando que iriam entrar no prédio onde moravam. Tudo parecia estranho. Tão estranho como estar na casa da amiga.

A moça continuava calada. Sílvio entrou na garagem, estacionou o carro, e eles desceram. Assim que

Sílvio tirou a bagagem do porta-malas, passou o braço pelos ombros da esposa.

Ela não teve reação e perguntou-se novamente: "Onde está meu prazer em voltar?". Dentro do elevador, Sílvio se calou por alguns momentos. Quando colocou a chave na porta, ouviram o telefone tocando.

Mal abriram a porta, Ana correu a atender. "Bruno, só pode ser Bruno!", pensou. Porém, uma voz de mulher perguntou do outro lado do telefone:

— Preciso falar com Sílvio. Pode chamar seu patrão?

— Quem fala? — perguntou Ana indiferente.

— Diga-lhe que é Lígia e que estarei livre amanhã. É melhor evitarmos conversar no escritório.

— Digo sim, agora mesmo — respondeu Ana, desligando o telefone.

Sílvio tinha ido ao quarto levar a mala e continuava falando. Ana sentou-se no sofá rígida, como uma visita que não estava à vontade. Olhou a sala, deduzindo claramente que o marido tinha outra. Por que, então, ele sempre ia buscá-la?

Ele voltou todo carinhoso e sentou-se ao lado dela. Naquela hora, Sílvio só queria uma coisa: se relacionar com a esposa e tirar dela aquele semblante diferente. Ela parecia não ser a mesma. Ele perguntou-se onde estava a alegria de Ana.

Sílvio sorriu-lhe preocupado. Convidou-a para jantarem fora, pois sentia uma necessidade enorme de pagar pelo prejuízo que ele sempre causava na relação dos dois. No entanto, Ana parecia ainda mais fria depois do telefonema. Ele nem se preocupou, pois pensou que certamente tinha sido a sogra. Ela sempre fazia isso, quando a filha voltava para casa.

Ele julgou que o melhor seria Rosinda não se meter na vida deles nem ficar sabendo das brigas. Ele amava Ana, e ela entendia isso. Sílvio sugeriu à esposa:

— Que tal tomarmos um banho e depois irmos jantar aqui por perto mesmo, para não ficar muito tarde?

Ana o olhou, procurando a vontade de chorar. "Como deveria reagir uma mulher ao saber que é traída?". Pensou em Bruno. Não o amava como homem. Não podia amá-lo por todos os motivos do mundo. Ouviu-se dizendo ao marido:

— Leve-me de volta para a casa de Margarete. Não quero ficar aqui.

Sílvio sentiu como se uma pedra enorme caísse em sua cabeça. A esposa, somente ela, ele queria naquele momento. Tentando controlar-se, ele demorou um pouco para responder:

— Não, Ana! Você é minha esposa. Morro de saudade e preciso de você. Queria muito lhe dizer que não cometerei o mesmo erro outra vez, mas não posso prometer algo sobre o qual não tenho controle. Perdão, mil vezes perdão.

— Sílvio, eu não fiz falta. Lígia acabou de ligar e disse que amanhã estará livre. Se hoje ela está ocupada, eu não tenho nada a ver com isso.

Ele sentiu um gelo no corpo e pensou: "Maldita Lígia! Eu não saí com ela! Aliás, eu a evitei!". Tentando ainda se manter sob controle, ele contou toda a história para a esposa, de como a convidara para sair, de como não fora etc.

Ana sentiu que Sílvio estava sendo sincero e teve certeza de que ele falava a verdade, no entanto, ela queria ir embora e Lígia era a desculpa perfeita. Por isso, Ana insistiu. Ela sentiu que o marido estava à beira das lágrimas. Nunca o tinha visto tão transtornado.

Sílvio estava assim, porque sentia que algo em Ana mudara muito. Ela parecia ansiosa para sumir dali. Melhor seria não saírem. Ele pressentia que, se a esposa colocasse os pés para fora do lar, não voltaria mais. Ele dizia suplicante:

— Ana, eu lhe imploro que acredite em mim. Eu não saí com ela. Foi só um momento. Eu sou explosivo, você sabe. Na hora da raiva, falo o que não quero, extrapolo, mas nunca menti. Você tem que saber disso.

Em Sílvio, a sensação de que a esposa estava indiferente aos seus apelos persistia. Logo ela, que nunca brigara por ciúme. Sílvio implorou, abraçou-a e implorou novamente.

Ana não podia negar a si mesma que o marido estava sendo sincero. Se ele tinha outra, por que fora buscá-la? Mas a indiferença em suas emoções se mantinha.

Ela o viu ir até uma pasta e procurar o número de telefone de alguém. Com alguma dificuldade para encontrar, ele disse:

— Vou ligar para Lígia. Venha, ouça a conversa. Pena que aqui não haja uma extensão.

— Não precisa.

— Precisa sim! Você precisa acreditar que é um mal-entendido. Eu não quero essa mulher, quero você.

— Não precisa — Ana ouviu-se repetir.

Ela levantou-se e foi até o quarto. Passou a chave na porta, tirou a roupa e foi para o chuveiro. Tomou um banho quase frio e lavou os cabelos demoradamente. Não queria sair dali. Depois, com desânimo, enxugou-se, colocou uma roupa qualquer, sem sequer olhar-se no espelho.

Ana saiu, e o marido estava na sala, sentado no sofá com o rosto entre as mãos. Com expressão desesperada, ele perguntou sem sair da posição:

— Ana, por que fechou a porta à chave? Isso foi como uma ofensa a mim.

— Eu não sei — respondeu ela indo para a cozinha.

Ana fez um café e procurou algo para alimentar-se, mas a geladeira estava quase vazia. Procurou alguns biscoitos na lata onde os guardava e, sem convidar o marido, serviu-se.

Quando Ana quase acabava de comer, Sílvio entrou na cozinha e serviu-se do café que estava praticamente frio. Ele sentou-se do outro lado da mesa e ficou olhando-a, enquanto ela mastigava lentamente.

Ana sentiu um grande desconforto. Não pensava mais em Lígia; só não queria mais estar casada. A ideia de morar sozinha tomara corpo em sua mente, e Ana ouviu-se dizendo:

— Vou comprar um apartamento para mim. Sei que meu salário não é muito, mas vou pedir ajuda a meu pai. Ele deve ter algum dinheiro guardado, e eu lhe pagarei os juros da poupança. Comprarei qualquer coisa, por menor que seja.

Novamente, Ana sentiu a voz do marido embargada. Ela olhou-o, e ele baixou os olhos, usando um tom implorativo:

— Ana, pelo amor de Deus, não faça isso comigo. Talvez eu mereça, mas não faça. Não quero separar-me de você. Preciso muito de sua presença. Gosto de estar casado, e você é a única mulher em minha vida. Quero muito mudar, mas não posso prometer. Pense nisso como uma doença que me assola, uma febre passageira.

Ana tentava pensar naquelas palavras e teve certeza de que deveria ser mesmo uma doença de caráter e personalidade. Não era doença, mas sua índole, que ele precisava lutar para dominar.

A moça serviu-se novamente de café. Enquanto isso, Sílvio lutava contra o choro pela dor do arrependimento e pela certeza de que a esposa não era mais a mesma.

Algo havia se rompido. Talvez ela tivesse encontrado alguém mais estável emocionalmente, talvez se apaixonado por outro, talvez cansado de lutar com ele, já que ele fracassava tanto.

Mentalmente, Sílvio procurava palavras que pudessem apagar o que tinha feito. Nada, não encontrou nenhuma. Não existia nenhuma.

Ele precisava entender que palavras e atitudes ferem como facadas e fazem também sangrar. Porém, ele não percebia claramente a gravidade disso ainda.

Sílvio respirou profundamente, antes de tornar a olhar para a esposa. Sentia o olhar dela e tinha medo do que poderia encontrar. Olhou-a e encontrou naqueles olhos apenas um cansaço enorme, um tédio de estar de volta e nenhum brilho de alegria.

Ele não suportou isso. Levantou-se, sem nem mesmo tomar todo o café da xícara, despejou o restante na pia e deixou a xícara lá. Virou as costas, foi para o quarto, tirou a roupa para tomar banho e, ao contrário de Ana, deixou a porta escancarada.

A cada movimento, só desejava que Ana entrasse, dissesse que tinha sentido saudade e o abraçasse. Desejava que fizessem amor intensamente, apagando de suas memórias as brigas.

Sílvio foi para o chuveiro e ali também se demorou, ansioso para que ela entrasse. Nada. O boxe quase alagava, e ela nem sequer apareceu no quarto. Quando ele saiu, percebeu que ficara no chuveiro por mais de meia hora.

Sílvio sentou-se na cama desanimado. Temia ter jogado fora algo precioso e que jamais conseguiria ter de volta. Perdeu o controle e começou a chorar em silêncio, com a certeza de que daquela vez quebrara o amor de Ana por ele. E sabia intuitivamente que aquele amor era sua salvação.

Ana continuava na cozinha. Sabia que o marido a esperava, mas não queria ir. Sentia um certo constrangimento. Não eram mais íntimos. Bebia o café tão devagar que ele já estava gelado, mas era para se ocupar, uma desculpa para permanecer afastada de Sílvio.

Ela lembrou que o apartamento só tinha uma cama de casal. Havia outro quarto, mas estava vazio, pois eles não o haviam decorado. Fazia parte dos planos decorá-lo quando Ana engravidasse. Tinham planejado a gravidez quando estivessem estabilizados financeiramente.

Já estavam. O apartamento estava totalmente pago, mas Ana não parara de tomar contraceptivos, pois tinha medo das crises do marido. Muitas vezes, pensava nela sendo expulsa com um filho nos braços. Ainda bem que não o tinha, pois nada a prendia ali naquele momento.

A cena do quarto vazio, de alguma forma, doeu em seu coração. Quantos dias a janela daquele quarto vazio fora aberta para ventilá-lo? Não se lembrava. Como faria para passar a noite ali? Não queria compartilhar a cama com Sílvio.

O sofá tinha três lugares e era altamente desconfortável para ser usado para dormir. Tinha almofadas muito fofas, era azul clarinho, quase cinza. Ela não sabia por que estava lembrando-se do dia em que tinham ido comprá-lo. Fora a última peça do apartamento a ser escolhida.

Tudo isso veio à mente de Ana como um filme, em que os protagonistas lhe eram indiferentes, sem o efeito de catarse. Teve a sensação de ouvir Sílvio chorando. Não sentiu dó, só um tédio imenso, como se aquilo só a aborrecesse.

Ana acabou de beber o café da xícara, gelado, tão gelado quanto seu coração. Ela percebeu que levara quase uma hora para comer uns poucos biscoitos e tomar duas xícaras de café. Lavou a xícara que tinha sujado e a de Sílvio. Lavou também e sem necessidade o mármore da pia. Ficou esfregando a cuba como se quisesse passar a noite toda fazendo aquilo.

Ana tentou ocupar a mente só com aquele trabalho mecânico. Não queria ver o marido chorando, pois não sabia o que fazer.

Recordou-se da noite em que vira Bruno deprimido e como isso a tinha atingido naquele momento. No entanto, ante o choro do marido, ela estava indiferente.

Queria se trancar em algum lugar longe de Sílvio. Decidiu varrer o quarto vazio, levar uns cobertores para lá e dormir no chão. No dia seguinte, compraria uma cama de solteiro ou talvez só um colchonete.

Foi até a área de serviço, pegou a vassoura e reparou que a área estava suja. A janela aberta deixava entrar muito pó. Quando circulou pelo apartamento, reparou que tudo estava coberto de pó. Quanto tempo ela ficara fora? Um ano? Um século? A vida toda?

Ana foi até o quarto vazio, que ficava em frente ao quarto do casal. Passando, viu de relance o marido ainda de toalha, coberto da cintura para baixo e sentado na cama com o rosto entre as mãos.

Ela sentiu como se tivesse violado a intimidade alheia, então desviou rapidamente o olhar e abriu a porta do outro quarto devagar, para evitar fazer barulho e chamar a atenção de Sílvio.

Ana acendeu a luz, e o cheiro acre de pó encheu seu nariz. Sem poder controlar-se, ela espirrou tentando abafar o som, atravessou o ambiente rapidamente e abriu a janela.

O ar fresco entrou, e Ana o respirou profundamente. Ela varreu o cômodo e percebeu que havia fechado a porta por reflexo, mas que precisava tirar o pó varrido. Ao juntar o pó, a pazinha de lixo ficou cheia. Para não abrir a porta, Ana teve vontade de jogá-lo pela janela, mas não podia fazer isso. Novamente, abriu a porta devagar, e Sílvio a olhou, perguntando:

— O que você está fazendo, Ana?

— Vou dormir aqui.

— Ana, este quarto está vazio. Não faça isso comigo. Talvez, eu até mereça esse castigo, mas lhe imploro: não faça.

Sem responder, Ana se dirigiu à área de serviço, jogou o pó no lixo, pendurou a vassoura e debruçou-se na janela. Respirou várias vezes aquele ar da noite, tendo a sensação de que estava presa, como se jamais pudesse sair novamente daquele apartamento, e de aquela janela era sua ligação com o mundo.

Ana nem percebeu que o tempo passava. Sentiu as pernas doerem de ficar de pé e foi só aí que reparou que o trânsito lá embaixo parara completamente. Estava sem relógio e foi até a sala. A luz do quarto vazio também continuava acesa, e ela percebeu que tinha sono e um cansaço enormes.

Um cansaço maior do que comumente tinha àquela hora, como se cada dia de sua vida tivesse peso. Pensou que o ideal seria passar um pano com detergente no chão do quarto vazio para tirar completamente o cheiro de pó e abandono, mas não quis.

Entrou no quarto do casal devagar. Sílvio estava acordado, deitado, olhando para o teto. Ele passou a observá-la, enquanto ela pegava um cobertor para colocar no chão do outro quarto.

— Ana, não precisamos dormir separados. Não vou tocá-la, se não quiser. Venha, deite-se ao meu lado.

— Prefiro dormir no outro quarto até...

De repente, ela parou de falar. O que era aquilo que vinha como certeza? Separação? Não! Ela precisava ponderar melhor. Não era possível que o amor por Sílvio tivesse ido tão rápido pelos ares. Não era a primeira nem a última briga, com certeza.

Em uma decisão rápida, colocou o cobertor de volta no armário, apagou a luz e vestiu uma roupa de dormir. Deitou-se quase caindo da cama, mantendo a maior distância que podia do marido. Não sentiu Sílvio mudar de posição e teve certeza de que, apesar do escuro, ele ainda estava olhando para o teto. E, sentindo indiferença e a tristeza dele, ela conseguiu dormir finalmente.

A luta de Sílvio era árdua. Precisava urgentemente sufocar aquela índole, que não respeitava os sentimentos de ninguém, inclusive de quem ele mais amava, e que fazia ambos sofrerem a cada fracasso dele.

Capítulo 9

Naquela tarde, Bruno chegara em casa sentindo-se feliz. Teve vontade de cantar e uma canção engraçada vinha sendo executada em sua mente. Olhava da janela do ônibus a paisagem de sempre, mas ela parecia mais cheia de vida.

Bruno sempre teve problemas emocionais. A depressão parecia fazer parte de sua vida. Desde a tenra infância, ela esteve lá.

Lembrou-se de dias em que não queria brincar com ninguém e ficava trancado em seu quarto com seus livros, e de seus amiguinhos, que o ridicularizavam. Esses fatos, no entanto, pareciam sem importância naquele momento, embora já lhe tivessem causado muito sofrimento.

Bruno desceu no ponto, quase em frente à padaria. Foi até ela e comprou pão, lembrando-se do seu primeiro encontro com Ana e de seu sorriso como que ensaiado.

Comprou pão fresquinho para os dois, e uma bomba de chocolate para Ana, que lhe confessara adorar o doce, mas que evitava comê-lo para não engordar. Ante essa confissão, eles riram muito.

O rapaz teve certeza de que nunca tinha se sentido tão à vontade com alguém como se sentia com Ana.

Comprou não uma, mas duas bombas de chocolate, abusando de seu orçamento. Gastando dinheiro com aquele singelo presente, teria de abrir mão de algo, mas não se importou.

Chegando ao prédio, teve vontade de perguntar ao porteiro por Ana, mas não tinha cabimento tanta ansiedade. Controlou-se, foi até seu apartamento, colocou o pão na mesa, fez um leite com chocolate, lanchou e depois, com o pacote de doces na mão, preparou para sair de casa.

Voltou. Colocando o pacote na mesa novamente, decidiu convidá-la para comerem os doces no apartamento dele, assim ela demoraria mais tempo para ir embora. Ele tinha certeza de que Margarete não gostava dele, assim como a maior parte das pessoas.

Bruno nem sequer encostou a porta de seu apartamento. Ele foi até o apartamento de Margarete e tocou a companhia. Ninguém atendeu, ele conferiu o relógio. Ana já deveria estar de volta há tempos. Tocou de novo. Talvez ela estivesse no chuveiro ou cochilando.

Ele voltou ao seu próprio apartamento e ficou lendo com um sentido e com o outro atento aos movimentos no corredor.

Bruno ouviu um movimento de carrinho de bebê e soube que era a vizinha do fim do corredor que tinha um bebê. Horas depois, ouviu passos de sapatos com salto e teve certeza de que era o andar de Ana. Era ela, ele tinha certeza.

Ele abriu a porta e olhou. Viu o homem ao lado de Ana e deduziu que só podia ser o marido da amiga e que ele a tinha vindo buscar. Bruno o olhou e teve de reconhecer que Sílvio era alto, forte, o tipo bonitão.

O prédio todo pareceu balançar para Bruno. Ele fechou a porta. Poderia estar enganado. Aquele talvez fosse o novo namorado de Margarete, que tinha chegado ao mesmo tempo que Ana. Era isso. Ele tinha de se agarrar a essa certeza, por isso repetiu esse pensamento até se convencer de que era verdade.

Meia hora depois, Bruno voltou ao apartamento de Margarete e tocou a campainha novamente, rezando para encontrar Ana sozinha. No entanto, foi Margarete quem atendeu. Ele perguntou por Ana, mas, infelizmente, já sabia da resposta:

— O marido veio buscá-la. É sempre assim. Eles brigam e fazem as pazes depois.

— Quando? — Bruno nem sabia por que estava perguntando aquilo, só não queria que aquele homem que ele vira com Ana fosse Sílvio.

— Há pouco mais de meia hora. É só isso? Perdoe--me, mas estou ocupada.

Ele assentiu com um gesto de cabeça e voltou para seu apartamento, o que lhe pareceu uma longa distância a ser percorrida. O marido de Ana, uma figura que parecia somente de linguagem quando ela raramente se referia a ele, era real, fora até lá e levara Ana.

Bruno sentiu todo o seu ânimo escoar-se. Sentou-se na única cadeira e viu sobre a mesa seu desperdício: o pacote com as bombas de chocolate.

Olhou-as com carinho e desejou ardentemente que a figura longínqua do marido de Ana desaparecesse, que ele ouvisse novamente os passos dela e que, quando fosse até a porta olhar, ela sorrisse, dizendo-lhe que logo iria fazer-lhe companhia. Mas qual era o problema de ela ter um marido real? Ana era somente sua amiga, e ele há muito se declarara homossexual. Não sem sofrimento, não sem dor, não sem conflito.

Mas com Ana era diferente. Algo na figura dela se misturava à de mãe, de irmã e de amiga, tudo em uma pessoa só. Questionou-se: "Em tão pouco tempo?".

Bruno nem sequer suspeitava que não era em tão pouco tempo. Eram vidas em que ela já desempenhara esses vários papéis, estreitando o amor entre eles.

Uma relação sem sensualidade, mas de uma amizade muito forte e de profunda compreensão.

Nas duas últimas reencarnações, devido a outras escolhas, tinham se separado e se cruzavam ali, para se ajudarem mutuamente, com uma intimidade naturalmente conquistada, como é comum também nos acontecer.

Um precisaria da abnegação do outro. Ana entendia os conflitos de Bruno completamente, sem que ele precisasse expressá-los, e Bruno entendia os de Ana: amar um homem e temê-lo ao mesmo tempo.

Os dois precisavam ser fortes, porém, ninguém é forte o tempo todo, e um amigo sincero pode fazer toda a diferença.

Bruno olhou novamente para as bombas de chocolate e imaginou ouvir a voz de Ana dizendo-lhe:

— Adoro, mas, se eu não evitar, ficarei gorda. Minha mãe tem tendência a engordar, e tenho uma tia que pesa quase cem quilos. Já pensou, Bruno? Eu, com esta altura e quase cem quilos? Que apelidos meus alunos não me colocariam? Eles pensam que eu não sei, mas todos os professores têm apelidos. Quando eu era aluna, tinha um professor cujo apelido era rói-rói. E sabe por quê? Ele roía tanto as unhas que quase não as tinha e parecia sempre estar com raiva. Por isso, quando comprar um presente para mim, não me dê bombas de chocolate, dessas com muito creme, que fazem a gente aumentar de peso só de olhar.

Bruno fechou os olhos e foi como se Ana se materializasse ali, na sua frente, em três dimensões. Ele até pôde sentir o cheiro do perfume que às vezes ela usava.

A janela aberta permitia que o vento entrasse, atingindo seu rosto em cheio. Pareceu-lhe que toda a sua vida era assim. Estava sempre à parte, dividindo o que era dos outros.

Havia se conformado a ser pobre e lutar para conseguir pagar os estudos. Nunca o fato de comprar livros

Foi para a cama com roupa e tudo. Todas as luzes acesas o incomodavam, então, ele se levantou e apagou algumas. Outras, no entanto, ficaram acesas. Sua última imagem mental foi a das bombas de chocolate em cima da mesa, como se esperassem pela dona: Ana.

Quando ligou para o apartamento de Sílvio, Lígia teve a certeza de que fora a esposa do colega quem atendera.

Avisaram-na de que ele era casado, mas e daí? O divórcio era uma coisa simples e, ela sempre tivera certa atração por Sílvio. Embora ele tivesse faltado ao encontro marcado, já era uma chance, e ela decidira não desistir dele.

Sílvio era um homem inteligente, daqueles que sempre saem vencedores. Ser casada com ele seria muito interessante. Ela teria uma vida financeiramente estável e um marido de excelente aparência. Não importava o que tivesse de fazer para isso. Aliás, sorriu. Já estava fazendo.

Lígia duvidava que a esposa ficasse com Sílvio depois daquele telefonema. Nem sabia bem por que ligara para ele, mas fora na hora certa. Quem sabe um golpe da sorte?

Sorriu ao imaginar a cara da esposa ouvindo o recado. Brigas. Não existe coisa melhor para separar um casal do que desentendimentos. Seja por ciúmes, por motivos financeiros etc.

Dando asas ao egoísmo, Lígia voltou a pensar em qual seria seu próximo passo. Aquele homem, casado ou não, não iria escapar-lhe. Não mesmo.

Ela acreditava que sofria de azar. Fora noiva por duas vezes, e em uma delas chegara até a fazer quase todo o enxoval. Dois meses antes do casamento, o pretendente chegou até ela com muitas desculpas e desmanchou o noivado.

de segunda mão lhe pareceu tão humilhante. Em sua mente, viu o marido de Ana. O marido que ela tinha, do tipo realizado na vida, com um carro bonitão, sofisticado.

O complexo de inferioridade, que sempre se fizera presente, quase o sufocou. Bruno levantou-se, foi até a janela e olhou para baixo. Jogar-se dela pareceu-lhe tentador. De que valia tantas dificuldades, se o destino final era a morte?

Bruno novamente se enganava. Morrer, no sentido que ele julgava, não existe. O destino final é sempre aprender a ser.

Ele se lembrou das caminhadas que fizera com Ana e que deixaria de fazer. Talvez, ela viesse no dia seguinte para irem juntos naqueles passeios curtos. Perguntou-se:

— O que tenho com essa mulher que me faz gostar tanto dela? Tenho certeza de que não é físico. É algo muito maior.

Influí a amizade antiga, herdada de outras eras, mas ele bloqueou. Sua mente não conseguia qualificar e definir.

O apartamento pequeno pareceu-lhe cheio de sombras. Bruno, então, acendeu todas as luzes e voltou à janela. Em sua mente, só desejou que Ana entrasse por aquela porta e lhe sorrisse, mais nada. Só isso bastaria, ele acreditava.

Bruno saiu de perto da janela. Sempre que chegava perto dela, algo parecia atraí-lo para baixo. Fechou-a e lembrou-se de quando Ana, no meio da madrugada, entrara no apartamento como se estivesse ligada a ele pelas emoções, como se adivinhasse.

Tentou novamente refazer a figura do marido de Ana pelo pouco que vira e pelo que ela lhe dissera. Nada que ele não tivesse pensado ainda. Avaliou que Sílvio tinha uma figura de vencedor. Bruno sentiu a dor do abandono. Corrigiu-se. Ele e Ana tinham se tornado amigos e o retorno dela para o marido não impediria que continuassem a ser amigos.

A moça julgava que tinha sido idiota. Ele também era um homem interessante, e ela certamente deixara uma brecha para alguma concorrente. Desta vez, no entanto, ela seria a concorrente. Planejou no dia seguinte espalhar pela empresa a notícia de que ela e Sílvio estavam tendo um caso.

Poderia perder o emprego. O cargo dele era bem mais alto do que o dela, mas duvidava. Capricharia nas roupas e em suas insinuações. Queria vê-lo resistir.

Inventaria uma história de abandono, pediria consolo. Não havia homem que resistisse ao apelo de uma mulher, pedindo-lhe que interferisse com sua força. Fazia parte de ser cavalheiro, e Sílvio não parecia diferente. Nem todos gostavam dele. Diziam que às vezes era feroz quando alguma coisa saía errada. Era isso. Ela queria um homem forte e arrojado. Lígia confundia instabilidade emocional com força e determinação, assim como muitos confundem respeito com medo.

Tranquilamente, Lígia abriu o guarda-roupa e escolheu as peças para o dia seguinte, pensando exclusivamente em Sílvio. O que será que ele mais gostava em uma mulher? Se fossem as pernas, um vestidinho curto seria o ideal. Se fosse a cintura, um bem cinturado, talvez um decote.

Lígia suspirou. Tinha de experimentar e saber o que mais chamaria a atenção de Sílvio. Depois, era só insistir. O departamento onde ela trabalhava era bem afastado do dele e ficava em um andar diferente. Quem sabe ela não conseguiria uma transferência para o mesmo andar?

Coisa difícil. No departamento onde ele trabalhava só ficavam os gerentes, diretores e suas respectivas secretárias. Todas tinham de ter no mínimo essa formação. Lígia lastimou não ter feito secretariado. Quantas histórias de secretárias casadas com os chefes ela não conhecia?!

Lígia acreditou ser uma idiota por não ter cursado secretariado e, sim, administração em recursos humanos, mas isso, no entanto, tinha uma compensação: podia circular onde bem quisesse. Precisava traçar uma estratégia para não sair prejudicada. Aliás, fora assim que conseguira o telefone da casa dele. A ficha todinha dele à sua disposição. Lembrou-se de que o telefone comercial da esposa de Sílvio também constava na ficha. Sorriu. Se precisasse, era só pegar.

Escolheu um vestido. Sabia que era um tanto inadequado para o ambiente de trabalho, mas ideal para seus planos. Procuraria Sílvio no dia seguinte e pediria desculpas pelo mal-entendido. Ele não era idiota, por isso Lígia precisava distorcer os fatos, como se Ana tivesse exagerado.

A moça olhou-se no espelho e fez cara de compungida. Depois, satisfeita, sorriu. Calculou que exigiria o divórcio quando já tivessem um caso e o velho truque de um filho sempre funcionava. Mexia com a masculinidade dos homens e com sua responsabilidade com a família.

Lígia lembrou-se de que na ficha de Sílvio não constava registro de filho algum. Talvez a esposa fosse estéril, o que era melhor ainda. Estavam casados havia três anos. Talvez o tédio do casamento já estivesse presente. Deveria estar, do contrário, ele não a teria convidado para sair.

Lígia tentou esconder de si o fato de ele não ter comparecido ao encontro e de depois ter nitidamente fugido dela. Isso não a interessou. Depois do primeiro encontro, julgava que os outros seriam facilmente marcados, até se tornarem uma rotina. E daí por diante, fácil, fácil.

Ela ainda escolheu um perfume mais acentuado. Quem a visse pensaria que ela iria a uma festa importante, tal era o cuidado com que escolhia demoradamente cada peça.

Lígia estava fechada a qualquer boa influência. Só sentia por Sílvio atração física e pelo cargo que ele ocupava. Era muito interesseira, materialmente falando.

A moça sorriu feliz, sentindo-se vitoriosa. Roguei que não conseguisse alcançar seus objetivos. Ela não tinha o direito de interferir no casamento alheio, porém a decisão estava nas mãos de Sílvio e de ninguém mais.

Capítulo 10

Sílvio acordou com dor de cabeça. Mal tinha pregado o olho a noite toda. Tinha certeza de que tudo que acontecia era por culpa sua e por não saber se controlar. Porque, irado, perdia totalmente o controle.

Já implorara o perdão de Ana, e, para piorar a situação, Lígia ligara em uma hora errada. O que ela podia querer? Será que a moça não percebia que ele se arrependera de tê-la convidado para sair?

Sílvio não queria nada com Lígia ou com qualquer outra mulher; queria Ana, a amava e iria lutar por ela. Nunca a tinha traído e, quando pensara nisso em um momento de fragilidade, o arrependimento fizera-se presente imediatamente. Ser mulherengo não estava mais na sua índole.

Talvez fosse melhor procurar Lígia e esclarecer bem as coisas, mas poderia ser constrangedor. Melhor seria esquecer o assunto. Naquele fim de dia, compraria muitas flores e as daria à esposa.

Reavaliou: uma joia talvez o tirasse da mesmice das flores. Pensaria durante o dia e veria seu saldo no banco. Não poderia ser algo comum, pois seria o símbolo de seu amor, que, apesar dos pesares, era forte, profundo.

Sílvio viu quando Ana se levantou. Rogou sentir a mágoa dela diminuída. Chegariam atrasados ao trabalho, mas ele só se sentiria seguro quando se relacionasse com ela intimamente.

Precisava sentir o desejo ardente de Ana e sua entrega de corpo e alma. Ele a via à meia-luz no quarto. Ela nem sequer o chamara como fazia todas as manhãs. Foi ao banheiro e fechou a porta com o trinco, o que soava como uma ofensa a ele. Depois, Sílvio a desculpou no afã de tê-la de volta como antigamente.

Para decepção de Sílvio, quando saiu do banheiro, Ana já estava totalmente vestida e pronta para o trabalho. Ela tateou a perna do marido, tocando-a levemente para acordá-lo. Novamente, Sílvio desapontou-se. Normalmente, ela o acordava com um beijo leve e com uma carícia.

Ana nem sequer se preocupou em checar se o marido estava realmente acordado. Saiu do quarto indiferente. Sílvio levantou-se.

Enquanto fazia a barba, o cheiro de café alcançou-o. Ele nunca sentira tanto distanciamento da esposa. Trocou-se e, quando saiu do quarto, o apartamento já estava vazio. Ela já tinha ido.

O desânimo que o assolara na noite anterior pareceu aumentar. Sílvio sempre a levava para o trabalho, mas ela saíra quase vinte minutos mais cedo, sinal de que não queria a carona. Ana nem sequer lhe dera um bom-dia.

Quando Sílvio chegou ao trabalho, só tinha uma vontade: a de faltar ao serviço, pegar a esposa, e juntos fazerem uma longa viagem, afinal talvez fosse isso que lhes faltasse. Tinha férias vencidas, mas Ana estava em pleno ano letivo. Já haviam combinado de que ele pegaria suas férias no mês de julho, junto com as dela, para viajarem.

Sílvio entrou em sua sala, e logo o telefone começou a tocar. Os problemas surgiram para serem resolvidos e a manhã estava passando.

Em um momento, viu pelo vidro de sua sala Lígia entrando no departamento. Estava vestida como se fosse para uma festa. Julgou-a ridícula, escandalosa, vulgar. Ele preferia a simplicidade, a naturalidade de Ana, que ia dar aulas de sapatos de saltos baixos, livros e provas debaixo do braço. Recordou-se, com tristeza infinita, que naquela manhã a esposa preferira a dificuldade de pegar o ônibus com aquele material todo ao conforto do carro do casal.

Sílvio voltou ao relatório que estava terminando. Iria, na parte da tarde, ter uma daquelas desagradáveis reuniões, em que o ego de cada um brigava para se mostrar mais competente e dono das melhores ideias. Mas o que podia criticar? Ele mesmo não era assim?

Ouviu a porta de sua sala sendo aberta. Levantou os olhos para ver o que sua secretária queria, quando deu de cara com Lígia. Um perfume forte e desagradável pareceu poluir o bom cheiro de rosas do ambiente.

Lígia sorriu sensualmente, e ele, lembrando-se do telefonema da noite anterior, teve vontade de esbofeteá-la.

— Bom dia, Sílvio. Sua empregada lhe deu o recado? — perguntou ela propositadamente para humilhar Ana.

— Deu sim, mas eu não pude retornar a ligação — respondeu ele secamente, sem querer prolongar a conversa.

Lígia sentiu certa decepção e desilusão com a indiferença de Sílvio. Será que tinha mesmo falado com uma empregada em vez da esposa, como seus sentidos fizeram-na crer? Mas Sílvio não corrigira sua afirmação. Sendo a empregada, o fato não teria feito o estrago que desejara tanto.

— Pensei que poderíamos almoçar juntos hoje. O que você acha? Poderíamos ir a algum lugar afastado e evitaríamos fofocas — ela disse isso, mas era tudo o que desejava. Que na boca dos outros o encontro tivesse um vulto maior e que Ana descobrisse tudo. Caso contrário, ela mesma daria um jeito de a história chegar aos ouvidos da esposa.

— Não, Lígia, sinto muito. Não vou sair para almoçar. Tenho uma reunião à tarde e, assim que acabar, sairei para comprar um joia para minha esposa.

— Pensei que vocês não se davam bem.

— Eu a amo, e isso é o que importa.

Lígia sentiu como se levasse uma bofetada. Tinha certeza de que ele devia estar fazendo tipo, mas não desistiria tão fácil. Não ela, que fora passada para trás duas vezes. Enquanto a moça pensava em uma saída, Sílvio pediu:

— Por favor, saia. Preciso terminar este relatório — dizendo isso, ele voltou sua atenção aos papéis, como se a moça não estivesse mais ali. Lígia queria xingar. Sílvio estava lacônico, austero. Talvez estivesse mal-humorado naquele dia, então tentaria em um próximo. Sem opção, ela saiu da sala de Sílvio fechando a porta. Às costas dela, ele se levantou e abriu a porta para sair o perfume de Lígia, que o incomodava.

A única fragrância que gostava em sua sala era das rosas que vinham do vaso que sempre as continha. Quando ele se sentia tenso por algum problema da empresa, fechava os olhos e respirava fundo. Deixava que aquele perfume lhe invadisse os pulmões, e, assim, parecia que pensava melhor.

Pessoalmente havia encomendado que a floricultura entregasse a cada semana um ramalhete. Não necessitava de muitas flores. Apenas meia dúzia de botões, que fossem se abrindo dia a dia, para no fim de semana murcharem e na segunda-feira seguinte serem renovadas. Ao pensar nisso, olhou as flores. Tinha o desejo secreto de algum dia ter uma estufa para cultivar exemplares.

Quem sabe um dia compraria uma casa grande, com espaço para a construção de uma estufa ou de um grande jardim. Desejou também ter filhos para compartilhar. Assim que passasse aquela tempestade, conversaria seriamente com Ana, para retornarem aos seus planos. Os filhos seriam mais um elo entre eles.

Percebeu que estava devaneando e voltou ao relatório, que lhe parecia mais tedioso do que nunca. De repente, a imagem de Lígia veio-lhe à mente, e Sílvio sentiu que ela iria atrapalhar sua vida.

Sílvio fechou os olhos e respirou profundamente e, em vez da fragrância suave das rosas, o perfume da moça encheu-lhe os pulmões. Pensou em um palavrão. Levantou-se, foi até o armário e ligou o ventilador, para que o perfume de Lígia saísse mais rapidamente da sala.

Um ato impensado comumente cria desdobramentos negativos, e Sílvio ainda teria muitos problemas com Lígia. Seria mais uma pedra em seu caminho já complicado.

Ana tinha preferido ir de ônibus. Não queria ter a obrigação de conversar com o marido. Sentia tal constrangimento por estar daquele modo com ele, que mal fizera o café e nem sequer o tomara. E ali, no ônibus, já perto da escola, seu estômago reclamava a falta de alimento.

Ela desceu da condução um tanto atrapalhada com todas as provas e os diários nos braços. Chegando à escola, foi até a sala dos professores e colocou os papéis sobre a mesa. Seguiu para a cantina e lá encontrou outros professores conversando animadamente, que a incluíram na conversa. Ana, no entanto, parecia sem assunto.

Tudo à sua volta a deixava desconfortável, mas o que realmente a fazia sentir-se assim? Quando saísse da escola, iria até a casa dos pais. Precisava de um apartamento só para si. Não queria ir para a casa de mais ninguém durante as brigas. Não desejava mais que a notícia se espalhasse e que todos dessem palpite.

Ministrando as aulas, ela se distraiu. Sempre se divertia com as crianças, que eram alegres e tagarelas. Ana sentia que gostavam dela e percebia que, todos os dias, ela era bem-vinda, nunca rejeitada.

No intervalo, Ana foi até a diretoria. Sabia que seria recebida com atenção. O corpo docente era como um rol de amigos, em que um sempre estava disposto a ajudar o outro.

Apenas quando se sentou em frente ao diretor, soube o que estava fazendo lá. Pediu mais algumas turmas, pois precisava ganhar mais. O diretor, por sua vez, afirmou que no colégio não faltavam professores, mas lhe prometeu verificar em outras escolas do bairro ou adjacências.

A moça agradeceu e saiu. Tivera vontade de implorar ao homem, pois precisava muito de dinheiro. Fora estúpida de não ter se candidatado logo no começo do ano, mas gostava de cuidar da casa e por isso só dava aulas no período da manhã. Às tardes, além dos afazeres domésticos, visitava a mãe, fazia compras e estudava.

Ao sair da escola, Ana foi até a banca de jornal e comprou um para procurar emprego. Seria difícil encontrar uma vaga como professora efetiva, porém, se encontrasse uma de professora substituta, isso já a ajudaria bastante.

Havia uma vaga. Ana recortou o anúncio com cuidado, olhou para si e lastimou não estar melhor vestida. Avaliou se seria interessante ir para casa e trocar de roupa. Era pouco mais de uma e meia da tarde. Teria tempo de sobra. Gastaria bem menos de duas horas entre pegar o ônibus, chegar em casa, tomar um banho, fazer um lanche rápido e tomar outro ônibus até o endereço.

Assim o fez. Ana chegou em casa, guardou o material escolar, tomou um banho bem rápido e decidiu não comer nada. Ganharia mais tempo alimentando-se na rua. Vestiu uma roupa mais social, calçou sapatos de saltos mais altos, colocou seu currículo na bolsa e lá se foi.

Naquela manhã, Bruno decidiu não se preocupar mais com Ana. Acreditava que os problemas que tinha já lhe bastavam.

Por isso, no seu trabalho à tarde em uma loja de sapatos, onde atuava como vendedor, Bruno julgava o mundo um grande cassino. Quem desse sorte, ao acaso, nascia em família rica e tinha a vida facilitada em tudo. Quem não, azar. Julgava ele que era um dos azarados.

Atendendo a uma cliente que não sabia o que escolher e já tinha experimentado uns dez pares de sapato, fazendo-o perder muito tempo e talvez não ganhar nada, Bruno estava com vontade de gritar injuriado. Perguntou-se: "Será que viveria até os setenta ou oitenta anos naquela rotina, sempre incerto quanto ao amanhã?".

Quando já ia dizer à cliente que ela já experimentara de tudo, para seu alívio a ouviu afirmar:

— Levarei esses dois pares.

Imediatamente, Bruno fez um cálculo mental de sua comissão, ouvindo a mulher dizer à outra que a acompanhava e não experimentara nada:

— Fico ansiosa cada vez que tenho de decidir qualquer coisa. É um sofrimento.

Ele julgou o comentário exagerado. Sofrer até para escolher um par de sapatos? Era impossível.

O pior é que não era impossível. As pessoas muito inseguras criam estados de ansiedade por coisas simples que não têm muita relevância em suas vidas. Mesmo assim, é algo que as desgasta emocionalmente.

Indo para o caixa pagar, a cliente ainda olhou para os outros pares que Bruno recolocava nas caixas para devolver ao estoque. Ele pensou, dirigindo-se a ela mentalmente: "Não desista da compra. Eu ganho pouco e preciso de cada comissão".

A acompanhante da cliente disse a ela:

— Vamos! Pague logo! Precisamos ir.

Naquela loja, convivendo com o público e tendo vários perfis psicológicos diferentes à sua frente, Bruno não aprendia com os exemplos. Ainda se isolava, crendo-se injustiçado, sobrecarregado e desanimado. Ele também não percebia que cada um tem sua força e fraqueza e que há lutas para todos, todos os dias. Uma batalha árdua para saírem da limitação.

Influí a Bruno: "Neste estágio da humanidade, continuar lutando já é uma grande vitória, mesmo que você não creia estar vencendo".

Ele riu com deboche, respondendo mentalmente: "Alguns nascem para vencer, outros para perder. Sou um perdedor. Por isso, eu me pergunto por que continuo lutando. Pelos meus pais? Não quero desiludi-los. Eles têm fé em mim. Quero ampará-los quando precisarem".

Continuei influindo: "Isso é um motivo muito bom, mas acredite: ninguém nasce para ser perdedor. Não se arrogue este título. Não se limite".

Bruno começou a caminhar com as caixas de sapatos nos braços para recolocá-las no estoque e pensou, sorrindo com certo deboche: "Este trabalho é ridículo".

Questionei: "Preconceito, Bruno?".

Ele sorriu, respondendo mentalmente: "Realmente, logo eu. Não!".

"Todo trabalho tem sua importância", influi-lhe a imagem de pessoas andando sem sapatos, queimando os pés no asfalto quente, sujando-os na rua e contaminando-se com a sujeira.

Ele viu a imagem, mas rebateu: "Por que quero me dar importância? Sou um bobo, imbecil às vezes".

Sorri e enviei-lhe um abraço carinhoso em forma de fluxo de energia apaziguadora. Ele olhou para os lados, procurando uma explicação para o bem-estar que sentira. Mas logo retomou seu trabalho, esquecendo nosso diálogo.

Logo ele iria descobrir um lado seu que até o surpreenderia.

Capítulo 11

Sílvio não estava tranquilo. Ele terminou o relatório e não estava com a mínima vontade de comparecer à reunião. Seria a mesma coisa de sempre: muita conversa e pouca atitude. Resolveu ir para casa. Estava realmente com dor de cabeça, mas nada que um analgésico não resolvesse.

Olhou no relógio. Era quase meio-dia. Queria sair a tempo de ir buscar Ana, que saía a uma hora da tarde. Ligou para o diretor a que se reportava, conversou, afirmou que não estava se sentindo bem e que queria ir para casa. O homem não fez objeção. Apenas lhe questionou sobre o relatório. Era sempre assim. Sílvio tinha a impressão de que o diretor lhe perguntava para não ter de ler.

Quando finalmente conseguiu desligar era quinze para uma da tarde. Não ia dar tempo de pegar Ana no trabalho. Teve vontade de chutar a sala toda, de gritar e deixar seu vulcão cuspir toda a lava, mas respirou profundamente, sentindo o cheiro suave das rosas sem poluição. Depois, sorriu. Ana estaria em casa. Seria uma surpresa de qualquer modo. Encontraria a esposa cuidando do apartamento deles.

Foi para o elevador. Tudo estava vazio, pois era a hora do almoço. Lembrou-se de que não avisara sua secretária de que não estaria na empresa à tarde. Teve vontade de esquecer o assunto. Não era correto. Voltou e escreveu rapidamente um bilhete, deixando-o bem visível em cima da mesa da secretária, com a mesma desculpa que dera ao diretor.

Novamente, Sílvio precisou esperar o elevador. Desceu com vontade de correr até o carro, mas não o fez. Foi caminhado devagar, como se não tivesse pressa. Viu Lígia chegando do almoço e entrando na garagem. Sílvio, então, entrou rapidamente no carro e acelerou. O comportamento dela era culpa sua também.

Quando já estava na avenida, parou em uma floricultura e comprou duas dúzias de rosas para a esposa. Tinha certeza de que, durante aquela tarde, resolveria de vez a frieza de Ana... E só tinha um modo de resolvê-la. Percebeu que estava muito ansioso para sentir o corpo da esposa. Casados havia três anos com Ana, ele sabia exatamente como satisfazê-la.

Quando estacionou o carro no prédio, já eram quase duas horas. O trânsito o havia atrasado. Foi ao *hall* e esperou o elevador. O porteiro o viu carregando as flores e perguntou:

— Dona Ana faz aniversário hoje?

— Não. Mas quero fazer-lhe uma surpresa.

— Ela não está. Saiu não faz nem dez minutos.

Uma depressão misturada à desilusão pesou sobre Sílvio. Ele teve vontade de sentar-se no *hall* e chorar abraçado às flores. Sua esperança se escoava, e ele perguntou com voz sumida:

— Por acaso ela disse aonde iria?

— Não. Pareceu-me preocupada e apressada, só isso.

— Talvez tenha ido até o supermercado. Fiquei sozinho, e a cozinha está desabastecida.

— Não. Acho que não. Ela estava bem-vestida, de saltos altos. Dona Ana nunca usa sapatos assim, nem para trabalhar.

O elevador chegou, fazendo aquele ruído característico. A depressão e a desilusão de Sílvio misturaram-se à raiva por ele não ter ideia de onde a esposa fora e por ter ido bem-vestida e com saltos altos.

Sílvio entrou no elevador e, quando chegou ao andar, desceu. Abriu o apartamento e colocou as flores sobre a mesa. Perambulou pelo ambiente e viu que Ana trocara-se às pressas, pois as roupas, provavelmente as que ela usara de manhã, estavam jogadas sobre a cama.

Ele voltou à sala. As flores estavam sobre a mesa, tão abandonadas como ele estava se sentindo. O vulcão de suas emoções o fez perder o controle. Sílvio pegou o ramalhete e começou a batê-lo nos móveis, a chutá-lo e a pisá-lo, esmigalhando cada pétala, folha e caule, espalhando pedaços por toda a sala e sujando tudo, até a estante ainda coberta de pó.

Ana ia preocupada. Precisava daquele novo emprego e lastimou-se por não ter estudado um pouco mais. Os testes eram difíceis, mas as aulas ela tinha tempo de prepará-las com antecedência.

Acreditava ser uma boa professora, pois era paciente com as crianças e fazia com carinho. Sentia por cada um deles um pouquinho do amor que, imaginava, sentiria por seus próprios filhos. Filhos que, com a instabilidade do marido, temia conceber. E, de repente, veio-lhe a certeza de que com Sílvio não os teria. Pensou em Bruno, em sua fragilidade e lastimou que fosse declaradamente homossexual. Ana percebeu que entendia os conflitos pessoais do moço.

Ela planejou visitar Bruno na loja, caso terminasse a entrevista mais cedo. O rosto dele lhe veio à mente. Aquele semblante de melancolia que nunca o abandonava.

O ônibus chegou ao seu destino. Ela desceu, passou a mão no cabelo por reflexo, olhou para si e caminhou em direção ao endereço. Logo atravessava o portão aberto da escola. Dirigiu-se, um tanto insegura, até a secretaria, onde pediram que esperasse.

Ana sentiu que estava ansiosa, como se daquele emprego dependesse sua vida. E dependia. Ela precisava ter um lugar para si. Só então percebeu que teria de enfrentar o marido, que certamente reagiria como uma fera.

Não. Ela não contaria a Sílvio. Nunca tinha feito nada escondido, mas o faria, embora isso agredisse sua índole.

Suspirou. Até conseguir juntar dinheiro, alguns meses se passariam. O que ela faria durante esse tempo?

— Senhorita, podemos conversar? — dizia alguém olhando-a. Certamente era o diretor.

Ana sorriu tentando parecer simpática. Seguindo o homem, percebeu que ele era jovem e atraente. Mal entraram em uma sala, ele a convidou a sentar-se, começando a falar sobre a escola, seus objetivos como diretor e sobre a qualidade de ensino que queria alcançar.

Ana só pôde ter um pensamento: ele era um idealista e queria fazer de sua escola um modelo. Avaliou que, entrelinhas, o diretor dizia que, se ela não fosse competente como professora e não soubesse bem a matéria, esquecesse o cargo, mesmo sendo temporário. Ela tentou convencê-lo de sua capacidade, afirmando:

— Sou professora há mais de seis anos. Gosto de crianças, tenho paciência. Se quiser, pode pedir referências minhas na outra escola ou com os pais de meus alunos.

— Não, senhorita, aqui estamos desenvolvendo um método distinto daquele que faz as crianças detestarem a escola e, consequentemente, o conhecimento.

— E que método é esse?

— Estudei métodos usados no mundo inteiro e escolhi um bem prático, com joguinhos, principalmente para as crianças do primeiro e segundo ano do ensino fundamental. São crianças, querem brincar. E eu descobri que, brincando, elas aprendem muito mais do que com o método convencional, tedioso.

— Como poderei aprender esse método para aplicá-lo? Serei apenas uma professora substituta. Não é esse o cargo?

— Sim, a *priori* é. A escola está crescendo, e estamos sempre precisando de professores. E no caso de a senhorita já saber, terá preferência.

Ana sorriu, ao perceber que ele só a chamava de senhorita. Será que não via a aliança em seu dedo? Discretamente, enquanto ele discorria sobre o método, ela olhou para a mão e teve um choque. Estava sem a joia. Onde a colocara? Será que a perdera?

— Entendeu, senhorita?

— O quê? — Ana não ouvira uma palavra. Manteve o sorriso, mas sentiu um desconforto. — Não muito bem — respondeu ela embaraçada. Como diria sim ou não, se não prestara atenção?

— Senhorita, parece estar com problemas. É dispersa assim sempre?

— Não! Claro que não. Estou sentindo insegurança, pois preciso muito desse emprego. Já dou aulas pela manhã, mas preciso dos dois períodos.

— Vamos fazer assim: a senhorita assiste à professora titular. Ela só deve sair de licença em quinze dias, mas creio que em três a senhorita já dominará o método totalmente.

— Quando começo?

— Se puder, hoje?

— Sim, posso. Não tenho compromisso à tarde.

— Ótimo! Vamos até a sala. Amanhã, a senhorita vem mais cedo, no horário da aula, e me diz o que achou.

105

Ele se levantou, e Ana fez o mesmo, enquanto pensava que Sílvio chegaria no fim da tarde e ela não estaria em casa. Falaria ao marido sobre o novo emprego ou sobre a promessa dele. Não tinha opção.

Seguiram por um corredor longo, para uma sala que estava com a porta aberta. Ele bateu de leve, e a professora, com uma barriga enorme de gravidez, os olhou. Ele disse:

— Sônia, esta é a senhorita Ana. Eu gostaria que ela assistisse a uma aula sua para que conheça nosso método.

— Seja bem-vinda, Ana. Crianças, esta é Ana.

As crianças a olharam e sorriram rapidamente. Estavam entretidas com o que faziam. Ana estranhou tanta atenção, afinal era comum que os alunos se dispersassem facilmente até com o voo de uma mosca. O diretor sorriu para ambas e, olhando para a classe, sussurrou para Ana.

— Boa sorte!

Ana não entendeu aquele tipo de teste. Ela escolhia, não eles. A professora comentou que as crianças estavam resolvendo alguns probleminhas de matemática.

Para Ana, as crianças pareciam estar gostando. Começou a sentir curiosidade extrema por aquele método, pois as crianças normalmente detestavam qualquer tipo de exercício, ainda mais de matemática.

A correção foi iniciada. Ela se sentou em uma carteira vazia e ficou observando a professora, que brincava muito, fazia os alunos sorrirem o tempo todo e imitava vozes lendo os probleminhas.

Ana se viu completamente distraída, esquecida do resto e tentando imaginar se teria aquela capacidade. Se a desenvolvesse, usaria em sua outra turma com método convencional.

Bateu o sinal para o lanche, e as crianças saíram relutantes. Ana se sentiu surpresa, pois comumente elas saíam correndo, sem olhar para trás. E, pior, sem vontade de voltar. Sônia sorriu, convidando-a para um café.

— Como consegue fazê-los prestar tanta atenção?

— É simples, na verdade. Convido todos para entrarem em uma nave e aí vamos ao planeta das diferentes matérias. As crianças têm muita imaginação. No planeta da matemática só pode ficar quem entende de matemática; de geografia, quem gosta de geografia; e assim por diante. Quando isso me foi proposto, julguei que era loucura. Não me sentia à vontade, mas depois funcionou. Quando as crianças estão muito agitadas, paramos e eu lhes conto uma história infantil ou cantamos. Qualquer coisa para relaxar.

Ficaram falando sobre o método, seus conceitos etc. Voltaram para a segunda parte da aula. Ana estava encantada com o método, pois estimulava muito a imaginação e a criatividade das crianças.

O sinal bateu para o fim da aula. Todas as crianças levantaram-se sem pressa, beijaram a professora e disseram "boa noite" ao bebê na barriga dela. Ana achou isso encantador. A naturalidade é encantadora.

Ela despediu-se de Sônia, procurou o diretor, mas ele já saíra. Para chegar mais cedo no dia seguinte, precisaria ir praticamente direto da outra escola. Mas só o aprendizado do novo método já valia o deslocamento.

Indo para o ponto de ônibus, Ana viu quando o marido de Sônia foi buscá-la e eles, mesmo em público, trocaram um beijo longo. Ana sentiu certa inveja e voltou a pensar em Sílvio e na briga que enfrentaria quando chegasse em casa. Suspirou desconsolada.

O ônibus chegou, ela entrou e sentou-se, tentando não aumentar sua angústia. Evitava pensar no conflito e percebeu que daria tudo para não ir para casa. Pensou em ir à casa dos pais ou ao apartamento de Margarete e ligar para Sílvio pedindo o divórcio. Suspirou novamente com vontade de chorar. Algo em seu íntimo gritava que não fugisse. Ela precisava ir para casa.

Ana desceu do ônibus e seguiu a passos lentos. No prédio, o porteiro a cumprimentou indiferente, mas, quando ela já estava à porta do elevador, ele comentou:

— Senhora Ana, seu marido chegou mais cedo. Logo depois do almoço, ele chegou aqui.

— Ele está doente?

— Não! Trazia flores. Creio que queria lhe fazer uma surpresa. Perguntou-me onde a senhora poderia estar e ficou aflito.

Ana agradeceu. Seria pior do que imaginara. Teve novamente vontade de dar meia-volta, sumir e nunca mais ouvir falar de Sílvio. O elevador chegou. Ana já estava com o coração acelerado, pronta para ir-se — e desta vez para sempre. Nem precisaria ele, em sua raiva, expulsá-la.

Chegando ao apartamento, Ana percebeu que a porta não estava trancada. Assim que entrou, viu as flores completamente destruídas. Parecia que tinham sido passadas por um triturador e espalhadas pela sala toda.

Sílvio não estava na sala. Certamente, estava no quarto. Ana andou tentando não fazer barulho. Sentia fome. Levou todas as suas coisas para a cozinha e lá faria um café no máximo silêncio possível. Queria, sem dúvida, adiar aquela briga.

Porém, ela mal colocara a água no fogo, quando sentiu o marido atrás de si. Ana preparou-se para o grito que não veio. Somente uma voz implorativa se fez ouvir:

— Onde esteve, Ana?

Ela, ainda de costas, respondeu:

— Fui ver um novo emprego.

— Por que não me avisou?

— Não havia planejado. Soube da vaga durante minhas aulas da manhã. Tanto que cheguei em casa e troquei de roupa às pressas.

— Fez muitos testes?

— Curiosamente, não. Assisti a uma aula para conhecer o método.

— O que achou?

— Diferente, mas funciona.

Ana não queria se voltar para Sílvio, por isso ficou lavando as mãos na pia. Já era a terceira vez. Não queria olhar para o marido. Ouviu quando ele puxou uma cadeira e sentou-se. A cada segundo, ela tinha certeza de que o tom dele ia mudar e o mundo viria abaixo.

Um longo silêncio se fez. Ainda sem olhar para Sílvio, Ana pegou o pó de café, colocou no coador, fez o café, abriu a geladeira e tirou algumas coisas de lá. Não tinha opção. Ele estava sentado à mesa. Teria de olhá-lo e temia que isso fosse um gatilho, por isso adiava tanto.

Sentiu também como se precisasse de toda a coragem do mundo para virar-se, porém, vendo-o, encontrou ali apenas dois olhos vermelhos de quem certamente havia chorado e um semblante triste, que a fez lembrar--se de Bruno.

— Você está bem? — perguntou.

— Não! Estou péssimo. Hoje, quando cheguei e você não estava, pensei em tudo. Ana, responda-me com honestidade: você tem outro homem?

— Não!

— Querida, eu a amo. Não sei mais o que fazer para controlar meu gênio. Vim mais cedo, trouxe-lhe flores e, quando vi que você não estava aqui, as destruí insanamente.

— Eu vi — disse ela se virando, novamente sem querer olhá-lo. — Está com fome?

— Quero apenas um café. Ana, por que foi procurar um novo emprego? Isso a ocupará durante dois períodos. E o nosso filho? Está na hora de termos um.

— Não! Ainda não! Sinto-me insegura. Penso no que nos acontecerá quando, em seus lances de ira, você nos expulsar. Sílvio, eu vou comprar um apartamento só para mim.

Ele se levantou, e ela esperou a explosão de raiva. No entanto, Ana ouviu de Sílvio somente um sussurro dolorido.

— Se eu a expulsar de novo, eu lhe imploro que não leve em conta, não se vá. Você me faz muita falta, muita mesmo. Eu a amo imensamente.

Ana ainda estava de pé, quando Sílvio se aproximou e a abraçou. Ela se sentiu embaraçada, como se fosse um estranho que o estivesse fazendo. Depois, ele virou as costas e saiu. Ela se sentou para alimentar-se sentindo muita depressão.

A dúvida a assolava: "O que fazer? Viver sempre com medo das iras do meu marido? Será que nasci para isso?". Não! Ana não tinha nascido para aguentá-lo, embora ela fosse o motivo maior para ele continuar lutando.

Capítulo 12

Depois de passada toda a sua ira, que fora descontada nas flores, Sílvio chegou à conclusão de que a esposa não suportava mais seu mau gênio. Ele andou pelo apartamento como se fosse um condenado, preso às piores emoções.

O silêncio, rompido pelo choro de uma criança no apartamento do outro lado do corredor, o fazia parecer longe da realidade. De uma coisa ele tinha certeza: precisava do amor de Ana, mas julgava que o tinha jogado fora.

Seu desespero foi aumentando, ao pensar em cada dia de sua vida sem Ana ou em encontrá-la nos braços de outro. Sílvio lutara a tarde toda para não pensar nessa possibilidade. Lutara para acreditar no que ela lhe dissesse, pois precisava da mentira bondosa naquele momento.

Sílvio ouviu o telefone tocar na sala, mas acreditou que era a sogra, por isso nem se mexeu para atender. Ele ouviu Ana atendendo à ligação e depois seus passos pelo pequeno corredor. Ela apareceu na porta do quarto, temerosamente dizendo:

— É pra você. É a tal de Lígia.

— Diga a ela que eu morri.

— Melhor você atender.

— Ana, por favor, não fique indiferente a mim. Brigue comigo por ciúme, pergunte-me quem é ela.

Ana não queria e pouco a interessava, por isso se afastou, atravessou a sala e deixou o telefone como estava. Foi para a cozinha acabar o lanche, lastimando que o apartamento não fosse maior e por não ter como se esconder do marido.

Ela ficou na cozinha por muito tempo. Tirou somente os sapatos de saltos, passou pano nos móveis umas três vezes e limpou tudo. Era como se não se atrevesse a ir a outro cômodo.

Muito depois, percebeu que Sílvio não atendera ao telefone e que o aparelho permanecia fora do gancho havia quase uma hora. Foi até a sala e o recolocou no lugar. Nem se passaram vinte minutos, e ele tocou novamente.

Ana estava começando a recolher os restos das flores espalhadas, quando atendeu à ligação como uma autômata. Era a mesma voz quem dava ordens gritando, como se Ana fosse alguém sem valor.

— Você se esqueceu de chamar seu patrão! Se esquecer novamente, farei com que perca o emprego. Vá a ele e diga que é Lígia ao telefone.

— Eu já fiz isso na primeira vez, e ele deixou um recado. Fui educada demais para repetir, mas repetirei agora: ele disse para você ir se danar!

A raiva tomou conta de Ana. O tom de voz de Lígia era para humilhá-la. Tinha certeza de que a moça sabia que era Ana, a esposa, quem atendia à ligação e não uma empregada. E mesmo que fosse uma empregada, ela não tinha o direito de tratá-la assim. Ana sentou-se no sofá sentindo desânimo.

Lígia sentia felicidade. Começava a incomodar a esposa e julgou que os dois brigariam por sua causa. Sorriu, repetindo que brigas constantes levam ao desgaste da relação, e era esse o seu objetivo. Não sabia ela que, naquele momento, sua interferência era o menor dos problemas do casal.

O telefone tocou de novo, e Ana não o atendeu. Sílvio saiu do quarto por causa da insistência e já atendeu gritando. Era sua sogra, que já o agrediu também.

Ele disse a Ana secamente:

— É sua mãe.

— Mãe, você está bem? — atendeu Ana timidamente.

— Filha, seu marido está cada dia mais estúpido. Qualquer dia desses, você apanhará dele, e eu sou capaz de matá-lo se ele o fizer. Divorcie-se, filha. Você não precisa viver assim, ouça sua mãe. Não sei onde eu estava com a cabeça, quando permiti que você se casasse com esse mau caráter.

— Eu estou bem, mãe.

— Mesmo? Estando com esse estúpido gritão e mal-educado? Falei com uma tia sua do interior, e ela vai hospedá-la até sair o divórcio. Tenho certeza de que você o teme. Mas ainda tem a mim e a seu pai. Nunca se esqueça disso. Você não é uma abandonada.

— Sei disso, mãe, mas não chegaremos a tanto.

— Se eu pudesse acreditar nisso, não perderia minhas noites em claro, sabendo que você é infeliz. Tenho certeza de que qualquer dia desses você vai apanhar. Ana, tenha amor-próprio. Será que não consegui lhe ensinar nada?

— Mãe, estou bem. Não precisa passar suas noites em claro.

— Há pouco, quase fui aí. Faz mais de uma hora que tento ligar pra você, e o telefone só dava sinal de ocupado. Acreditei que algo grave tinha acontecido.

— Mãe, não exagere. Nós nem sequer estamos brigando. Eu apenas esqueci o telefone fora do gancho.

— Não minta para mim, Ana! Eu não nasci ontem e sou sua mãe! Errei ao permitir esse casamento, mas você é testemunha de que afirmei muitas vezes que ele não prestava.

— Mãe, por favor, eu estou bem. Estava limpando a sala e já ia tomar um banho. Conversamos depois, está bem?

— Quero que venha aqui. Só acredito em você olhando-a cara a cara.

— Fui ver um novo emprego no período da tarde — Ana tentou mudar de assunto, mas a mãe não a ouviu.

— Vamos almoçar juntas amanhã. Venha que eu a espero.

— Não posso. Não me ouviu? Estou fazendo um estágio para um novo período de aula.

— Bem, se não quer vir, deve merecer o marido que tem!

Visivelmente irritada, Rosinda bateu o telefone. Sentado na sala, Sílvio olhava Ana e sugeriu:

— Ana, vamos sair um pouco. Vamos jantar fora. Estou me sentindo um prisioneiro.

— Lastimo, mas fiz um bom lanche agora mesmo. São quase dez horas, e nós dois precisamos nos levantar cedo amanhã. Preciso estar bem-disposta.

Ana olhou para a sala. Milhares de pedacinhos de flores, folhas e caules estavam espalhados por todo o lado. Parecia que nunca mais deixariam de estar lá. Sílvio seguiu seu olhar.

— Perdoe-me, mas quando vi que você não estava...

— Eu entendo — disse ela indo buscar a vassoura e o pano.

— Deixe, eu limpo isso.

Ana entregou os objetos ao marido, mas duvidava que ele fosse limpar qualquer coisa, pois nunca fizera antes. Dirigiu-se para o quarto e pegou uma troca de roupa para dormir. Trancando a porta do banheiro, tomou um banho rápido e depois foi para o outro quarto.

Na cama improvisada com cobertores, Ana sabia que teria uma péssima noite de sono, porém, esgotada, caiu rapidamente em sono profundo. Ela podia sentir o chão duro em suas costas, contudo, em dado momento pareceu-lhe não mais se fazer presente.

Quando acordou no dia seguinte, Ana sentiu o colchão macio e percebeu que Sílvio a tirara do outro quarto e a deitara na cama do casal. Ele dormia ao lado dela e respirava tranquilamente.

Ana sentou-se na cama e ficou olhando-o na pouca luz que entrava no quarto. Antes de tomar qualquer atitude, precisava ter certeza do seu sentimento por Sílvio. Talvez estivesse muito magoada e com o tempo isso passasse. Mas, conhecendo-o, decidira fazer uma poupança para um apartamento só para si.

A prova de fogo seria o fim de semana que rapidamente se aproximava, pois costumavam ficar juntos o tempo todo. Ana sabia que Sílvio desejaria se relacionar e até lá ela tentaria estar preparada.

Ana suspirou. O relógio nem despertara ainda. Ela levantou-se devagar e foi ao banheiro. Depois, tentando não fazer barulho, abriu o guarda-roupa, mas ouviu o marido às suas costas rogando:

— Ana, não vá de ônibus. Deixe-me levá-la, por favor.

Ela queria dizer-lhe não, mas o tom de súplica que o marido usou a desarmou. A moça lhe respondeu um "está bem" longínquo, saindo do quarto.

Pouco tempo depois, Sílvio estava pronto. Tomou um ligeiro café e gentilmente pegou todas as provas corrigidas e o diário de classe de Ana. Desceram pelo elevador, pegaram o carro e seguiram em silêncio. Em frente à escola, Sílvio a beijou. Tentou prolongar o beijo, mas Ana não permitiu. A indiferença dela era nítida. Ana viu a decepção estampada nos olhos de Sílvio, mas sentia-se incapaz de fingir.

Sílvio foi para o trabalho sentindo-se derrotado. Várias vezes durante o trajeto, o desânimo que o assolava foi tão grande que ele quis voltar para casa e ligar de lá dizendo que estava muito doente. E estava. Sentia-se doente de arrependimento pelo que fizera e que se repetia sempre.

A ideia de ficar sozinho dentro do apartamento o fez decidir-se pelo trabalho. Pelo menos durante algum período deixaria de doer tanto.

Mal Sílvio entrou em sua sala, a secretária perguntou se ele estava melhor. Teve vontade de responder que não, que certamente morreria de dor. E que essa dor o dilacerava e não existiam analgésicos para curá-la. Ele, então, sorriu polidamente afirmando que sim, que talvez fosse um resfriado passageiro.

O telefone começou a tocar, e a rotina de trabalho se apresentou. Sílvio resolveu alguns problemas, falou com o diretor, leu o relatório da reunião da tarde anterior e depois sentiu que alguém entrava em sua sala.

O perfume não o enganou. Sem olhar, perguntou a Lígia o que ela queria. E ela, fingindo indignação, relatou:

— Ontem, eu liguei para sua casa e fui maltratada. Aquela empregada que você tem precisa ser demitida!

— Você não tem motivos para ligar para minha casa, portanto, pare de fazê-lo — disse ele rispidamente.

— Eu precisava falar com você.

Sílvio levantou os olhos e a observou. Tinha uma vontade imensa de bater em Lígia, por isso, conhecendo-se, colocou as mãos embaixo da mesa, prendendo-as entre as pernas.

— Lígia, se ligar novamente para minha casa, direi ao seu chefe que você está me incomodando. Se tem amor ao seu emprego, pare!

— E eu direi que eu e você saímos algumas vezes.

Sílvio, tardiamente, olhou a porta da sala e a viu aberta. Certamente sua secretária os escutara.

— Sabe que isso não é verdade. Pare! Sou casado e já lhe disse isso. Amo Ana, minha esposa, e não a trocarei por ninguém.

— Sei que ela esteve fora por uns dias, que vocês brigam muito e ela sempre sai de casa.

Lígia sorriu feliz, acreditando que tinha ganhado um ponto, mas, na verdade, começara a correr um risco grave.

Sílvio sentiu o vulcão de dentro de si fugindo de seu controle. Ele gritou a todos os pulmões, sem levar em conta quem os escutava.

— Vá arranjar outro homem para pegar no pé! Você não faz meu tipo, e eu detesto esse seu perfume vulgar! Saia já da minha sala! Suma da minha frente, idiota! Não cruze meu caminho novamente!

Ante a explosão de raiva de Sílvio, Lígia sentiu um ódio profundo e teve certeza de que até no último andar todos haviam escutado o que ele dissera. A humilhação era enorme. Lígia sentia como se tivesse sido pregada no chão, e ele continuava gritando:

— Saia! O que está fazendo aí ainda? Não quero nunca mais ver essa sua cara ou sentir esse perfume que polui o ar da minha sala e me faz mal!

Atônita, a moça não conseguia se mexer. Aquele homem, que sempre lhe parecera tão educado, culto e bonito, não podia estar falando com ela daquele jeito. Parecia um maremoto. Ela queria retrucar, mas não conseguia.

Lígia sentiu quando, em dois movimentos, Sílvio a pegou pelo braço e praticamente a jogou porta afora, fazendo-a sair trôpega. Ela olhou para a secretária, que certamente estava rindo à sua custa. A vergonha era imensa. Tentou controlar as lágrimas, foi direto ao banheiro e chorou muito.

Como encararia a todos? Precisava muito daquele emprego. Com a humilhação da fofoca que correria e a raiva, Lígia acabava de se tornar uma inimiga feroz de Sílvio e, por consequência, de Ana.

Depois de passados uns dez minutos, Lígia conseguiu controlar-se. Lavou o rosto e refez a maquiagem.

Precisava voltar ao seu departamento e foi tentando fingir dignidade que entrou no andar onde trabalhava.

Lígia procurou a ficha de Sílvio no período da tarde, quando quase todos tinham saído para o almoço. Tomou nota de cada detalhe sobre ele e a esposa e prometeu a si mesma que ele não sairia impune daquele ato. Ela suportaria as brincadeiras maledicentes, as fofocas, mas cobraria tudo isso com juros.

Depois de anotar tudo o que a interessava, Lígia guardou as anotações na bolsa com cuidado. Era proibido fazer aquilo. As informações eram confidenciais, e o que ela estava fazendo era crime.

∗ ∗ ∗

Sílvio estava uma fera. A fera que ele sempre tentava controlar, mas que fora provocada. De todas as formas, fora provocada. Tinha vontade de pedir as contas. Concluíra que detestava aquele emprego. Não era a função em si, mas sua agonia, seu arrependimento e a certeza de que estava perdendo a esposa.

Colocou as mãos sobre o rosto e pensou no beijo não correspondido que dera em Ana em frente à escola. Será que seria sempre assim? Nunca mais iria tocá-la ou ter dela um sorriso espontâneo? Precisava tirar da cabeça da esposa aquela história de ter um apartamento só para si.

Ele podia entender a vontade de fuga de Ana. Queria poder jurar a ela que nunca mais teria aquele tipo de comportamento, mas como? Aquela fera, naquele momento mesmo, acabara de vir à tona e talvez tivesse feito um estrago irreparável em sua vida profissional.

A adrenalina de Sílvio estava a mil. Ele queria quebrar tudo à sua volta e gritar muito mais com Lígia. Ele, no entanto, não percebia que grande parte da culpa por aquilo era dele, que abrira espaço para a intromissão da colega. Em ambos faltavam bom senso e o domínio das fraquezas.

Capítulo 13

O sinal bateu para o fim das aulas. Ana olhou no relógio. Precisava almoçar rapidamente. Mal saiu do portão, ouviu alguém a chamando. Olhou e era Bruno. Sentiu todo o mal-estar da manhã se esvair e correu para ele como quem corre para um velho amigo. Espontaneamente, disse:

— Que bom que você veio! Estava com saudade.

— Eu também! Como estão as coisas entre você e seu marido?

— Indo — respondeu Ana, sem querer entrar em detalhes e lembrando-se de que não tinha tempo. — Bruno, preciso fazer um lanche rápido. Vou para outra escola, onde estou fazendo um estágio.

— Ótimo! É só um lanche desses que posso pagar.

— Não precisa, eu pago.

— Está bem. Como sempre, estou com o dinheiro contado, mas estou juntando para jantarmos fora qualquer dia.

Foram a uma lanchonete perto do ponto de ônibus, e Ana percebeu que tinha muito para contar a Bruno sobre o novo método e a escola a que se candidatava.

Os olhos dele brilhavam. Ana queria conversar mais, porém olhou no relógio e viu que se atrasaria.

Ana despediu-se de Bruno e, por reflexo, deu-lhe um beijo na face quando o ônibus já se aproximava. Depois que ela subiu na condução, ele ainda ficou olhando-a e lhe dando tchauzinho.

Um senhor deu-lhe um lugar para sentar-se. Ana estava carregada de folhas com trabalhos para corrigir. Pensou que poderia ter recolhido as atividades das crianças no dia seguinte, para não ter de carregá-las, mas logo viu que não adiantaria, pois no dia seguinte também iria à nova escola.

Ana percebeu que queria muito o novo emprego. A novidade a atraía. Ela não mais pensava em Sílvio, pois Bruno tomava conta de sua mente. Lembrou-se de que deveria chegar mais cedo para conversar com o diretor e lhe diria que em uma só tarde não pudera avaliar o método.

Desceu do ônibus e caminhou apressada. Se tivesse um carro, faria aquele trajeto em menos tempo e com mais conforto. Mas não. O objetivo era um apartamento, nem que fosse de dois cômodos.

Ana chegou à escola, e as crianças ainda estavam no pátio. Quando entrou no prédio, preferiu ir devagar, pois não queria dar a impressão de afobada.

Faltavam poucos passos para Ana entrar na sala dos professores, quando o sinal bateu. Daquele corredor ela seguiu direto à sala de aula e chegou antes da professora Sônia. Ana mentalizara o número da sala. Ainda bem que prestara muita atenção a esse detalhe.

Ana entrou e ficou esperando Sônia um pouco mais. As crianças a olhavam sorrindo e uma delas perguntou-lhe se ela também estava grávida. Ana sorriu, negando.

Ela começou a achar que Sônia estava muito atrasada. Mal pensou nisso, e uma batida de leve na porta aberta chamou sua atenção. Ana olhou. Era o diretor que pediu:

— Senhorita, pode vir conversar comigo um pouco aqui no corredor?

Ela, por costume, pediu às crianças que se comportassem e não fizessem bagunça. O diretor sorriu-lhe, mas parecia preocupado:

— Esperei-a mais cedo.

— Atrasei-me, desculpe. Onde está Sônia?

— O marido dela ligou-me de manhã. Ela não virá. Crê que pode dar conta?

— Do seu método? Não. Eu mal assisti a umas poucas horas de aula e nem sequer sei histórias para envolver as crianças.

— Estou pedindo demais. Perdoe-me, tem razão. Volte para a sala. Já volto. Enquanto isso, faça a chamada.

Ele se virou e saiu. Ana entrou na sala pedindo silêncio e avisando que a professora Sônia não poderia comparecer à aula. Uma das crianças perguntou curiosa:

— O bebê dela já vai chegar?

— Eu não sei. Perguntaremos quando ela voltar, está bem? Prestem atenção, pois vou fazer a chamada.

— Nossa professora já sabe nossos nomes e não precisa ficar nos perguntando.

— Eu ainda não sei, e vocês precisarão me ajudar. Respondam "presente".

A cada nome chamado, Ana olhava para a criança. Queria o impossível — decorar o nome de cada um em uma só chamada —, por isso tentava memorizar.

O diretor voltou, sorriu para as crianças, e Ana entendeu que seria ele quem daria a aula. Ela estranhou seu modo à vontade, como se fosse um apresentador de programa infantil.

Ana se pegou rindo, quando ele falava sobre gramática, contando uma história que somente o *b* e o *p* gostavam do *m* antes. Inventou uma intriga engraçada,

121

dando personalidade às letras. Ana ria com as crianças, esquecendo que estava dentro de uma sala de aula.

Depois, ele fez um ditado usando várias palavras com o intuito de avaliar o quanto as crianças haviam aprendido.

No fim da aula, outras histórias para as regras de matemática, várias interpretações. Ana acreditou que não conseguiria ter aquela agilidade mental e dramaticidade.

O fim do período chegou. As crianças já saíam, e ela ia retirar-se também, quando o diretor pediu:

— Senhorita, vamos conversar ou vai ficar trabalhando de graça?

Ana sorriu, respondendo.

— Nem sei se estou contratada.

— Não temos tempo para outra tentativa. Vou ter de confiar em você. Vamos até minha sala. Algo soou em meus ouvidos que Sônia pode não voltar até depois de ter o bebê.

— Não sabia que podia ser adivinho! — brincou ela.

— Não sou. Se fosse, ganharia uns trocados em alguma loteria.

Ela o seguiu. Ele levava o ditado das crianças debaixo do braço. Ana queria avaliar o quanto aquele método funcionava. Talvez só tornassem as aulas mais prazerosas, o que já era um ponto a favor.

Entraram na sala dele, e o telefone tocou. Ele se envolveu na conversa, enquanto Ana pegava o ditado e começava a folheá-lo. O nível de acertos era quase total. Ana ficou impressionada. Desligando, finalmente ele disse:

— Podemos conversar.

O diretor lera minuciosamente o currículo de Ana, que descobrira que ele pedira referências suas com o diretor da outra escola e que estava satisfeito. Ela comentou:

— Pensei que faria algum tipo de teste. Estava preparada para isso.

— Testes não medem capacidade. Prefiro ver na prática. Vamos fazer um contrato de um mês. Se você gostar e as crianças também, ficará os outros meses necessários.

122

— Vai perguntar aos alunos? — questionou Ana incrédula.

— Lógico! Melhor do que ninguém, serão elas que vão avaliar se gostam ou não do professor. Já imaginou ficar de quatro a cinco horas com alguém de quem não se gosta? Não é à toa que existem crianças que esperneiam por detestarem a escola.

— Não creio que uma criança saiba avaliar. Então, se eu entrar na sala e ficar somente brincando, vão me adorar, mas não cumpri o objetivo de uma professora, que é ensinar.

— Isso eu verifico. Costumo também ver as provas e avaliar as crianças. Tenho meus métodos.

— Quer dizer que confia, mas nem tanto. É isso?

— Não. Quero transformar esta escola, que foi fundada por meu pai, em uma escola modelo. Estudei aqui e me lembro de cada dificuldade. E naquela oportunidade, eu já pensava em cada coisa que melhoraria.

— Você era uma criança. Como poderia saber?

— Sabia — respondeu ele sorrindo.

Ele interrompeu o assunto e passou a falar sobre o salário de Ana. Pagaria a ela pouco menos do que pagava aos titulares, um salário que, mesmo assim, era cerca de quinze por cento maior do que ganhava na outra escola como titular. Por fim, acertaram mais alguns detalhes.

Durante o trajeto de volta, Ana fez as contas. Seria quase um ano juntando dinheiro para a entrada de um apartamento, usado e pequeno. Um desânimo tomou conta dela.

Quando chegou em casa, Ana reparou, pois não o fizera de manhã, que a sala estava completamente limpa. Guardou suas coisas na estante e sentou-se. Logo, Sílvio chegaria, e ela precisava preparar-se para ele e, no caso de uma nova briga, saber exatamente o que fazer. Decidiu que o melhor seria manter aquele clima de distanciamento. Também funcionaria melhor quando ela saísse de vez.

Ao pensar nisso, Ana começou a chorar. Amava Sílvio muito, mas como conviver com o vulcão dentro dele, que a assustava tanto? Por que, apesar de todos os pesares, parecia que algo muito mais profundo os ligava?

Era meio de tarde, e Rosinda pensava na filha. O marido saíra para procurar emprego outra vez, pois não desistia de arranjar um "bico". O que ele esperava da vida? Tivera trinta e cinco anos para galgar um bom cargo e não conseguira.

Apenas entregue ao trabalho de casa e à educação dos filhos, Rosinda não tinha ideia de como o mercado de trabalho sempre fora difícil e do quanto o marido a poupara dos desconfortos, medos e das inseguranças que ele enfrentara na rua, embora o trabalho dela não fosse menos importante.

Como mãe, Rosinda sentia muita frustração por Ana. Reconhecia que, se não fossem as explosões de Sílvio, eles seriam um belo e feliz casal. O genro já tinha um bom cargo e como estaria dali a dez, vinte anos, ou quando se aposentasse?

Julgava que Ana era uma filha ingrata. Por que ela, Rosinda, se preocupava tanto? Era assim mesmo. Ana só aparecia quando era obrigada a sair de casa.

A mãe, em sua carência, exagerava. Bem que Ana aparecia durante uma ou duas tardes na semana, só não ultimamente, pois estava mergulhada até o pescoço em seus próprios conflitos.

Rosinda ainda julgava que a filha certamente não pensava na mãe, que sentia tanta solidão. Será que ninguém via isso? Nem Romualdo, que parecia ter perdido a alma em algum lugar.

Ela lembrou que o corpo do marido parecia sem animação. Ele estava sempre olhando para aquele maldito jornal. Rosinda duvidada que ele guardasse qualquer notícia na cabeça. Ela achava que Romualdo nem mesmo decorara o dia da feira.

Rosinda trocou de roupa. Iria andar um pouco. Se ninguém fazia por ela, era sua vez de fazer por si. Dera-se demais aos filhos e à casa. Acusou novamente Deus de ser injusto com as mulheres, principalmente com as de sua geração.

Tornou a condenar a filha que não lhe telefonava. Olhou para o telefone com vontade de ligar, mas Ana havia sido tão fria no último contato que um "não se meta" teria sido mais gentil, exagerava novamente Rosinda.

A mulher queria companhia para ir ao cinema, para um almoço fora de vez em quando, uma chance para passar um batom, arrumar melhor os cabelos. Dois filhos, um marido, e ninguém para dar-lhe atenção.

Ainda bem que a vizinha com quem passara a caminhar tornara-se sua amiga, mas não se sentia à vontade ainda para contar-lhe seus problemas. Tudo parecia lhe dar motivos para ser completamente feliz, no entanto, sentia-se muito infeliz.

Rosinda olhou no relógio. Caminharia um pouco sozinha naquela praça recém-inaugurada. Colocou o tênis lastimando que o marido não a acompanharia. Por que ele saía duas ou três vezes por semana para procurar emprego, se sabia que não encontraria? A vez dele tinha passado e, por conseguinte, a dela também, concluía erroneamente.

Ana estava em sua plena forma, tinha cultura, um emprego. Por que ela permitia que o marido fizesse aquilo com ela? Por que não o largava e procurava outro homem, enquanto era jovem?

Rosinda olhou-se no espelho, viu as marcas do tempo e teve vontade de fazer uma plástica, mas de novo o mesmo empecilho: dinheiro.

Ela fechou as janelas e a porta e saiu em direção à praça. Muitas crianças brincavam, enquanto suas mães as vigiavam. Lembrou que, no tempo em que seus filhos eram crianças, muitas ruas eram de terra e nelas quase não passavam carros. Eles podiam correr livres, sem os perigos que se faziam presentes: atropelamentos, ladrões, sequestros etc. Uma senhora de cabelo bem branquinho fazia tricô sentada à sombra de uma árvore. Rosinda viu-se dali a alguns anos.

Será que só isso lhe restaria? Passar os dias fazendo tricô para os netos, que certamente julgariam que ela não fazia mais do que sua obrigação, como os filhos, que não entendiam suas angústias.

Questionou agoniada: "Deus, será que não entendem que tenho emoções, que sofro, tenho sonhos e frustrações?".

Rosinda teve vontade de aproximar-se da senhora idosa e perguntar-lhe como ela se sentia. Não a conhecia, no entanto, a olhava sem perceber com tal insistência que a idosa pressentiu, levantou os olhos do tricô, olhou-a e sorriu cumprimentando.

Ela respondeu sentindo certo desconforto. Estava sendo indiscreta, mas tivera tempo de olhar a idosa bem nos olhos. Ela parecia tranquila, como se uma paz viesse lá de dentro.

Afirmou:

— Impressão. Se nos tornássemos amigas, eu saberia que ninguém é feliz neste mundo e que a felicidade é feita de raros momentos.

E, naquela caminhada, em que o sol aquecia devagar e os pássaros piavam, Rosinda baixou os olhos e ficou tentando pensar somente em seus pés caminhando sobre a pista que fora feita para *cooper*.

Um garoto passou de bicicleta por Rosinda, depois outro e outro, e ela sorriu, lembrando-se de seus filhos que se divertiam brincando de bicicleta na rua de terra, enquanto ela os vigiava do portão. Julgou que a infância era a chance única de ser feliz. Somente quando criança, quando a mente não cobra e não se pensa em passado, futuro ou presente.

Rosinda ouviu seu nome e virou-se. A vizinha do outro lado da rua passava pela calçada e lhe acenou. Ela devolveu o aceno indiferente e viu que passava novamente pela idosa. Procurou não olhar, ficaria desagradável. Seria como se espiasse na janela da mulher para ver o que se passava em seu íntimo.

Por que queria saber? Mesmo assim, apostava que já sabia. Um poço de tristeza e frustração. Quantos anos teria ela? Setenta, oitenta? Avaliou: "Serão mais vinte anos de minha vida. Mais vinte somados ao que já vivi. Será que aguentarei tal peso?".

Rosinda voltou a olhar para os pés caminhando pelo chão de areia, acreditando em uma coisa: não tinha trilhado o caminho que seus pés deveriam ter escolhido. Ela não percebia que o crescimento dos filhos era uma fase que havia passado e que ela ainda podia fazer muito, desde que procurasse sair da limitação que acreditava ter.

A tarde morria devagar. Rosinda precisava ir para casa, e a imagem do marido sentado no sofá e empalhado com o jornal nas mãos surgiu em sua mente. Uma imagem mórbida que tentou apagar.

Capítulo 14

Romualdo sacolejava, revoltado, no ônibus de volta para casa. A vida parecia ter acabado no dia de sua aposentadoria. Olhou pela janela e viu um carro veloz que passava pelo ônibus como se esse estivesse parado.

Voltou a pensar no carrinho popular. Seu sonho secreto que ninguém, nem mesmo sua esposa, sabia. Não queria passar-lhe mais aquela frustração, como a que adquirira mais recentemente: a vontade de continuar a trabalhar e não conseguir.

Será que as tentativas poderiam contar como trabalho? Embora frustrantes, serviam-lhe para passar o tempo. Romualdo percebeu, de repente, que o cobrador do ônibus era uma mulher. Uma raiva subiu-lhe a garganta. O que uma mulher estava fazendo ali? Ela já não tinha marido e filhos para cuidar? Que deixasse algo para ocupar os homens!

Sentiu como se aquele emprego fosse dele e que ela, ilegitimamente, o tivesse tomado. Ao passar pela roleta, Romualdo jogou o dinheiro como ofensa. As moedas caíram no chão, e ele não iria pegá-las.

No entanto, um jovem que estava ao lado apanhou o dinheiro e entregou à cobradora, sorrindo gentilmente. A raiva de Romualdo aumentou. Era para isso que serviam os empregos das mulheres com o público: para as promiscuírem. Ele preferia a filha em casa, solteirona, do que trabalhando em um lugar público, aceitando cantada de tudo quanto é homem, pois sempre tinha algum disposto.

Mulher deveria cuidar de criança, ser professora. Em seu senso de justiça, ele não admitia que existissem professores, principalmente para crianças. No segundo grau e no superior, sim. Aliás, no superior só poderiam ser homens. Mulheres não deveriam chegar a tanto.

Romualdo olhou novamente para a cobradora de ônibus, e ela, distraída, falava com o jovem e sorria. Mesmo sem ouvir, ele acreditou que marcavam um encontro. Olhou-a com desdém. Logo seria — se já não fosse — uma perdida.

Ele não percebia que essa linha de pensamento tinha uma classificação: preconceito. Nem sequer pensou que a jovem trabalhava durante o dia e estudava à noite, que tinha uma vida dura, mas que era otimista. Ela confiava no futuro e em sua vontade de vencer. Enquanto Romualdo, não. Ele sempre acreditava que tudo estava perdido. Quantas oportunidades ele tivera de estudar e prosperar intelectualmente e financeiramente, mas acreditara que não valia a pena o esforço? Tudo lhe parecia pesar muito. Acomodara-se. Como se o intervalo curto do que vivia não contasse e tudo fosse sempre um caminhar para o nada, para a morte.

E naquele momento, mesmo sendo real sua busca por um emprego, Romualdo sofria com seu próprio preconceito. Ele acreditava que todos o julgavam velho para qualquer coisa e já chegava de certo modo irado, como se todos fossem culpados por isso. Criava antipatia e recebia recusas.

Romualdo desceu do ônibus e passou na padaria para tomar um café e demorar-se um pouco mais. Continuou sua linha de pensamento: nenhum homem deveria chegar em casa antes das cinco e meia. Era imoral. Nenhum homem deveria ficar sem trabalho, desde que não tivesse saúde para isso. O governo deveria obrigar as empresas a darem emprego.

Romualdo pediu um café, e o caixa que lhe deu a ficha também era uma mulher. A raiva dele aumentou. Aquele também seria um trabalho que faria bem. Trabalharia sentado, só trocando o dinheiro e dando fichas. Ouviu a moça perguntando-lhe, ao vê-lo parado em frente ao caixa:

— Senhor, quer algo mais além do café?

— Não quero mais café ou coisa alguma! — exclamou asperamente saindo.

Ela ficou sem entender e sorriu comentando com a colega:

— O que será que deu nele? Pediu um café e, quando perguntei se queria algo mais, ficou irado.

A colega comentou indiferente, julgando:

— Está idoso, é só isso. Quem entende os idosos?

Romualdo chegou em casa, e a esposa estava no chuveiro. Ela andava com umas manias que o irritavam. Mania de andar na praça e calçar tênis, que não ficava bem em sua idade. Uma avó! Ele precisava tomar novamente as rédeas da casa e mostrar que era o dono.

Mas como? Se não tinha emprego e o que ganhava mal dava para os dois. Sentou-se no sofá e pegou o jornal da manhã. Já dera uma passada de vista, e as notícias pareciam nunca mudar. A desgraça era sempre a mesma. Nunca uma notícia boa, assim como sua vida. Como se a vida estivesse parada, estagnada para sempre. Romualdo não percebia que o mundo poderia até parecer o mesmo, pois quem mudava eram as pessoas. Eram as pessoas que transformavam o mundo dentro de si.

Rosinda ouviu o marido chegando e teve uma vontade enorme que ele entrasse no quarto e a possuísse como antigamente. Mas como esperar algo assim de um velho caquético? Julgou com má vontade e crítica.

Ele não era muito mais velho que ela, mas parecia que cem anos os separavam. Anteviu que o encontraria mumificado e, com medo de pecar, pensou: "Deus, para quê ficamos velhos? Para ficarmos sendo jogados de um lado para outro? Eu não quero isso. Se meu cérebro começar a endurecer, tire-me daqui, leve-me para seu lado. Não quero ficar congelada, mumificada como meu marido está".

Quando ela passou pela sala, nem o olhou. Não precisava. Já sabia o que encontraria, então apenas grunhiu: "Está com fome?", pergunta que, já sabia, não receberia resposta.

Ele não comia às tardes, só no jantar, que tinha de ser servido pontualmente às sete e meia da noite. "Para quê?", perguntou-se ela, observando a si mesma. "Deveríamos nos sentir libertos de horários, mas eis-me aqui como escrava do tempo".

Rosinda lembrou-se das muitas brigas que tivera com os filhos adolescentes, quando eles se alimentavam antes ou depois do horário. Ela só parara de implicar com eles quando começaram a faculdade.

Ela sentou-se na cadeira e debruçou-se sobre a mesa. Uma vontade enorme de chorar a envolveu, uma saudade imensa de quando Amâncio e Ana moravam ali.

Rosinda não quis que o marido a ouvisse chorar, pois, se ouvisse... Aliás, quem sabe assim ele não tomaria uma atitude e sairia daquela mumificação? A mulher levantou-se, controlando-se.

Enquanto fazia o jantar, pensava nos filhos, na sua esperança de que um deles fosse importante e que a amparasse na velhice. Agora, não sabia mais.

Amâncio, já casado, nunca os ia visitar. A esposa dele era metida e esnobe, mas Rosinda adorava os netos. Engolia aquela mulherzinha, desde que pudesse ver as crianças. Novamente, em sua carência, Rosinda exagerava.

Deu uma espiada na sala, viu o marido e sorriu amargamente. Romualdo já estava petrificado. Para saber o dia exato, bastava olhar a data do jornal que segurava nas mãos.

Rosinda fez o jantar com um tédio imenso e chamou o marido. Ele lavou as mãos e, sem dar uma palavra, sentou-se à mesa. A única coisa que fez foi reclamar que o arroz estava mole demais.

Ela se lastimou. Nem uma coisa boa para se dizer. Uma dúvida a assolou: ele morreria mumificado à mesa ou com o jornal nas mãos? Ao pensar nisso, olhando-o, achou que a cena seria engraçadíssima e começou a gargalhar.

Romualdo levantou os olhos do prato, indiferente e com ares de reprovação. Para ele, não ficava bem para uma velha avó rir daquele jeito.

Rosinda, no entanto, ria. Nem sabia bem do que ria, mas lágrimas rolavam de seus olhos de tanto ela rir. Certamente estava ficando neurótica por morar com um morto-vivo, avaliou ela mais tarde.

O marido encheu-se daquela risada, que para ele não tinha motivo, e gritou-lhe que calasse a boca. Ela, no entanto, continuou rindo. Ele voltou a pensar que, assim que conseguisse um emprego, tomaria as rédeas novamente. A esposa estava ficando muito "soltinha".

Romualdo olhou para a esposa mais longamente e descobriu que ela pintara o cabelo. Em um ato de raiva insana, gritou:

— Quem deixou você pintar o cabelo?! Parece uma qualquer! Dê um jeito de tirar essa tinta! E pare de usar tênis como uma jovenzinha. Você é uma idosa! Lembre-se sempre disso!

Rosinda, em sua histeria, gargalhou ainda mais. Quando pôde, respondeu:

— Não vou tirar a tinta do cabelo, pois ela cobriu meus fios brancos! Não gosto deles! E se existe tinta é para ser usada. Todos fazem isso, e eu farei também. E quanto a eu ser uma jovenzinha, eu sou! Sinto-me assim: viva! Vou continuar a andar de tênis, e, qualquer dia desses, você me verá de minissaia! — completou para provocar.

O marido levantou-se da mesa. Estava roxo de raiva e gritou mais alto ainda, batendo na mesa.

— Só por cima do meu cadáver! No dia em que você usar uma saia mais curta, eu a expulsarei daqui!

— Expulsará nada! Quem será a escrava invisível que vai lavar suas roupas, cuidar da casa e cozinhar para você? E outra coisa! De amanhã em diante, o jantar e almoço serão servidos na hora em que eu tiver vontade.

— É um atrevimento muito grande de sua parte! Eu sou o dono da casa! — gritou ele saindo da mesa irado e sem acabar de alimentar-se.

Terminando de jantar tranquilamente, Rosinda pensava que, em toda aquela cena desagradável, pelo menos ficara a certeza de que o marido estava vivo.

Já passara o tempo em que ela o temia. Quem poderia temer alguém morto? Que respira e anda de vez em quando e fala raramente?

Romualdo estava ofegante na sala. A mulher precisava entrar nos eixos. Logo seria uma daquelas idosas que se perdem usando batom vermelho, algo que ele não admitia. Ah! Se ele tivesse um emprego e ganhasse bem! Duvidava que a esposa o desrespeitaria daquele jeito. Algo mudara nela. Mas o que seria? O quê?

Romualdo imaginou-a de minissaia. Nem a filha ele admitia que usasse. Ela usava agora porque o marido era um frouxo, mas na mão dele, o pai, jamais. Tentara dar uns conselhos a Sílvio, justamente naquele dia em

133

que vira a filha, já casada, usando um vestido com as costas de fora.

O que acontecia com os homens? Não era à toa que, depois de toda essa liberdade, o marido precisasse mandá-la embora para se impor. E seria isso o que ele faria com Rosinda, se ela o desobedecesse.

Romualdo ligou a televisão e ficou assistindo ao jornal, que entrava por um ouvido e saía por outro. Tudo igual. Desemprego, droga, políticos não fazendo o que deviam. Desligou e ficou sentado na sala escura. Queria morrer. Queria nunca mais acender a luz, pois assim toda a realidade de fora não seria vista.

Pensou mais uma vez na falta de emprego e na perda de sua autoridade de pai. Antigamente, no tempo de seu pai ou de seu avô, o patriarca ordenava e todos o obedeciam.

Como seus antepassados, Romualdo confundia medo com respeito. Nem ele percebia que mesmo adulto sentia certo medo do pai e não o carinho e intimidade que deveria ter com ele.

Lembrou-se de que, mesmo quando tinha quase trinta anos, ainda beijava a mão do pai e lhe pedia a bênção. Tentara impor isso aos filhos. Quando eles eram pequenos, Romualdo até conseguira, mas depois, Amâncio fora o primeiro a não fazer mais isso e, quando era cobrado, ria e dizia que era coisa de antigamente.

Antigamente, existia respeito. Na modernidade, só escuridão. Mas havia uma culpada. Lógico que existia. Era Rosinda com seus modernismos. Admitia que a filha usasse minissaia às escondidas do pai. E se pensavam que ele não sabia, enganavam-se.

Romualdo vira a filha indo para a escola e vira também quando ela usara calça comprida, agarrada, abaixo da cintura, como muitas jovens faziam. O mundo estava perdido e o marido de Ana que se cuidasse, pois a moça tinha o mau exemplo em casa. Era uma desgraça.

Rosinda pintara os cabelos. Queria fugir da velhice que a cercava, mas para quê?

Ele não percebia que a velhice nada tinha a ver com idade, mas com a rejeição de aceitar novos tempos, conhecimentos, novas realidades e tecnologias. O mundo cobra mudanças. As opções, das boas às más, pertencem a cada um e sempre existiram em todas as épocas.

Rosinda queria dar um basta em sua vida monótona. Fluiu-lhe que, com os filhos crescidos, era sua hora de dedicar-se mais a si mesma. A vizinha com quem andava tinha ideias novas e era dinâmica. É certo que era bem mais jovem, mas ela dissera a Rosinda:

— Só é velho quem quer! O que é a idade, se somos eternos?

— Eu não sou eterna. Aliás, não quero ficar muito velha.

— Ora, Rosinda, se há vida, há movimento. Movimento é vida. Se tem saúde e vontade, faça. Já se foi o tempo em que ser idoso é ser marginalizado. Hoje, nós lutamos por nossos direitos. Por que não? Por acaso deixamos de ser humanos?

Respondeu Rosinda:

— Não! Lógico que não.

Fora isso que fizera Rosinda olhar para dentro de si e pensar sobre sua idade. O que era isso? Idade? Tinha saúde e já criara os filhos. Por que se entregar, mumificando-se?

Para começar, não gostava daqueles cabelos brancos e não os queria. Em um impulso, passou no cabeleireiro e tingiu-os. Sabia que o marido não aprovaria, mas ela gostava. Para falar a verdade, com a mudança de corte e com os cabelos brancos cobertos, Rosinda achou-se linda e uns vinte anos mais jovem, exagerou.

O que importava mais? A opinião do marido morto--vivo ou a dela? Dela. Sempre era a vontade dele que imperara, por quê? Que direito ele tinha de exercer autoridade sobre ela?

Fora criada para obedecer ao marido, assim como obedecera ao pai, mas os tempos haviam mudado e seu grito de liberdade estava assim, pronto para sair, nos últimos patamares da garganta.

Ah! Se Rosinda tivesse estudo, se tivesse pelo menos terminado o primário. Mas era outra época, outra realidade, e as escolas eram raras.

No dia seguinte, queixou-se com a amiga de caminhada, que sorriu, perguntando:

— Por que você não completa os estudos? Posso ver isso! A diretora do colégio aqui perto é minha prima e há escola noturna para adultos.

Rosinda temeu. E quem faria o jantar do marido? Ela não queria uma briga por noite. A amiga continuou.

— Lá há pessoas de sessenta, setenta anos ou mais. Não é maravilhoso? Pessoas que não tiveram oportunidade na juventude e na velhice aprendem. A cada turma nova que se forma fazem festa. E é uma festa mesmo, afinal, é uma grande conquista na vida. No nosso tempo, era muito difícil. Faltavam escolas, tempo e casávamos cedo demais. Eu mesma já estava casada com dezoito anos.

Rosinda, com seus cinquenta e sete anos, parecendo ter, com os cabelos pintados, uns quarenta e cinco, imaginou-se em um banco de escola e no constrangimento que sentiria, mas a amiga insistia:

— Vamos. Vou levá-la até lá hoje à noite. Uma aula só para sentir o clima. Se não gostar, não gostou, e eu não insistirei. Mas, se deixar passar a oportunidade, se arrependerá.

Apesar da insegurança e sabendo que o marido faria uma cena, Rosinda deixou-se levar pela imaginação.

Visualizou-se falando corretamente como as artistas de televisão, elegante, chique. Sorriu. Era tudo o que queria ser.

— E, então, Rosinda? Passo em sua casa às seis e meia, e haverá tempo sossegado para chegarmos um pouquinho mais cedo e para você conhecer o professor. Ele é uma diversão! Você vai conhecer gente muito animada, que não fica em casa morrendo aos poucos. Gente que pega seu próprio destino pela mão.

— Meu marido vai detestar — pensou ela em voz alta.

A amiga riu muito.

— E daí? Você já é maior de idade e não precisa obedecer ninguém. Já lhe disse que eu a levo para quebrar um pouco o gelo do primeiro dia. E, quem sabe, vendo você aprendendo, ele queira também.

Em casa, Rosinda sentia insegurança. Àquela altura da vida, será que valia a pena? Tinha certeza de que Ana a apoiaria. Imaginou a sala cheia de velhos mumificados como o marido. Gente mal-humorada, calada. Será que aprendiam realmente alguma coisa?

Não! Censurou-se. Se essas pessoas estavam indo à escola era porque não deviam ser assim. Se fossem, estariam mumificadas, sentadas no sofá da sala para sempre. Espiou pela porta da sala e lá estava sua múmia, que ela, por pouca caridade, nem sabia se ainda era de estimação.

Durante o almoço, resolveu contar ao marido. Respirou fundo e tascou:

— Romualdo, hoje você terá que esquentar o jantar.

— Detesto comida requentada, e você já sabe disso. Tem algum parente doente?

— Não. Eu vou sair.

— Depois das seis da tarde? Para quê? Coisa boa não deve ser. Mas de mulher que pinta o cabelo posso esperar qualquer coisa. Já mandei você tirar essa porcaria da cabeça.

— Vou a um curso de aprendizado para adultos.

O marido começou a rir, debochando.

— Velho não aprende mais nada! Todo o cérebro já está cansado. E você não vai usar essa desculpa para ficar por aí com essa sua nova amiga. Aliás, ordeno que pare de andar com ela.

— Bem! Então, morra de fome! Vou deixar a comida pronta em cima do fogão. Sua mão não vai cair, se acender um fósforo e esquentar o jantar. Não espere por mim, pois devo chegar logo depois das dez.

— Eu já lhe disse que você não vai! Não me ouviu?

— Não! — respondeu ela.

"Por que tenho de obedecer a uma múmia? Será que também não tenho alma com vontade própria? Qualquer dia desses, compro um batom vermelho! Quem sabe assim ele tem um ataque e o enterro de vez?", pensou maldosamente.

Rosinda percebeu que a tarde demorava a passar, porque ela estava ansiosa. O que deveria levar? Saiu rapidinho, foi até a casa da vizinha, bateu e perguntou. A amiga respondeu:

— Um caderno, um lápis e borracha, se quiser, Rosinda. Hoje, você vai assistir somente para ver se gosta.

Rosinda despediu-se da amiga, passou em uma papelaria na rua de cima e comprou o material. Sabia que gostaria. Só o fato de não ficar sentada vendo televisão ao lado de uma múmia já ia valer a pena.

Às cinco horas, tomou um banho, fez o jantar e deixou-o em cima do fogão. Rosinda passou um batom rosinha claro, e o marido, um tanto cego e sem óculos, nem percebeu. No entanto, ele gritou-lhe que não era para ir, e, mesmo assim, ela saiu feliz.

Rosinda encontrou a amiga e foram as duas. A amiga não precisava ficar, tinha até o colegial, mas, para dar-lhe coragem, permaneceu na sala de aula.

Ela percebeu que aqueles idosos ali não pareciam mortos e riam muito, apesar da dificuldade de aprendizagem. O professor jovem não os tratava como se fossem imbecis, até porque não eram, e, sim, como iguais. Rosinda estimou a idade do rapaz, que deveria ter uns vinte e cinco a trinta anos. Ele era paciente com os que tinham maior dificuldade, que ninguém tinha vergonha de ter.

Rosinda notou que ainda podia transformar sua vida. Teve certeza de que no dia seguinte estaria ali. Não era mais necessário que a amiga a acompanhasse para dar-lhe coragem, pois essa já se infiltrara nela.

Às dez horas, a aula acabou, e Rosinda percebeu que não sentira tanta dificuldade como os outros e que sentira, antes de tudo, um prazer enorme.

Quando chegou em casa, o marido já dormia. Ela fez um lanche e viu que Romualdo fizera uma sujeira imensa no fogão para esquentar um simples arroz com feijão e carne. A salada pronta, só para temperar, estava intocada na geladeira. Rosinda deu de ombros, perguntando-se: "Múmias precisam se alimentar para quê?".

Rosinda acabou o lanche e sentiu disposição para repassar a lição, refazendo tudo como exercício. Lembrou-se de que sentia certa inveja dos filhos quando os via lendo livros grossos ou discutindo política e outros assuntos.

Faria um balanço das despesas para ver se poderia assinar uma revista. Queria ter assuntos interessantes para falar, além de netos, casa e marido. Disse em voz alta:

— Sonhos, sonhos... Mas quem disse que estou idosa para sonhar, aprender e realizar?

No banheiro, olhou para o cabelo tingido. Gostava e não permitiria mais que os cabelos brancos aparecessem. Compraria também um sapato de saltos altos. O marido que se danasse.

Romualdo estava na cama, mas não dormia. Ouviu quando a esposa chegou e olhou para o relógio.

Eram quase dez e meia da noite. Aquilo não era hora de mulher de respeito chegar em casa, deduziu.

E aquela história de escola só podia ser um antro de pecado. Para que aprender a ler direito naquela idade? O marido sabia e isso bastava. Não fora assim que criara os filhos? Mas, quem sabe, se tivesse tido mais estudo, não progrediria mais, saindo daquela miséria que o impedia de ter um carrinho?

Romualdo fizera questão de que principalmente Amâncio estudasse. Sem estudo, o filho não teria profissão. Ele só dava valor ao estudo se gerasse dinheiro. Não percebia que no estudo o conhecimento vinha primeiro e que o dinheiro era consequência.

Agora vinha Rosinda com aquela novidade. Ela iria se perder, e ele não sabia o que fazer. "Preciso impor minha autoridade de marido, mas a influência da vizinha parece maior", pensou em conflito, dando asas à sua tirania: "Deus! Como é difícil ser velho e perder o respeito de todos que deveriam me obedecer".

Na pouca luz do quarto, Romualdo viu quando a esposa se deitou na cama e continuou quieto. No dia seguinte, iria dizer-lhe poucas e boas e ai dela se retrucasse.

Ele não percebia que se comportava como se fosse o dono dela e que, mesmo assim, ansiava por ser amado.

Capítulo 15

Mal Romualdo acordara e vendo que a esposa já estava de pé, ele logo a proibiu de ir à escola. Seu mau humor acentuou-se quando ela o convidou para ir também à escola.

Foi a conta. Romualdo quase bateu em Rosinda. O que ela estava pensando? Que ele era ignorante? Que precisava de escola àquela altura da vida? Ela precisava entender que seu tempo já havia passado, passado! Gritava o marido à esposa. Rosinda, no entanto, descobrira que não.

— Para mim, não! E se eu viver até os noventa anos, ficarei mais de trinta anos sem fazer nada, esperando a morte? Empalhada precocemente em um sofá? Eu não! Faça você o que quiser de sua vida. Eu já cozinhei demais, criei filhos demais e é minha hora de voar. Tenho esse direito e mais: vou tingir os cabelos quanto eu quiser e vou usar batom vermelho! Me aguarde!

— Vou falar com essa vizinha maldita, que tem influenciado você muito mal.

— Mal? Mal? Como? Ela parece minha irmã! Foi comigo ao primeiro dia de aula, sem precisar, pois sabe ler e escrever muito bem. Não é como eu, que mal entendo o que leio. Metade das palavras que ouço eu não sei o que significam com precisão. Eu vou estudar, sim! E pode começar a aprender a esquentar seu jantar ou coma tudo frio ou congelado! Eu não me importo!

— Você tem que obedecer ao seu marido!

— Obedecer? Esqueça! O tempo da escravidão já passou. Não sou sua escrava, porque foi isso que fui até hoje. Chega! Chega! Chega! E pode dar um jeito, pois vou assinar uma revista, dessas que tem um palavreado bem bonito para eu praticar.

— É caro, e eu não tenho dinheiro para isso. Se quiser ler, leia o jornal.

— De jeito nenhum! Ele mumifica as pessoas. Quero uma revista! Tenho direito! Vou escolher, e você que trate de pagar.

— Não vou pagar revista safada nenhuma! Nem as leu e já está cheia de ideias.

— Pois aguarde! Vou ficar com muito mais ideias! Muito mais!

— Mulher minha não vai chegar às dez e meia da noite de segunda à sexta! O que vão falar?

— Não importa o que vão falar! Estou pouco ligando. Adorei ir para a escola e creio que, se você fosse, também gostaria muito. Ia tirar um pouco dessa ferrugem que lhe come a alma e o corpo.

Romualdo estava pasmo. Quando a esposa passara a desobedecê-lo assim? Como era má a influência da vizinha. Maldita a hora em que aquela mulher foi morar ali. Maldita hora em que ele permitiu que a esposa comprasse um tênis. Tinha sido ali que tudo começara, e ele, de certa forma, era culpado por ter admitido, ele, erroneamente, pensava.

Naquele dia, teve certeza de que Rosinda não se atreveria, depois daquelas ordens expressas, a ir à escola. Mas foi com rancor que a viu começar a se trocar. Ficou com tanta raiva que pegou o caderno que ela usava e o rasgou. E rasgaria quantos mais ela comprasse.

Quando saiu do quarto trocada, Rosinda viu o caderno picado em cima da mesa. Lastimou, mas sua determinação era maior. Quantos mais cadernos ele rasgasse, mais ela compraria e faria a lição toda novamente, mil vezes se precisasse.

Tinha refeito a lição dada em aula, com uma letra caprichada. Como diria ao professor que o marido rasgara o caderno?

Lembrou-se de que não precisava se preocupar. Não tinha a obrigação de fazer a lição, pois só tinha ido para ver como era e nem estava matriculada ainda. Rosinda, no entanto, queria ter levado a lição. Desejava ser boa aluna e queria, antes de tudo, aprender. Ansiava por isso. Percebera que não havia grades ao seu redor e ainda podia fazer muito.

Rosinda saiu só com o lápis e a borracha. Não tinha onde comprar outro caderno, pois o comércio já estava fechado. A vontade de chorar começou a se fazer presente. Como vivera com aquele tirano tantos anos? Sabia, sabia sim, que abrira mão de sua vida e de seus direitos.

Ela chegou à classe sentindo uma mistura de decisão e vergonha, como se todos pudessem adivinhar o ocorrido.

O professor começou a dar os exercícios, e um senhor, que estava sentado ao lado de Rosinda, vendo que ela não tinha como anotar, rasgou de seu próprio caderno duas folhas, dando-lhe para que anotasse. Ela agradeceu. Nem precisara pedir. O olhar bondoso dele pareceu-lhe refletir que entendia.

Quando a aula terminou, Rosinda sabia que jamais deixaria de comparecer às aulas, chovesse pedra, pau, ou mesmo que o marido morresse de ira. Mas antes, precisava encontrar um lugar seguro para esconder seu material. Ao fazer a matrícula, o professor lhe pedira que comprasse uma cartilha e de novo lhe surgiu a dúvida: onde esconderia tudo?

Apesar da boa influenciação, pela mente de Romualdo já haviam passado mil formas de proibir a esposa de ir à escola, pois conceituava que ela se perderia ainda mais. Pensou em ir falar com o professor ou o diretor, afirmando que era o marido de Rosinda e que a proibia de frequentar as aulas. Mas algo lhe deu a certeza de que não seria bem aceito, pois os tempos eram outros. Tempos de desordem e bagunça, na opinião dele.

Romualdo pegou o telefone e discou para Amâncio, seu filho. Precisava do apoio de alguém. A nora atendeu o telefone. Ele não gostava da nora. Considerava-a uma libertina, que usava saia curta e batom vermelho e quem sabe até pintasse o cabelo.

Ele pediu para falar com o filho, e logo o rapaz atendeu. O pai, irado, relatou-lhe o que ocorria, afirmando que Rosinda estava fora de controle. Sua ira aumentou ainda mais quando o filho sorriu feliz, dizendo:

— Pai, do que o senhor se queixa? É ótimo! Ela sempre quis ler e escrever bem, mas nunca teve oportunidade. Seria uma boa ideia ir buscá-la, se sente insegurança de ela chegar tarde.

— Você não entendeu. Eu não quero que ela vá e que chegue todos os dias às dez e meia!

— Pai, dez e meia da noite não é tarde. E se as aulas começam às sete, não tem jeito de terminar mais cedo. Diga à mamãe que, se precisar de ajuda, é só me dizer. Quem sabe ela não se forma em alguma coisa.

O rapaz não entendia a ira do pai. Como alguém podia recriminar quem quer aprender? Romualdo só queria o apoio do filho e, como não o conseguiu, bateu o telefone depois da última frase. Em que a esposa poderia se formar? Já era avó e tinha de entender isso. Parecia-lhe que todos estavam contra ele, até os filhos, e Romualdo sabia o porquê. Passara muito tempo trabalhando e os sustentando, e quem levava os louros era a mãe e sua má influência.

Só para mostrar sua autoridade, Romualdo decidira fechar a porta do quarto à chave, impedindo a esposa de entrar. Queria que ela reconhecesse o erro e fosse até ele pedindo-lhe desculpas, arrependida.

Quando Rosinda chegou em casa, tinha só uma preocupação: onde esconder o material escolar do marido, pois sabia que ele o rasgaria novamente se tivesse chance. Foi direto para o quarto e encontrou a porta fechada à chave. Sorriu. Dormiria no quarto que fora da filha. Nem sabia por que eles dormiam ainda na mesma cama, já que nada acontecia.

Foi para o quarto da filha. A cama estava com um lençol limpo, pois Rosinda o mantinha arrumado para o caso de Ana brigar com Sílvio e aparecer. Seu único problema foi com a roupa, já que todas estavam no quarto do casal.

Olhou nas gavetas e viu que havia algumas camisetas de Ana. As peças, no entanto, não lhe serviam e pela primeira vez Rosinda experimentaria dormir só de roupas íntimas. Teve um tanto de vergonha, mas estava sozinha. Do que se sentia constrangida?

Ao abrir o guarda-roupa da filha, encontrou ali alguns livros do tempo de escola de Ana. Abriu alguns e tentou lê-los. Um deles era romance. Verificou que não lia bem algumas palavras e que também não sabia seu significado, mas aprenderia. Compraria também um dicionário. Procurou o de Ana e não o encontrou. Certamente, a filha o levara quando se casara.

Rosinda dormiu e sonhou que lia livros grossos, falava bonito, usava batom vermelho e que não tinha mais cabelos brancos. Havia uma eternidade de tempo para aprender e realizar.

Quando acordou, despertou para a realidade dos resmungos do marido, jurando que, da próxima vez, fecharia a porta da casa, ameaçando deixá-la do lado de fora.

— Se fizer isso, vou dormir na casa de Ana ou de minha amiga. Você é quem sabe. É melhor saber que não vou deixar a escola, custe o que custar — teimou ela, muito decidida.

Romualdo ruminava como dominá-la. A esposa estava irredutível. Uma separação seria humilhante e quem cuidaria dele? Avaliou, logo depois, que estava exagerando e preferiu acreditar que em uma semana ela se cansaria. Mas, e se não? E se Rosinda continuasse? Amâncio já negara ajuda, e Ana, ele já sabia, não o apoiaria. Aliás, provavelmente fora a primeira a sugerir que a mãe pintasse os cabelos.

Ele se sentia sozinho. Era isso o que lhe restava de seus dias: solidão e revolta pela impotência que o cobria. Impotência em não ser obedecido, impotência em não conseguir um novo emprego, impotência por não se sentir vivo por meio do trabalho.

Romualdo não percebia que sua única impotência era querer estagnar o tempo, o aprendizado e a evolução que cada um sempre experimenta.

Rosinda estava louca de vontade de contar à filha as novidades. Sabia que Ana ficaria contente, não só porque ela tingira os cabelos, mas principalmente porque estava estudando. Porém, só poderia ligar no fim de semana, pois sabia que Ana estava em outro emprego que lhe ocupava as tardes.

Ficara feliz. Quem sabe assim a filha não se libertaria do marido, que certamente ficaria pior, pois já era mandão demais. E aquela história de expulsar a esposa a cada vez que brigavam era horrível.

Rosinda queria o divórcio da filha e outro genro. O professor da sala dos adultos parecia um jovem interessante e deveria ter um bom salário. Rosinda tinha reparado sem querer que o carro dele também era novinho. E que sorriso! A mulher duvidava que alguém como ele quisesse se impor, gritando. Tinha cultura e paciência com os alunos com maior dificuldade.

"Se não tivesse idade para ser avó dele, não, avó não, mas, provavelmente, mãe... Amâncio é bem mais velho do que o rapaz!", ao pensar nisso sorriu. Curiosamente, sentia como se estivesse de volta ao mundo, dentro do pulsar dele.

Logo depois, acreditou ser bobagem pura, mas não era bem assim. O aprendizado em todos os níveis acelera a evolução, desenvolve a lucidez e nos faz entender o mundo e seus habitantes. O objetivo natural do espírito deve ser aprender muito, crescer sempre.

Rosinda olhou para o marido, que de múmia petrificada passara à múmia resmungona. "Pelo menos está dando sinais de vida", pensou sorrindo, entregue à sua rotina de dona de casa.

No sábado, ligou para a filha, que realmente ficara feliz ao saber que Rosinda estava indo à escola. Ela sugeriu:

— Ana, gostaria que um dia você fosse assistir a uma aula comigo e conhecesse meus colegas.

— Mãe, com meus dois períodos ocupados, será difícil, mas fico muito feliz em senti-la contente.

— E você, filha, como está? Sílvio continua o mesmo? Pode voltar quando quiser. Não precisa ir para a casa de amigas.

— Sim, mãe, eu sei. Parabéns por essa iniciativa. Se tiver dificuldade para aprender qualquer coisa, ligue para mim e eu a ajudarei.

Conversaram mais um pouco, e depois Ana desligou. Estava realmente feliz por a mãe estar se ocupando com alguma coisa. Já tinha lido sobre a depressão que costuma assolar as mulheres depois que os filhos crescem. Elas se sentem inúteis, esquecidas que são humanas e que não nasceram só para procriar.

No fim da tarde, Silvio chegou em casa e abraçou Ana carinhosamente. Ela correspondeu ao abraço de má vontade. Estava ainda dormindo no outro quarto. Comprara para si uma cama de solteiro. Sílvio vira o móvel, mas não dissera nada.

147

O marido parecia mudado, triste, acabrunhado. Melhor assim. Não fazia cobranças e não gritava, mas a intolerância de Ana continuava.

Ela teve vontade de contar-lhe que almoçara, quer dizer, que fizera um lanche com Bruno naquela semana, mas não o fez. Talvez o marido não entendesse. E se ele a expulsasse de novo seria para sempre. Ana sentia isso e a cada dia essa certeza se fazia mais presente.

Pensou na mãe com certa inveja. Romualdo pelo menos nunca fizera uma cena daquelas. Era frio, parecia sempre distante com os filhos e com a esposa, mas os dois tinham lá suas intimidades.

— Ana, creio que já está na hora de você voltar para nosso quarto. Tenho sentido muita saudade. Por favor, querida, volte a ser como antes. Você sabe que eu a amo, apesar dos meus problemas. Sinto falta de você, de seu carinho e de seu corpo.

— Não estou pronta ainda, sinto muito.

— Você quer me enlouquecer, Ana? Já pedi perdão mil vezes. Não crê que basta de castigo?

— Não é castigo. Só não tenho vontade. Lastimo por isso.

Ela viu o marido olhá-la angustiado, mas certas coisas tinham de vir naturalmente. Ana não queria forçar-se. Teve pena e o abraçou com força. De certa forma, ainda gostava dele, mas o amor, aquele que brilhava nos olhos, parecia diminuído.

Trocaram um longo beijo, e ela o sentiu ansioso. Entendia. Talvez fosse melhor tentar. Acreditava que os homens tinham lá suas necessidades, e ela poderia perdê-lo. Será que queria isso?

Ana soltou-se do abraço e foi para a cozinha terminar o jantar. Sílvio foi para a cozinha também e começou a comentar sobre o trabalho. Ela mal o ouvia preocupada com a decisão. Faria ou não faria? Seria espontâneo ou não?

Lembrou-se de que conversara abertamente com Bruno a respeito e que ele sorrira, brincando:

— Se eu fosse seu marido, imploraria, me arrastaria aos seus pés.

Exagero. O que ele podia entender de casais e sentimentos masculinos? Confessara-lhe abertamente sua orientação sexual, então, por que Ana não o sentia assim?

Servindo o jantar, recordou-se de como era bom estar nos braços do marido, um modo de fazer o desejo voltar, o que funcionou de certa forma.

Depois do jantar, Ana tomou um longo banho e foi para a cama do casal. Sílvio tomou seu banho assobiando baixinho uma canção romântica e logo depois se deitou ao lado dela, abraçando-a.

Ana tentou de todas as formas envolver-se como antes, mas, quando acabou, percebeu que se enganara. Algo na magia estava irremediavelmente perdido.

Sílvio pareceu não perceber. Mantinha-a em seus braços, sentindo-se feliz e acreditando que tinha sua esposa de volta, plena como antes. Porém, precisava dar um jeito de controlar suas explosões, do contrário, a perderia para sempre.

Tinha certeza também de que não seria com mais um período de aula que Ana compraria um apartamento só para si. Pensou em como desviar aquela ideia da cabeça dela e, depois de muito matutar, resolveu que lhe proporia juntarem dinheiro para um apartamento no litoral.

Para lá ela não poderia fugir. Caso brigassem novamente, o apartamento seria longe e Ana tinha o trabalho. Antes de tudo, porém, precisava convencê-la a terem um filho. Sabia que era o único culpado pela insegurança dela.

Beijou-a, abraçando-a mais forte como um pedido de desculpas, cochichando ao seu ouvido.

— Ana, vamos ter um filho, estamos casados há tempo suficiente para nos conhecermos bem e nossa vida financeira está estabilizada. Não havíamos planejado isso?

Ela, insegura, só balançou a cabeça afirmando. Não queria discutir nada. Só desejava pensar no que lhe ocorria e até onde o amor ao marido e sua entrega total haviam sido prejudicados.

Ao contrário do que comumente acontecia, ela não queria ficar agarrada a ele. Pensava em Bruno e em seus conflitos e parecia que entendia melhor o novo amigo do que a si mesma.

Para desviar o pensamento, voltou sua atenção aos seus novos alunos e aos da outra escola, onde estava introduzindo, por sua conta e sem contar a ninguém, o novo método. Quando percebessem o resultado positivo, participaria à diretora, que era muito conservadora, e ao conselho escolar.

— Ana, está pensando em quê? Estou falando com você. Responda.

— O que foi mesmo que você perguntou?

— Quando vai parar de tomar o anticoncepcional?

— Não agora que tenho dois períodos de aula. Não dá.

— Quando, então? O tempo passa.

— Não sei.

— Veja o que faço a nós... Tenho a impressão de que você não me ama mais.

— Amo, juro que amo — e essas palavras soaram mecanicamente, totalmente falsas aos seus próprios ouvidos.

Sílvio continuava abraçando-a. Ela queria se desvencilhar dele, mas seria indelicado. Ele perceberia que algo estava errado. Ele a beijou novamente, e Ana tinha certeza de que o marido a queria pela segunda vez. Ela mal correspondeu ao beijo, alegando que estava cansada.

Ana ajeitou-se para dormir. Não o olhou, pois não queria ver a decepção nos olhos de Sílvio. Estendeu o braço e apagou o abajur.

Aos poucos, a paz do sono a envolveu. Em um momento durante a noite, Ana, sem saber o porquê, teve a sensação de abrir os olhos e ver o marido sentado na beira da cama com as mãos sobre o rosto. Ela tinha a impressão de que todo o seu corpo continuava dormindo, menos os olhos que podiam vê-lo sem qualquer pensamento.

Na manhã seguinte, a cena parecia clara, e ela lhe perguntou:
— Teve dificuldade para dormir?
— Tive sim, tenho tido. Por favor, Ana, volte a dormir definitivamente em nosso quarto. Sinto uma insegurança enorme em vê-la afastada de mim. Vamos ter nosso filho.
— Agora não — repetiu ela segura da decisão.
— Você é professora substituta na parte da tarde. Quando volta a titular?
— Em três ou quatro meses.
— Se você ficasse grávida agora, nem perceberiam.
— Não, Sílvio. Não creio ser o momento ainda.
— O que está esperando? Que fiquemos com noventa anos? — gritou ele irado.
Ana temeu que o vulcão explodisse e até se encolheu, mas sentiu Sílvio abraçando-a com uma ternura imensa e dizendo a seu ouvido:
— Perdão, amor, perdão. Nunca mais vou explodir e expulsá-la. Posso sentir fragilidade em você.
Ana o abraçou de volta. Podia entender a luta dele contra si mesmo. Trocaram um longo beijo.
Era domingo, e Ana não queria ficar em casa, por isso foram visitar Amâncio e depois foram à casa dos pais de Sílvio.
À noite, ela ainda corrigiu algumas provas, enquanto Sílvio assistia à televisão no quarto. O domingo terminou. O marido parecia triste, muito triste e um tanto lacônico.
Quando foram para a cama, Sílvio dormiu abraçado à esposa. Na segunda-feira, depois do desjejum, ele a levou para a escola. Sílvio vigiava-se atentamente para controlar o vulcão que cuspia fogo ao menor contratempo, fazendo as pessoas em volta o temerem e afastando a mulher que ele mais amava.

151

Capítulo 16

O novo método trazia seus resultados. A média das notas subia — Ana verificava no relatório de aula, enquanto as crianças, em silêncio, resolviam alguns probleminhas de matemática.

A diretoria repararia, afinal, até os alunos mais dispersos e que tiravam notas abaixo da média da sala estavam com melhor aproveitamento.

A moça sorriu. Bendita a hora em que fora até o outro colégio. Sentia-se melhor dando aulas lá. Os professores tinham mais autonomia, o método era muito mais envolvente para as crianças, e ela também se divertia com as brincadeiras que inventava, descobrindo seu lado criativo.

Ana olhou para a turma, que tinha entrado na magia de que estava no planeta da matemática e que todos precisavam fazer o exercício com atenção para poderem viajar a outro planeta. E, assim que terminassem essa parte, ela aproveitaria a deixa e levaria todos para o planeta imaginário da geografia. Essa era a matéria que mais entediava os alunos, mas, "vestindo-os" como personagens, as crianças examinavam os dados como sendo visitantes e não moradores.

Avaliou como a imaginação das crianças ia longe e sorriu com carinho. Gostava do que fazia. Pensou na mãe, que, apesar de toda a dificuldade por seu baixo nível escolar, se esforçava em ajudá-los quando ela e Amâncio eram crianças. Julgou que Rosinda também daria uma ótima professora. Iria contar-lhe sobre esse novo método e na diferença que estava fazendo.

Um aluno perguntou-lhe:

— Professora, quem não sabe também poderá viajar na nave para o outro planeta?

— Sim. Venha aqui que eu lhe ensino. Todos temos que viajar juntos. Somos uma equipe. Ninguém é abandonado, mas cada um tem de fazer sua parte, ou todos ficarão tristes.

Ana não percebeu que essa forma de pensar funcionava como uma analogia ao planeta em que todos vivemos. Ninguém é abandonado, mas todos temos nossa parte a cumprir.

O aluno aproximou-se dela e debruçou-se sobre a mesa. Ele era um dos que mais tinham dificuldade, e suas médias também haviam melhorado. Ela cochichou:

— Em uma nave, todos nós temos que estar unidos e ensinar uns aos outros. Você já viu filme em que o capitão abandona alguém?

— Não.

— Exatamente. Esta sala é uma nave, e todos nós precisamos aprender com o universo. Eu sou o capitão.

— Nunca vi um capitão mulher — alegou o garoto.

— É um mundo moderno, esqueceu-se? Todas as mulheres têm os mesmos direitos que os homens.

— Quando eu crescer e for o capitão, só deixarei você mandar.

Ana sorriu, sentindo uma enorme ternura pelo garoto. Ela beijou-o na testa, ensinou-lhe a resolver a dificuldade, e ele voltou feliz à sua mesa. Aquela nave precisava manter-se unida. Um dependia do outro, e quem soubesse mais ensinaria a quem sabia menos.

Terminado o exercício de matemática, Ana percebeu que o nível de erros fora mínimo. Notara um ou outro engano nas contas. Voaram para outro planeta, e ela lhes ensinou geografia. Precisavam aprender sobre o novo planeta, do contrário, não conseguiriam entendê-lo e sobreviver nele.

O sinal do fim da aula bateu, e os alunos nem perceberam, estudando os tipos de solo que o planeta apresentava. Criança tratada como criança. Era simples a magia.

Mesmo depois do sinal, ela rapidamente contou que todos estavam de volta para o planeta de origem, onde seus pais os esperavam.

Quando eles saíram, Ana se perguntou até que idade aquilo funcionaria? Perguntaria ao diretor da outra escola, que certamente saberia.

Fez um lanche rápido, pois estava emagrecendo com aquela correria. A liberdade tem seu preço, avaliou ela. Ana foi para o ponto de ônibus pegar a condução e, enquanto o esperava, viu o carro do marido se aproximando. Ele abriu a porta, dizendo:

— Entre logo. Eu a levo.

— O que está fazendo aqui?

— Saí para o almoço e avisei que demoraria um pouco mais. O dia hoje está tranquilo no escritório. Onde fica a outra escola?

Ana deu o endereço ao marido, sem saber se gostara ou não de ele ter aparecido. Provavelmente, Sílvio, ansiando por fazê-la voltar a ser como era, queria agradá-la. Bem que Ana estava tentando, assim como ele nitidamente tentava mudar.

Mas não era só isso. Sílvio não andava mais sossegado. Algo lhe sussurrava sutilmente que ele estava perdendo a esposa, e ele sabia a causa.

Sílvio deixou-a na frente do portão principal, beijando-a apaixonadamente. Alguns alunos do 7º e do 8º anos que passavam trocaram cochichos. Ela não era professora deles, mas a conheciam de vista.

Ana desceu do carro preocupada. O marido podia estar se descuidando do trabalho. E na verdade realmente estava. Sílvio não gostava mais de nada, tudo parecia desagradar-lhe: aqueles relatórios intermináveis, aquelas reuniões que pareciam não levar a nada. Ele sentia tédio. Eram sempre os mesmos problemas, as mesmas soluções, então, para que discutir tanto?

Quando saiu para o almoço, sua única vontade fora buscar a esposa para ficarem os dois em casa se relacionando a tarde toda, como forma de compensá-la pelo desgosto causado.

Mal estacionou o carro de volta ao escritório, Sílvio constatou, indiferente, que estava mais de meia hora atrasado. Pegou o elevador que o levaria ao andar onde trabalhava contra sua vontade.

Julgou que o melhor seria procurar um novo emprego que o estimulasse, para o qual tivesse vontade de ir. Entrou em sua sala e fechou a porta. O perfume das rosas pareceu apaziguá-lo um pouco.

Sobre a mesa, dados e mais dados dos mil e um relatórios e um recado de que o diretor queria falar-lhe. Tomou um café. Sentia fome, pois, para chegar a tempo de dar carona à esposa, não almoçara.

Sílvio solicitou à secretária que pedisse por telefone um lanche e foi até a sala do diretor. Lá discutiram durante muito tempo sobre alguns problemas de estratégia no atendimento e vendas.

"Para que discutir, se sabemos exatamente o que temos de fazer?", pensou ele novamente. A empresa tinha uma política irredutível, e ele sabia que no final de todo aquele desgaste a decisão seria a mesma. Quem sabe a discussão era uma forma de fingirem que comandavam algo, já que o dono vivia inspecionando tudo pessoalmente?

Quando saiu da reunião, seu estômago doía. Três da tarde, e seu lanche estava congelado em cima da mesa. Alimentou-se mesmo assim, por pura obrigação.

Uma dor de cabeça se mantinha presente. Sílvio tomou um comprimido e olhou para as rosas. Viu Lígia passar sem olhá-lo e deu graças a Deus pelo fato de ela ter parado de incomodá-lo.

Ledo engano. Ela sabia exatamente a hora em que Sílvio e Ana chegavam em casa e que era muito raro ele chegar antes. Só quando a condução atrasava muito e Ana chegava mais tarde, Lígia começava a deixar recados do tipo: "Você podia dizer ao seu patrão que hoje terei um probleminha e não irei encontrá-lo, ou, diga-lhe que amanhã poderemos almoçar juntos".

Ana já recebera alguns recados e tinha certeza de que aquilo era mentira, por isso não levava muito em conta e temia contar a Sílvio por causa de seu temperamento. Fosse lá quem fosse, um dia se cansaria. E se Ana quisesse mesmo prejudicá-la, contaria a Sílvio.

A esposa temia a fúria do marido. Até que ponto o descontrole de Sílvio poderia chegar? Será que, naquela luta para reconquistá-la, seria capaz de agredir gravemente quem o atrapalhasse? Era exatamente nisso que Ana pensava dentro do ônibus de volta. Será que a tal mulher ligaria novamente? Quem era ela? Ana podia sentir um tom de inveja e raiva na voz da outra, embora tentasse parecer normal. Um instinto da moça dizia que a pessoa queria estragar o relacionamento do casal. O que nem precisava, pois talvez já estivesse estragado para sempre.

Ana teve vontade de visitar Bruno, que parecia menos depressivo, ou de conversar com a mãe, que parecia mais animada. No entanto, não fez nada disso. Chegou em casa, e o marido começou a se atrasar muito. Provavelmente, isso se devia ao trânsito do centro da cidade.

O telefone tocou, e ela acreditou que seria a tal mulher. Deixou tocar até cair a linha. Depois, ligaram novamente de forma insistente.

Para se ver livre daquele barulho, Ana atendeu. Era Sílvio avisando que estava com problemas no carro e que chegaria ainda mais tarde. Ana desligou o telefone e sentou-se no sofá. Poderia até ser mentira, mas por que ela não sentia ciúme ou qualquer outro sentimento do tipo?

Aquela indiferença ao marido estava desgastando-a e fazendo-a ficar com remorsos por sentir nele as tentativas de reconquistá-la. Em cada olhar, em cada beijo, em cada carinho, Sílvio colocava uma expressão de súplica. Será que ele percebia que fazia isso? Ana percebia, mas seu coração parecia duro, petrificado.

Um desânimo tomou conta de si. O telefone tocou novamente, e ela se levantou para atender, pensando que era Sílvio outra vez. Era a mulher.

— Querida, poderia dizer ao seu patrão que vou me atrasar para o jantar que teremos hoje?

— Quando você vai parar de ser idiota? — gritou Ana, perdendo a paciência.

— Você é uma empregadinha muito atrevida! — respondeu Lígia e bateu o telefone.

Ana sentou-se novamente. O cheiro do jantar atingiu-lhe o olfato. Precisava colocar mais água no arroz para acabar o cozimento, mas não quis fazê-lo. Foi até o fogão e apagou tudo. Nem olhou como estava, voltou para o sofá sentindo exaustão e acabou dormindo ali mesmo.

Sonhou com uma confusão entre Bruno e Sílvio. Os dois brigavam por ela, enquanto Rosinda gritava que eles não a mereciam. Acordou com uma carícia em seu rosto. Abriu os olhos preguiçosamente e viu que era o marido.

— Desculpe, Ana, tentei consertar o carro, mas ele precisou ser guinchado. Amanhã estaremos a pé. Terei que sair bem mais cedo.

— O carro é novo.

— Eu sei, mas esses contratempos acontecem.

— Está com fome?

— Não. Comi um lanche enquanto esperava o guincho.

— Que horas são?

— Mais de meia-noite.

— Nossa! Dormi tudo isso.

— Devia ter ido para nossa cama, querida.

O "nossa" cama não passou despercebido por Ana, que se levantou e tomou um copo de leite, pois sentia fome. O marido tirava a camisa, e ela viu que as mangas estavam ligeiramente sujas de graxa e óleo de carro.

Teve vontade de contar-lhe que ligavam e que alguém fingia ser sua amante. Não o fez. Ele se virou e pegou-a olhando para seu tórax. Sorriu.

— Venha. Vamos dormir. Amanhã, precisaremos levantar mais cedo ainda.

Já na cama, ela pensou que realmente Sílvio estava se esforçando muito ou teria derrubado céus e terras na rua pelo fato de o carro ter apresentado defeito.

E fora isso que realmente acontecera. O carro parara de funcionar no meio do trânsito. Sílvio tentara dar partida diversas vezes, o que fez a bateria descarregar.

Uma buzinação infernal tomou conta de seus sentidos, com um barulho ensurdecedor. Ele precisou de ajuda para empurrar o carro e colocá-lo em cima da calçada.

Sílvio ainda tentou descobrir o problema e, quando viu que não conseguia, sua cabeça doía ainda mais. Sentia fome e raiva, muita raiva. Começou a chutar o carro loucamente, amassando a lataria. Quebrou o vidro da frente com a chave de roda e já ia fazer o mesmo no vidro lateral, quando alguém o segurou pelo braço, dizendo:

— Calma, amigo, vai destruir seu carro à toa e o prejuízo será só seu. Que utilidade ele terá?

— O que você tem a ver com isso? O carro é meu!

— Para resolver o problema, não seria melhor chamar o guincho? Amanhã, vai me agradecer por não permitir que destrua seu próprio carro.

Sílvio lembrava que tivera vontade de socar o homem que tentara interferir. O carro era dele e se ele quisesse apedrejar e tacar fogo no veículo o faria. Mas o desconhecido o pegara pelo braço, quase o arrastando até uma padaria, e pagara-lhe um café, insistindo muito, como se tivesse alguma autoridade.

Como já tinha descarregado uma parte da raiva, Sílvio tomou o café e ligou para a oficina. O guincho demorou, mas chegou. O homem sumira, e Sílvio nem vira direito quem era a pessoa.

Sem dúvida, o estranho tinha razão. Em que ajudaria quebrar o resto do carro? Se Ana soubesse que o vulcão de novo explodira, o que faria? Por isso, Sílvio abraçou-a. Precisava ter um motivo para mudar e o motivo era ela.

— Ana, pode deixar que eu ligo para o mecânico. Precisei deixar o carro em uma oficina que não conheço, perto de onde o carro quebrou — comunicava ele.

— Lógico, eu entendo.

Sílvio percebeu que temia muito — mais do que avaliara — que Ana descobrisse que ele quebrara o vidro da frente do carro, além dos chutes que dera nos pneus e na lataria, amassando um tanto.

Que loucura era aquela que o assolava naqueles momentos? Graças a Deus, a esposa não estava presente no momento. Se estivesse, ele a teria perdido mais ainda?

Sílvio agarrou-se novamente à esposa, e ela percebeu que o marido parecia ter medo. Pensou em perguntar, mas deduziu a resposta e não sabia se teria condições de dar-lhe a segurança pela qual ele parecia ansiar. Por essa razão, fingiu estar dormindo.

Bruno observava o trânsito lá embaixo pela janela e o número de carros diminuindo. Olhava também para o local onde Ana se sentara. Parecia que fazia anos que a moça se fora. Lembrou-se de seu sorriso, da sua presença que lhe dava segurança.

Há muito, ele deduzira que era homossexual. Nunca sentira grande atração por mulher e era virgem ainda. Por outro lado, sempre se debatia. Por pessoas do mesmo sexo também não sentia atração, mas tinha certeza de que isso surgiria de repente. E esse era o medo que o assolava e por isso há muito decidira assumir e parar de temer sua condição. No entanto, ninguém da família de Bruno sabia daquele conflito que o levava à depressão e à vontade de morrer.

Bruno confessara sua condição a Ana em um primeiro momento, mas se arrependera. No entanto, pareceu-lhe que para Ana não fizera diferença. Com aquele convívio de dias, que parecia de muitos anos, o complexo passara. No entanto, lá estava o conflito novamente tomando Bruno e carregando-o ao desespero.

O que havia em Ana que fazia tanta diferença na vida do rapaz? O que havia em Ana que o fazia se sentir bem? "Não!", pensava ele. Era impressão. Talvez fosse apenas a amizade que ela lhe dava sem perguntas, em uma compreensão muda. Intuitivamente, Bruno sabia que a amizade entre eles transcendia, que em vidas passadas já haviam sido amigos e que assim continuariam.

Ele continuava pensando, como se falasse alto: "Ana, não quero mais morrer. Penso que corro o risco de desapontar meus pais e você. Maldito marido que a faz sofrer! Não brigue com ela de novo. Se ela o deixar novamente, eu juro que farei tudo para que ela nunca mais volte para você. Não quero vê-la sofrendo daquele jeito".

Bruno debruçou-se um pouco mais no parapeito. Não tinha a intenção de suicidar-se; sentia simplesmente vontade de ficar ali. Ouviu como se uma voz sussurrasse baixinho direto em sua mente:

— Saia daí. Não se deixe influenciar.

Ele se voltou e imediatamente olhou para a sala. Era a voz de Ana — ele reconhecera. Acendeu a luz, querendo crer que ela entrara no apartamento e estava ali, pronta para ouvi-lo e compreender o que ele não falava.

Bruno sentou-se desanimado no sofá. Não era ela. Certamente, Ana estava dormindo com o marido, quase do outro lado da cidade. Ele sentiu a depressão aumentar em seu peito. Se ainda se sentisse forte, se fosse formado, se tivesse dinheiro, posição social, quem sabe poderia ter uma chance de ser feliz?

Mas poderia o quê? Era homossexual ou impotente? Homossexual há muito tempo convencera-se de que era. Por que tinha vontade de ser como aqueles homens que via nas fotos como modelos? Eles tinham ares de vencedores.

Olhou para seus músculos. Parecia tão esquálido. Tudo nele parecia insignificante. Sua inteligência era pouco desenvolvida, e se ele ia bem na faculdade era porque estudava muito.

Beleza, nem um pouco. Bruno levantou-se e olhou-se no espelho. Boca larga demais, lábios finos demais, o queixo um tanto pontudo, olhos fundos como os de quem quer esconder-se. Talvez fosse assim que sua alma se sentisse. "Os olhos não são as janelas da alma?", perguntou-se e concluiu: "Pois bem, os meus são fundos porque minha alma também pode se esconder".

Abriu os botões da camisa surrada que ele mesmo lavava, mas não com o esmero de sua mãe. Imaginou as camisas de Sílvio, que deveriam ter o capricho de uma mulher que ama, o perfume do carinho que ela dispensava ao marido.

Com a camisa aberta, prestou atenção em seu tórax. Realmente, dava para contar as costelas. No entanto, até aquele momento, nada daquilo o incomodara. Estava conformado com sua condição. Mas por Ana, por

161

Ana ele queria ser melhor. Melhor para quê? O que poderia oferecer-lhe? Era simplesmente o que era. Talvez fosse um homossexual, talvez não, mas sem dúvida era um impotente. E que mulher o quereria? Quem o quereria? Ninguém.

Bruno percebeu que só a amizade de Ana lhe importava. Ela o fazia sorrir e sentir-se feliz. Casada, ela deveria estar nos braços do marido. Marido que Bruno não conhecia. Apenas o vira e, mesmo assim, o detestava.

Detestava Sílvio ainda mais porque sabia que ele a maltratava, gritava com ela e a expulsava. Ele a fazia sofrer, maldito! Mil vezes maldito aquele tal de Sílvio, que chegara antes e a tomara primeiro. Enquanto ele, Bruno, lutava sua batalha diária para estudar e ter, um dia, uma chance de ser melhor financeiramente.

Sabia que teria de sustentar os pais no futuro. Sentia isso como sua obrigação, pois os pais abriam mão de uma vida com um mínimo de conforto para sustentá-lo, ajudando-o a pagar os estudos.

O desespero foi subindo como a pressão de uma panela. O vapor querendo sair e algo o tapando, levando-o quase à explosão.

Bruno se jogou na cama, agarrou-se ao travesseiro e focou toda a sua atenção em Ana, como se ela estivesse ali ao seu lado, acariciando seus cabelos.

Fechou os olhos e deixou-se levar pela ilusão. Precisava daquela ilusão e, com aquela carícia de uma mão leve e invisível, dormiu, tendo a certeza de que não era nem uma coisa nem outra. Não se Ana, amiga, pudesse viver o resto de sua vida com ele. Bruno era um poço de insegurança e confusão, sem a mínima estima por si mesmo, sempre se afundando em seu complexo de inferioridade.

Capítulo 17

Ana acordou assustada. Abriu os olhos, sentindo o coração bater acelerado, sentou-se em um só ato e olhou em volta. Tudo estava escuro. Parecia-lhe que tinha dormido uma eternidade. Ela acendeu o abajur, olhou no relógio e viu que eram três horas da madrugada. Sílvio mudara de posição e dormia com tranquilidade ao seu lado.

Ela recostou o travesseiro na cabeceira da cama. O que a fizera acordar tão assustada? Ficou com os olhos bem abertos e mesmo assim a cena se repetiu como em um filme, quadro a quadro, como se tivesse sido filmada por um cinegrafista amador, que esquecera alguns trechos.

Sonhara[2] que entrava no apartamento de Bruno e que ele estava debruçado na janela da sala, olhando o trânsito lá embaixo. Ela lhe pedia que saísse de lá, pois sempre temia quando ele ficava assim. Apesar disso, sabia também que o rapaz não tinha a intenção de pular.

No sonho, Bruno a via, fechava a janela prontamente e sentava-se no sofá de dois lugares, dizendo-lhe que

---

2 - Fenômeno de desdobramento. Enquanto o corpo dorme, o espírito se desloca para onde quiser ou para o foco de suas preocupações. Porém, mantém-se sempre ligado ao corpo físico pelo denominado cordão de prata.

queria ser mais bonito para agradá-la. Ana sorria, afirmando que isso não tinha importância, mas ele continuava a discorrer que tinha o nariz grande, o queixo pontudo, o tórax esquálido. Ana afirmava que não tinha importância, mas que ele não podia esquecer que ela era casada e que Sílvio chegara primeiro, como planejado anteriormente.

Ana podia sentir a grande tristeza que sempre estava expressa nos olhos de Bruno. Via-o ir até o banheiro, tirar a camisa e dizer:

— Veja como sou magro. Dá para contar as costelas.

Ela o acariciava no peito, pedindo-lhe que fosse dormir e dizendo-lhe que nada daquilo tinha importância. Era aparência e nada mais. E afirmava: "O que importa é o que trazemos na alma".

Bruno se dirigia até a cama, deitava-se, e ela, sentando-se ao lado dele, o acariciava na cabeça. Ana sabia que uma parte do conflito que o rapaz sentia, de alguma forma, era culpa sua. Talvez fosse o fato de ela ter voltado para Sílvio e esquecido o amigo necessitado.

Ana percebeu que nenhum dos dois entendia como se preocupavam um com o outro desta forma. Mas, é assim mesmo. Os relacionamentos de amor e ódio brotam em cada reencontro. O primeiro para se entrelaçar mais, o segundo para se desfazer, nem que seja pouco a pouco, vida a vida.

A moça escorregou na cama. Queria dormir novamente, porém sentia ainda em suas mãos o macio dos cabelos de Bruno, que não pareciam tão macios assim, mas eram. Lembrou-se de que ele lhe dissera que era homossexual, mas que ao mesmo tempo não tinha certeza. Ela não sabia como lidar com aquilo, no entanto, intuitivamente o compreendia.

Ana se cobriu com o cobertor. Um frio que não era bem da noite a incomodava. Ela achegou-se para mais perto do marido, pensou em acariciá-lo, mas temeu. Ele poderia acordar e pensar em outra coisa.

Não. Ela não queria e tinha certeza disso. Não conseguia mais se entregar de corpo e alma como sempre fizera. Parecia-lhe algo falso. Em relação a Bruno, sentia-se mais como uma mãe vendo seu filho sofrer, por isso desejou realmente ter estado no apartamento precário do rapaz e fazê-lo ouvir que nada daquilo tinha importância, nem seu nariz grande, nem seu queixo pontudo ou seu tórax esquálido. Nada disso importava a ela, que se tornara, sem saber bem por que, sua verdadeira amiga em tão pouco tempo de contato.

A moça levou muito tempo para dormir novamente e, quando finalmente conseguiu adormecer, a única coisa que ficou registrada em sua mente foi o leve perfume da loção de barbear do marido, que Ana sempre gostou de sentir. E novamente ela sonhou com cenas em que Bruno e Sílvio se misturavam e que hora ela estava nos braços de um e hora estava nos braços de outro.

Acordou sentindo os braços de Sílvio em sua cintura, dizendo-lhe enquanto a chacoalhava com carinho:

— Querida! Vamos, estamos atrasados! Ana, acorde.

Ela abriu os olhos, e ele acariciou seu rosto sorrindo carinhosamente.

— Bom dia, amor. Vamos. Estamos atrasados, e eu estou sem carro, esqueceu? O relógio já tocou.

— Não esqueci, mas dormia tão profundamente... Está tão bom aqui.

— Ana, não quer parar de trabalhar na parte da manhã? Poderia ficar até mais tarde na cama e aí você engravidaria.

Ana levantou-se sem dizer nada e foi para o banheiro, sentindo que o marido queria prendê-la a ele. Sílvio sabia que o outro trabalho era temporário e que, se ela ficasse sem as aulas da manhã e depois sem as da tarde, ficaria dependente financeiramente dele. "Um filho, não. Não é o momento", pensou ela.

Quando a moça saiu do banheiro, ele já havia se vestido. Ana não o olhou, vestiu-se rapidamente e foi até a cozinha. Fez um café e colocou uns biscoitos na mesa. Alimentaram-se apressadamente. Ela não gostava de chegar atrasada, mas ia chegar uns quinze minutos atrasada nesse dia.

Como se adivinhasse seus pensamentos, Sílvio disse:

— Tome. Dinheiro para um táxi. Sei que sempre costuma carregar pouco dinheiro na bolsa.

— Não precisa, chegarei a tempo.

— Até esperar o ônibus, chegará uns quinze minutos atrasada. Tome, meu bem. Vou esperar um passar.

Saíram do apartamento, pegaram o elevador e andaram rapidamente até o ponto de ônibus. Um táxi passou, e Sílvio praticamente a colocou lá dentro. "O mais carinhoso dos homens, até que algo o desagrade", pensava ela, enquanto, sentada no banco de trás do táxi, tentava olhar a cena dela com o marido como se estivesse com os olhos de um telespectador.

Esperando o ônibus, Sílvio sabia que chegaria atrasado ao trabalho, mas para ele não tinha importância. Não tinha pendências para resolver naquela manhã. Só os intermináveis cálculos e relatórios.

Sílvio ficou olhando a figura da esposa, enquanto o táxi se afastava. Precisava esconder dela o que fizera com o carro em sua fúria. Se ela descobrisse, o temeria ainda mais. "O que dá em mim?", questionou-se com certo desespero.

O ônibus se aproximava. Sílvio deu sinal, entrou e, no empurra-empurra da condução lotada, teve vontade de jogar todo mundo para fora do ônibus. Sentiu-se espremido. Pisaram em seu pé, e a raiva tomou conta de si. Queria explodir, mas ficou repetindo a si mesmo: "Não vou ficou irado. A culpa foi minha. Quem mandou eu amassar o carro e quebrar o vidro da frente? Agora, levará no mínimo três dias para o conserto: um na oficina e mais dois na funilaria. Idiota! Idiota! Idiota!".

166

O trajeto nunca lhe pareceu tão longo. Quando finalmente desceu do ônibus, ainda precisava andar duas quadras. Aproveitou para respirar fundo e tentar abaixar seu nível de raiva.

Chegando ao prédio, o porteiro deu-lhe um bom-dia. Sílvio forçou um sorriso e correspondeu. Pegou o elevador sozinho. Estava quase meia hora atrasado. Entrou no departamento e foi direto para sua sala. A secretária levantou os olhos e comentou por comentar:

— Está atrasado, e já há dois recados para o senhor. Estão em cima da sua mesa.

Sílvio teve vontade de gritar: "E daí?! O que você tem a ver com isso? Sei que estou atrasado! Se eu quiser, não venho e pronto!".

Ele sabia que não era verdade. Se não fosse trabalhar, teria de arranjar uma boa desculpa para não passar por irresponsável. Leu os recados enquanto tirava o paletó. Um era do diretor e o outro estava assinado por Lígia. Nem sequer leu o último e já o jogou fora. Sentou-se e ligou para o diretor, que pediu ele se dirigisse até a diretoria.

Antes de ir, Sílvio queria estar completamente controlado, por isso pediu um café e tomou-o demoradamente, dirigindo-se até lá só depois de quinze minutos.

A sala do diretor ficava no andar de cima. Sílvio preferiu ir de escada, assim, quem sabe, gastaria aquela energia explosiva que ficara acumulada dentro de si e que só era aliviada quando agredia alguém com palavras ou chutava alguma coisa.

Sílvio chegou ao andar da diretoria e sorriu aos que lhe cruzavam o caminho até a sala do diretor, a quem se reportava. Ele bateu na porta. A secretária não estava, e Sílvio ouviu a voz grave do homem pedindo que entrasse.

— Bom dia, Sílvio, sente-se. Temos algumas coisas para discutir. Vou aos Estados Unidos no mês que vem e pretendo deixar algumas coisas que faço com você. Confio que terá condições de me substituir bem.

— Irá de férias, senhor?

— Quem me dera, amigo. Irei a trabalho, apesar de pretender tirar pelo menos uma semana para passear. Levarei minha família. Enquanto trabalho, eles aproveitam um pouco.

A conversa foi a respeito da rotina de trabalho do diretor. Sílvio ficaria sobrecarregado, pois precisaria fazer o que lhe cabia e mais uma parte do trabalho do diretor. Analisou e percebeu que necessitaria fazer muitas horas extras, ficar até mais tarde e que não teria opção. No entanto, aquela era a hora errada para ficar longe de Ana. Chegou a pensar que o destino conspirava contra ele.

Desde que dormira com a sensação de que Ana o acariciava na cabeça, trazendo-lhe calma e um sono profundamente tranquilizador, Bruno nutria uma vontade imensa de vê-la. Por isso, saiu antes de assistir às duas últimas aulas na faculdade, tomou um ônibus e foi até a escola de Ana. Queria esperá-la, pois sabia que ela trabalharia à tarde e que seu tempo para o almoço estava restrito a menos de meia hora.

Bruno ficou esperando-a de um lado do largo portão. Tinha vontade de dizer-lhe tudo que pensara a respeito de si e dela, mas poderia parecer devaneio.

Ouviu o sinal bater e esperou. Muitas crianças passaram por ele correndo, e depois, no meio de uma turba de alunos, Bruno viu Ana saindo do outro lado. Correu para que ela o notasse, e, quando a moça o viu, o sorriso de prazer que sentiu vir dela deu-lhe uma vontade imensa de abraçá-la e falar-lhe de suas saudades.

Assim que olhou para Bruno, Ana lembrou-se de ter sonhado que acariciava os cabelos do rapaz e teve vontade de fazê-lo novamente. Ele se aproximou e só lhe estendeu a mão, cumprimentando-a timidamente com olhos de quem teme.

— Ana, desculpe vir vê-la, mas precisava conversar um pouco e só consigo fazer isso mais à vontade com você.

— Que bom que veio! Mas tenho pouco tempo para almoçar. Aonde vamos? Eu pago.

Bruno queria ter um carro, pois, assim, a levaria até a outra escola com mais propriedade e conforto e teriam mais tempo juntos. Ele fez um cálculo para ver quando aquele bem poderia estar ao seu alcance e constatou que não em menos de quatro anos. Precisava se formar e conseguir uma boa colocação.

Pegou os diários de classe da moça e carregou-os para ela. Muitas provas estavam entre o material, e ele ofereceu-se para ajudá-la a corrigi-las. Tivera prazer em fazer aquilo. Logo deduziu que seria pouco proveitoso. Ela teria, depois, de ir buscá-las em seu apartamento e perderia tanto tempo quanto se ela mesma as corrigisse. Ana agradeceu e transformou isso em palavras.

Sentaram-se em uma lanchonete e de repente tudo que Bruno queria falar calou-se dentro dele. A presença de Ana bastava. Consolava-o de seus conflitos.

Ana quis contar-lhe o sonho, mas sabia o quanto Bruno era sensível e não o fez. Alimentaram-se em silêncio, mas era como se não parassem de falar um só minuto.

A moça olhou para o relógio. Restavam dez minutos para ficarem ali e já tinham acabado de comer. Ficaram com as palavras esparsas.

Ana olhou melhor para o rosto do rapaz e teve certeza de que ele exagerava quando, em seu sonho, afirmara que tinha o nariz grande demais, o queixo pontudo e o corpo esquálido. Ela sorriu ao lembrar-se da cena, e ele perguntou:

— O que foi?

— Nada. Lembrei-me de um aluno que é uma peste, mas é de quem eu mais gosto — a primeira frase era pura mentira, mas a segunda referia-se a ele. Ana quis muito que Bruno entendesse, mas o moço não deu sinal que compreendera.

Foi a vez de ele olhar para o relógio barato e ordinário, que às vezes adiantava e às vezes atrasava. Rezou que daquela vez estivesse adiantado, mas não estava. Ana pediu que o rapaz a acompanhasse até o ponto de ônibus.

Bruno teve uma vontade irresistível de despedir-se dela com um beijo na testa ou no rosto. Quase se viu fazendo isso, mas, como sempre, por ser muito tímido, não o fez, julgando que poderia ser um incômodo para ela.

Ele estava com vontade de dizer, antes que Ana partisse, que tinha dúvidas se era realmente homossexual, mas olhou as pessoas em volta e teve vergonha. Afinal, com que finalidade ele deixara de assistir a duas aulas importantes, atravessara a cidade, chegara perto dela e, por fim, não lhe dissera nada relevante?

O ônibus que ele deveria tomar chegou primeiro, mas Bruno preferiu esperar pelo de Ana, que demorou um pouco mais. Quando o dela se aproximou, ele teve vontade de entrar também e de acompanhá-la até a outra escola. Não o fez, pois precisava ir trabalhar. Disse apenas que tinha sido bom vê-la, e a moça sorriu, intrigada.

Dentro do ônibus, ela, com um pouco de dificuldade, deu-lhe adeus com a mão, sorrindo de forma meiga. Bruno correspondeu e fechou um pouco os olhos, para iludir-se de que a moça ainda estava ao seu lado.

Depois, ele saiu do ponto de ônibus a pé. Gastara o dinheiro de sua passagem, fazendo questão de pagar o próprio almoço. Resultado: como tinha o dinheiro contado, agora teria de fazer o caminho de volta a pé. Mais de uma hora e meia andando e ainda chegaria um pouco atrasado no trabalho.

Bruno ajeitou melhor os próprios cadernos e livros debaixo dos braços e pôs-se a caminhar, tentando manter um silêncio de pensamentos, fixando-se na imagem de Ana, em seu sorriso e em seus trejeitos, mesmo quando seus pés, depois de alguns quilômetros, já doíam muito dentro dos sapatos ordinários.

Ele não entendia conscientemente por que a presença de Ana lhe fazia tão bem. Porém, inconscientemente, pressentia que o amor de amigo, aliás, de irmão, seria capaz de fazê-lo lutar e ele descobriria uma força que nunca pensara possuir.

Ana levou um susto quando o sinal do fim das aulas bateu, trazendo-a para a realidade. Ela levantou os olhos e observou as crianças que faziam a tarefa. Estavam tão concentradas que pareciam não ter ouvido o sinal. Ana, então, disse:

— Crianças, chegamos ao nosso porto. Está na hora de descer do navio. Capitão! Quem foi o capitão hoje? Dê as ordens para aportarmos.

Um garoto, com um chapéu feito de papel, levantou-se e disse em voz alta:

— Aportar! Chegamos ao nosso destino!

Ana sorriu. Todos fecharam os cadernos e fizeram sinal de continência a ela e ao capitão, pegando suas coisas e saindo.

Ela foi até sua mesa e sentou-se. Olhou no caderno em que fazia anotações e verificou quem tinha sido o melhor da sala naquele dia. Ele seria o capitão no dia seguinte. Todos queriam ser, por isso se esmeravam nos estudos.

O garoto devolveu a Ana o chapéu que os próprios alunos haviam feito na aula de desenho e artes. Ela se levantou pegando seus diários, olhou o monte de cadernos que levaria para corrigir a lição feita, seguiu até a sala dos professores e pediu a alguém uma sacola. Necessitava carregar quase quarenta cadernos, fora as provas dos alunos da outra escola, e corria o risco de deixar tudo cair.

— Deixe no armário. Amanhã, chegue mais cedo e corrija-os, assim não precisará levar todo esse peso — sugeriu um dos professores.

— Onde você mora, Ana? — perguntou outra professora.

Ana respondeu, e ela sorriu:

— Eu lhe dou uma carona. Hoje estou de carro e moro para aqueles lados também. Farei só um pequeno desvio para levá-la.

A moça ficou feliz. Pegou carona com a outra professora, e foram conversando a respeito do método, das crianças e de suas dificuldades de ensino.

Ana chegou em casa pouco antes das seis da tarde. De ônibus, só chegaria depois das seis e meia. Pensou que talvez fosse melhor juntar dinheiro para comprar um carro, afinal, Sílvio parecia tão estável.

Ela, no entanto, não sabia quanto duraria a tranquilidade do marido. Ana imaginava quando faria alguma coisa que não o agradasse, e ele viria com toda a sua fúria, expulsando-a. Em seu íntimo, ela sabia que, se o marido a expulsasse novamente, nunca mais voltaria e para isso precisava ter seu próprio canto.

Adorava a mãe e o pai, mas eles sempre a pressionavam de formas diferentes. A mãe queria que Ana se divorciasse de vez e o pai que suportasse tudo calada e que, mesmo que fosse expulsa, não saísse de casa. Mas como, se o marido praticamente a arrastava?

Dentro do apartamento, ela não tinha mais vontade de fazer nada. Antes, gostava de limpá-lo e deixá-lo em ordem. Apesar de Sílvio ser ordeiro, ela nunca deixava as coisas fora do lugar. O pó, que sempre a incomodara, ela olhava agora, perguntando-se: "Há quanto tempo não passo um pano na estante? Nitidamente, há uns três ou quatro dias".

Foi até a cozinha, fez um café e, em vez de limpar o apartamento, preferiu corrigir as provas, jurando para si que no fim de semana seguinte faria uma faxina no apartamento.

Ana sentou-se à mesa da sala e ficou corrigindo os exercícios dos cadernos e as provas. Ela percebeu que o colégio da manhã tinha provas demais — pelo menos três por mês — e que no outro, com outro método, só eram aplicadas duas por bimestre. No entanto, as crianças que estudavam no método da fantasia aprendiam muito mais.

Ela estava usando aquele método discretamente na escola tradicional, mas, quanto ao número de provas, não podia reduzi-lo, pois precisava registrar as notas nos diários.

Ana ouviu o barulho da chave abrindo a porta e logo depois viu Sílvio entrando. Ele sorriu, mas ela sentiu algo em seu semblante. Um medo a percorreu.

— Você já chegou, meu bem? — observou ele, esquecendo-se de que também viera de ônibus.

— Sim, uma professora me deu carona. Eu precisava trazer os cadernos e as provas dos alunos.

— Vou comprar-lhe um carro. Terei de fazer muita hora extra, pois um diretor viajará e precisarei fazer a parte dele. O que temos para jantar? Estou morto de fome.

Ana gelou. Nem sequer pensara no jantar e ficou olhando para o marido. Não estava pronta ainda para deixá-lo de vez. Não tinha nem o dinheiro para a entrada de um apartamento e não se confiava também psicologicamente.

— Esqueci. Fiquei corrigindo as provas e não vi o tempo passar. Vou fazer algo rápido.

Ana sentiu na expressão de Sílvio algo como um brilho negro nos olhos e teve certeza de que ele explodiria com toda a sua ira. Manteve-se sentada, esperando apavorada e com o coração acelerado.

Ele virou as costas e disse como se sufocasse:

— Uma omelete está bem. Meu carro só ficará pronto daqui a três dias.

— Tudo isso para um conserto mecânico? — observou ela inadvertidamente.

Isso soou a Sílvio como uma acusação. A esposa já não fazia mais o jantar, não limpava mais a casa e ainda o acusava pelo fato de o carro não estar pronto. O desconforto do ônibus, que ele ainda tomaria por três dias, as horas extras que precisaria fazer, o distanciamento que Ana mantinha dele, tudo isso ferveu exageradamente, e o vulcão veio à tona.

Sílvio se voltou para Ana, quando já soltava lavas ferventes:

— O que você quer que eu faça? Hein?! Diga-me! Olhe esta casa! Parece um chiqueiro! Você não faz mais nada! Fica aí com esses cadernos, com lições idiotas de crianças imbecis! Um homem não tem o direito de se alimentar! Estou condenado a morrer de fome? E daí se aquele mecânico tem muito trabalho e deixou nosso carro por último? Por que fica olhando para mim, assim, apalermada? Vá! Vá logo cumprir com sua obrigação de esposa! Pelo menos alimente seu homem, que trabalha muito para lhe dar conforto e sustento!

Ele continuou gritando, e Ana, ao contrário do primeiro momento de medo, sentia-se relativamente calma. Ela recolheu os cadernos, juntando-os em uma pilha só, e dirigiu-se para o quarto enquanto Sílvio continuava gritando para todo o prédio ouvir, pois ela já não o ouvia mais.

A moça tirou uma mala grande de cima do armário, comprada para a viagem de núpcias, e a primeira coisa que fez foi colocar dentro os cadernos, as provas e os diários de classe. Depois, juntou suas roupas, socando bem para que coubesse o máximo. Viu Sílvio na porta gritando ainda:

— Vá! O que você está fazendo aqui ainda? Quem precisa de você ineficiente cada dia mais? Corra para a casa da mamãe, chore muito, mas veja se quando voltar presta mais atenção em mim. No que eu falo e determino!

Ana sentia como se não fosse com ela. A mala já estava ficando cheia, e a moça lembrou que não colocara nem um par de sapatos nela. Foi até a área de serviço, pegou uma sacola — daquelas de feira mesmo — e colocou todos os calçados que cabiam dentro. Ainda calculou que precisava levar pelo menos dois pares de sandálias, pois era fim de verão.

Antes de chegar ao quarto, Ana pegou a agenda e ligou para o ponto de táxi mais próximo. Pediu um e forneceu o endereço. Os gritos de Sílvio e o som de coisas sendo quebradas eram como um pano de fundo, que vinha de outro mundo e não lhe dizia respeito.

Ana teve dificuldade de carregar a mala, que estava muito pesada, e pensou ainda se não estava esquecendo algo, como se estivesse conferindo uma lista mentalmente.

Abriu a porta do apartamento, fechando-a atrás de si e indo para o elevador. Podia ouvir ainda os gritos e os estragos do corredor. Era como se Sílvio não tivesse percebido que ela saíra. Ana rezava para que o elevador chegasse logo.

Ela desceu até o térreo, mas não dera tempo de o táxi chegar. Vendo a dificuldade de Ana em carregar a mala, o porteiro prontamente correu a ajudá-la e carregou a bagagem até a calçada. Depois, perguntou por curiosidade:

— Vai viajar, dona Ana?

— Sim. Mas nunca mais voltarei.

— Brigou novamente com seu marido?

— Não. Eu nunca brigo com ele. É ele quem sempre briga comigo.

— O senhor Sílvio é estourado, mas é um bom homem.

— Fique com ele, então — respondeu ela rispidamente.

O homem ressentiu-se e calou-se, mas ficou aguardando o táxi com Ana na calçada. Ela arrependeu-se da grosseria, entendendo que o porteiro só queria consolá-la. Por fim, pediu desculpas imediatamente:

— Desculpe, eu não deveria ter dito isso. O senhor não mereceu minha grosseria.

— Não tem problema, senhora. Entendo que está magoada.

Era mais do que isso, muito mais do que isso. Ela não suportava mais viver com aquele homem e suas explosões.

Quando viu o táxi se aproximando, Ana percebeu que não pensara no lugar para onde iria, se para a casa da mãe ou de volta ao apartamento de Margarete, que ela tinha certeza de não gostara nadinha de sua presença.

O porteiro e o motorista colocaram a mala e a sacola com os sapatos no porta-malas do veículo, e, quando o taxista retornou ao seu lugar, Ana se viu dando o endereço de Margarete. No entanto, vendo-se em frente ao prédio após o fim do trajeto e subindo o elevador, não foi a campainha desse apartamento que Ana tocou. Foi a campainha do apartamento de Bruno.

A campainha tocou várias vezes, mas ninguém atendeu a porta. A moça sentou-se no corredor mal iluminado e silencioso e uma angústia tomou conta de si. Foi só aí que as palavras de Sílvio começaram a fazer sentido e penetrar sua compreensão. Foi só aí que sua determinação de nunca mais voltar para ele tomou dimensão. A porta fechada de Bruno fazia-a sentir-se como abandonada na rua, sem ter para onde ir ou alguém a quem pedir ajuda. Sentia-se vencida, derrotada, sem uma mão amiga para consolá-la.

Capítulo 18

Bruno chegara do trabalho, mas se sentia sufocado dentro de casa. Os pés ainda doíam um pouco da caminhada, e o apartamento parecia mais cheio de fantasmas do que nunca. Tudo parecia incomodá-lo ainda mais.

Ele saiu um pouco para chegar ao ponto de exaustão e, quando caísse na cama, dormiria como se estivesse morto. Sem pensamentos, sem conflitos, sem sonhos ou ilusões.

Bruno acreditava que não chegara ao ponto de exaustão ainda, quando uma vontade enorme de voltar para casa tomou conta de si. Uma urgência. Era como se alguém lhe pedisse socorro, como se alguém estivesse à sua porta gritando seu nome.

Aquela sensação era agoniante, por isso Bruno começou a voltar para casa. Estava a quase meia hora a pé de casa e em dado momento começou a correr, como se sua alma estivesse pegando fogo.

Bruno chegou ao prédio acreditando-se idiota por ter deixado que aquela sensação sem explicação tomasse conta de si. Passou pela portaria, e o porteiro mal levantou os olhos para vê-lo. Chamou o elevador, que parecia demorar uma eternidade. Avaliou que era um esquisito e que não era à toa que tinha problemas com sua sexualidade.

Já no elevador, sentiu-se incomodado quando uma pessoa entrou e apertou o botão para parar dois andares abaixo do que ele morava. Era como se aquele mínimo espaço de tempo em que o elevador pararia no andar e a pessoa desceria fosse levar uma eternidade. E foi assim que sentiu aquele instante em que tudo isso se sucedeu.

Assim que o elevador parou no andar, Bruno empurrou a porta de supetão e olhou em direção ao seu apartamento, tendo a certeza de que Ana estava esperando-o.

Bruno viu uma mala grande, uma sacola e, encolhida entre elas, Ana com o rosto entre as mãos. Ele pôde ouvir o choro angustiado e abafado da moça, então correu para ela como se aqueles oito metros de distância fossem um quilômetro.

Ana levantou os olhos ao senti-lo e a expressão de súplica que ela lançou a Bruno bastou para que ele entendesse tudo. Antes mesmo de ela se levantar, Bruno abraçou-a. Queria dizer algo mágico para a amiga parar de sofrer, mas não tinha como. Soltando-a um pouco, abriu a porta e disse angustiado:

— Não chore, por favor, não chore. Não permitirei que você volte mais para aquele monstro.

Ana não ouvia bem o que Bruno dizia, mas aquele físico esquelético parecia o de um Deus que podia protegê-la. Ele empurrou a porta com uma mão só, sem tirar o outro braço dos ombros dela.

Bruno guiou-a até o sofá, sentando-a. Depois, foi buscar a mala e a sacola que haviam ficado no corredor. Mal colocara tudo para dentro e fechara a porta, foi apressado buscar um copo com água para servir à moça.

Depois que Ana bebeu a água, ele se sentou no chão, colocando a cabeça no colo dela. Bruno lembrou-se da noite anterior, em que sentira as mãos dela acariciando seus cabelos, e desejou que ela o fizesse.

Ana não via nele essa necessidade. Tinha seus próprios problemas e questionava-se: "O que estou fazendo aqui? O que vão pensar de mim dividindo o apartamento com um homem?". Seus pais a condenariam, Margarete mais ainda e seu marido? Ela não sabia o que esperar de Sílvio.

Será que mataria Bruno? Aquele ser que parecia sempre tão conflitado e sem defesa? Ana tentou pensar melhor. Não podia ficar ali, afinal, poderia ser perigoso para ambos. E, chorando ainda, mentiu muito embaraçada:

— Margarete não está. Desculpe. Toquei lá, depois toquei aqui e, quando vi que você não estava, me senti sem um lugar para onde ir.

— Pode ficar aqui o quanto quiser. Mesmo quando Margarete chegar, fique aqui. É importante para mim, Ana. Viveremos como irmãos. Sabe que não sou perigoso para você. Sou inofensivo.

— Bruno, meu marido não vai acreditar nisso. Pode ser perigoso para você. Assim que ele se acalmar, irá à casa de meus pais e depois virá procurar-me no apartamento de Margarete. O porteiro dirá que estou aqui...

— Não! Não dirá. Agora mesmo, irei até lá embaixo pedir que ele negue. E amanhã de manhã, pedirei a mesma coisa para o outro e ao outro.

— Sílvio não é idiota, Bruno. Vai pressionar, ficar esperando. Ele vai notar que os porteiros mentem.

— Não vou deixá-la voltar para aquele canalha nunca mais! — e como se quisesse mostrar segurança, ele se levantou do chão e da posição em que estava, trancou a porta do apartamento à chave e tirou-a da fechadura.

— Ana, até quando ficará assim? Sendo expulsa e voltando para ele?

— Estou juntando dinheiro para comprar um apartamento só meu, mas não consegui ainda. Nem sequer tenho dinheiro para dar a entrada. Preciso de um tempo maior.

— Terá. Ficará aqui comigo o tempo que quiser. Compraremos um colchonete. Você não terá o conforto que tem vivendo com ele. Não tenho quase nada de móveis, mas cederei meu guarda-roupa para você. Colocarei minhas roupas em alguma mala.

Ana olhou para Bruno e ficou insegura se, convivendo juntos, eles viveriam como dois irmãos. Temeu que ele estivesse se enganando, quando afirmava que era homossexual e sofria com isso.

Bruno olhava para Ana e sua única vontade era gritar e implorar-lhe que não fosse embora e que ficasse com ele para sempre. O moço daria tudo o que tinha: seu guarda-roupa de duas portas, sua cama, todos de segunda mão, mas faria isso com prazer, sem gritos e cobranças. Ansiava em ajudá-la muito mais do que poderia.

No conflito, Ana parecia que iria explodir. Ir ou ficar? Se fosse, para onde iria? Somente para a casa dos pais. Preferiu ficar pelo menos aquela noite ali. Passou isso em palavras e sentiu um brilho de felicidade em Bruno.

Mais calma, tendo tomado uma decisão pelo menos por aquela noite, Ana preferiu não pensar mais sobre o assunto. Estava cansada de pensar. Queria sentir um pouco a cabeça oca. Lembrou que ainda não acabara de corrigir os cadernos das crianças e que precisava terminar o trabalho até o dia seguinte.

Fizeram um lanche com o pouco que havia. Ana avaliou que daria um jeito. Passaria no supermercado no dia seguinte e abasteceria a casa. "Mas por quê?". Ficaria só aquela noite, censurou o pensamento anterior.

Bruno prontamente tirou todas as roupas de cama do quarto e colocou outras limpas. Ana pediu para tomar um banho. Já eram quase dez e meia da noite, e ela logo foi para o chuveiro, deixando a água escorrer pelo corpo até sentir-se mais calma.

Vestiu-se dentro do banheiro mesmo e, quando voltou, viu que o quarto estava vazio de tudo. No guarda-roupa não havia uma peça sequer de Bruno. Ela fechou as portas do guarda-roupa que ele deixara aberta. Não colocaria suas roupas lá. Não era justo com o rapaz que já tinha tão pouco.

A moça foi até sua mala e vestiu um agasalho. Sentira um frio repentino. Ana, então, tirou os cadernos para terminar as correções e saiu do quarto com eles embaixo do braço. Bruno os viu e, sem perguntar o que era, ofereceu-se para ajudar.

Sentaram-se cada um de um lado da pequena mesa e trabalharam em silêncio. Ele colocava certo ou errado, conferindo os exercícios com cuidado, e ela apenas contava os pontos e dava as notas. Menos de meia hora depois, já haviam terminado. "Que bom seria se Sílvio também me ajudasse, mas ele já tem o trabalho dele e chega em casa cansado", deduziu ela, esquecendo-se de que Bruno, além de trabalhar meio período, também estudava.

Entregue às lavas de sua ira, Sílvio continuou explodindo ofensas e xingamentos, estourando coisas na parede, pensando que a esposa ainda estava no apartamento. De repente, quando foi procurá-la, viu que ela não estava mais. Procurou-a na cozinha e na pequena área de serviço e lembrou-se, então, que a vira fazendo as malas e que não a impedira.

Mal se lembrava do que xingara e se a expulsara ou não mais uma vez. Cansado de tanto se entregar àquele ódio cego, questionou lastimando-se:

— Ana, por que você se foi? Tinha que ficar e nunca abrir mão de mim e de nossa casa.

Olhando para o relógio, esperou por meia hora e depois ligou para a casa dos sogros. Iria buscar a esposa de táxi e não aceitaria desculpas. Não ia permitir que Ana ficasse afastada dele, nem que tivesse de se arrastar.

Discou e ficou esperando que o telefone fosse atendido. Podia até antever que Ana se recusaria a falar-lhe, mas suplicaria, imploraria e de qualquer forma iria buscá-la. Depois da explosão, uma tristeza imensa assolava-o. Como pudera ter perdido tanto o controle, se tinha jurado a si mesmo que se controlaria? Ele a amava, queria continuar com ela, no entanto, quebrava o amor da esposa em pedacinhos. Nem sequer a sentira toda dele novamente e a ferida anterior, que ele mesmo provocara nela, não cicatrizara. O telefone continuava tocando, tocando, e quando a ligação quase caía o sogro atendeu. Ansioso, Sílvio foi falando:

— Senhor Romualdo, preciso falar com Ana.

— O que foi? Deixou sua esposa ir-se de novo? Pois bem. Ela não está aqui. Um homem tem que manter o controle de seu lar, manter sua esposa perto de si. Você é um frouxo, se não consegue fazer isso. Ela não está aqui!

— Nós brigamos, e eu não sou frouxo! Vou buscá-la aí agora mesmo. Deixe-me falar com ela.

— Já lhe disse que ela não veio para cá. Com certeza, arranjou outra cama onde dormir e a culpa é sua. Mulher precisa obedecer ao marido! A minha até hoje me obedece e ai dela se fizer o contrário do que eu mando.

— Senhor, posso falar com sua esposa?

— Nem ela nem Ana estão, eu já lhe disse!

Mal completara a frase, Romualdo bateu o telefone. Rosinda não o obedecia mais. Estava lá no que ela chamava de curso. Como ele podia dizer ao frouxo do genro que a esposa não o obedecia mais?

Rosinda andava com ares de quem manda no próprio nariz e inventara aquele curso que ele a proibira várias vezes de frequentar. Ela nem o ouvia. Ele a vira sair, deixando o jantar em cima do fogão para ser esquentado, mas isso era obrigação da mulher. E já que ele não podia impedi-la, não ia comer porcaria nenhuma.

Isso era ficar velho. Ninguém mais obedecia às suas determinações, mas, se fosse um empresário, um aposentado de um cargo de destaque, Romualdo duvidava que sua esposa ousaria tripudiar dele. Mas ele era só um coitado, sem uma aposentadoria decente, e por isso perdera de vez toda a autoridade sobre a família. E ainda por cima, tinha aquele genro frouxo que deixava a mulher trabalhar. Se bem que era um trabalho tolerável. Ana era professora.

E Sílvio ainda permitia que a esposa tomasse anticoncepcional. Mulher tinha que cuidar dos filhos e não colocar imposições. Isso era para os homens que tinham a autoridade.

Romualdo olhou a hora. Rosinda ainda não chegara e só estaria de volta lá para as dez e meia da noite. Seu estômago roncava de fome, mas ele não iria de forma alguma dar o braço a torcer e reconhecer que ela podia se impor.

Ele foi até a cozinha e abriu a geladeira. Fez um sanduíche de queijo com pão e tomou um pouco de leite. Por curiosidade, levantou a tampa das panelas e percebeu que a esposa já jantara.

Gritou um palavrão. Ah! Que falta faziam os filhos na vida de uma mulher! Eles, sim, as mantinham ocupadas, evitando que inventassem moda. Deveria ter tido mais filhos, porém, com o salário que ganhava, provavelmente não teria dinheiro para sustentá-los e por isso se deixara levar pelos novos tempos. Permitira que a esposa também tomasse anticoncepcional. Bem feito! Pagava agora com a desobediência dela.

Velha. Era isso que ela era. Então, para que aprender a ler e escrever bem? O que poderia esperar de sua vida, se já estava no fim? Deveria estar ao lado dele, dentro de casa, que é o lugar de uma mulher solteira ou casada.

Ana... por onde andaria Ana? Aquele genro era frouxo. Romualdo não ficaria admirado se descobrisse que a filha tinha um amante. O marido seria o culpado, mas, mesmo assim, não deixaria de chamar a filha de sem-vergonha e desprezá-la. Também não deixaria mais mãe e filha se falarem. Ana poderia ser um mau exemplo para a mãe, que andava suscetível a más influências, como aquela de ir à escola naquela idade.

Romualdo mastigava seu lanche de pão com queijo e tomava um copo de leite, sentindo-se o último dos homens. Não, o último não. O genro, apesar de jovem e forte, não tinha o mínimo controle sobre a esposa e a deixava ir e voltar para casa quando quisesse. Ele mesmo já tinha visto o idiota ir procurá-la várias vezes com flores e humilhando-se.

Tempo bom era o de seus pais ou de seus avós, em que a mulher, mesmo apanhando, não saía de perto do marido nem abandonava a família. E Romualdo mais uma vez desejou que Rosinda continuasse submissa como ele gostava de pensar que a esposa era.

Romualdo enganava-se. Rosinda nunca fora submissa. Ficara presa à família e cuidara dos filhos com carinho porque os amava, mas depois de todos eles adultos e casados ansiava por liberdade. Como era comum em sua época, casara-se muito jovem, mas em compensação teria muito tempo ainda para fazer o que tinha vontade em sua vida e não admitiria que alguém a impedisse. O marido poderia fazer a chantagem emocional que fizesse, pois dos filhos ela tinha total apoio.

Rosinda percebera, não tarde demais, que o marido sempre exercera sobre ela certa tirania, mas não existe tirano sem vítima. E que o destino e a realização de seus sonhos dependiam somente de sua determinação, assim como acontece com cada um de nós.

Sílvio deduzia que o sogro falava a verdade, pois Romualdo nunca apoiara a filha em nenhuma daquelas separações. O pai parecia não compreender que Ana era inocente em tudo aquilo e que havia somente um culpado: ele, Sílvio, com seu vulcão incontrolável.

Ana não estava na casa dos pais, estava na casa de Margarete. Sílvio decidiu ir de táxi até lá. Pegou novamente o telefone e ligou para o ponto de táxi próximo. Desceu rapidamente, mesmo sabendo que teria de esperar.

Não olhou para a cara do porteiro e foi direto para a calçada. O táxi chegou menos de cinco minutos depois. Ele deu o endereço e olhou no relógio. Não importava a hora. Não iria permitir que Ana ficasse longe dele.

Chegou ao endereço de Margarete e pediu ao motorista que o esperasse, avisando que iria buscar uma pessoa e que logo voltaria. Tocou a campainha do prédio, e o porteiro da noite perguntou aonde ele queria ir. Sílvio deu o número do apartamento de Margarete, e o porteiro respondeu:

— Eu não a vi chegar.

— Ligue para lá. Minha esposa veio visitá-la e está me esperando. Prometi vir buscá-la. Peça a Ana que desça, pois tenho um táxi aqui nos esperando. Atrasei-me um pouco — mentiu Sílvio em sua agonia.

Assim que o homem ao portão falou o nome da esposa, o porteiro identificou a conversa que tivera com Bruno e sorriu com malícia. Tinha certeza de onde estava a mulher daquele homem que lhe parecia ansioso.

Bruno, aquele rapaz tão quieto, não devia ser o santo que parecia ser. "Aliás, qual homem não perde a santidade perto de um rabo de saia?", julgou o porteiro para si mesmo.

Fingiu que ligava para o apartamento de Margarete, mas ligou para o de Bruno para preveni-lo de que o marido da mulher estava ali e que podia ser perigoso. Fez aquilo em solidariedade àquele rapaz tão simpático e estudioso. Se era casada, azar do marido que provavelmente não dava o que ela desejava — ele distorcia os fatos.

Bruno atendeu o interfone, e o porteiro falou:

— Estão procurando Ana. Ela está?

— Não. Já combinamos que não.

— Engraçado, o marido disse que há um táxi esperando por ela e que isso foi o combinado.

— Pois ele está mentindo. Por favor, mantenha nosso acordo.

— Sim. Lógico!

O porteiro desligou o interfone e mentiu:

— Margarete realmente não está. Liguei para o apartamento, e ninguém atendeu. Se sua esposa estivesse lá, atenderia, mas não está. Sinto muito.

Sílvio observava o porteiro através da grade do portão, afastado dele uns seis metros. Tinha a sensação de que o homem o olhava de maneira estranha, talvez um pouco divertida. O que era aquilo? Ficou encarando o porteiro por mais algum tempo. Incomodado, o homem disse a Sílvio:

— Senhor, nem Margarete nem sua esposa estão aqui. O que quer que eu faça? Eu já liguei para lá, mas ninguém atendeu. Talvez estejam fora e sabe-se lá quando chegarão.

Um alarme soou dentro de Sílvio. Sentia uma obrigação moral de procurar a esposa, sem esperar nem mais um minuto sequer. Por isso, entrou no táxi e deu o endereço dos sogros. Iria vistoriar a casa, se precisasse.

Logo o táxi estacionava no destino. Sílvio viu pela janela somente o brilho da televisão e julgou que não era possível que Ana já estivesse dormindo. Talvez tivesse chegado muito nervosa, e a mãe lhe dera um calmante.

Sílvio pagou e dispensou o táxi. Chamaria outro. Tocou a campainha e tocou novamente em sua impaciência. Iria pegar a esposa nos braços, dormindo mesmo, e a levaria para seu lugar, em casa e em sua cama ao lado dele.

O sogro apareceu na porta de chinelos e pijama. Sílvio não esperou ser convidado, abriu o portão e entrou. O sogro perguntou incomodado:

— O que veio fazer aqui? Perdeu seu tempo, pois ela não está.

— Posso falar com sua esposa?

— Ela também não está — falou Romualdo sentindo-se humilhado, como se sua falta de autoridade estivesse sendo descoberta.

— Senhor Romualdo, onde estão as duas? Preciso falar com Ana, é urgente.

— Sua esposa eu não sei onde está, e você deveria controlar os passos dela. Mas a minha está na escola, foi aprender a ler. Eu não concordei muito, mas acabei deixando.

— Tem certeza de que as duas não estão juntas?

— Duvida da minha palavra? — inquiriu Romualdo irando-se. — Quando Ana morava aqui, eu tinha total autoridade sobre ela. E depois que ela se casou, deixei-a para você. É um frouxo, isto é o que você é!

— Não sou frouxo coisa alguma! Brigamos, e ela saiu de casa. Estou aqui para levá-la de volta — gritou Sílvio, perdendo o controle e entrando na casa sem ser convidado. Ele acendeu a luz da sala e foi em direção ao corredor, abrindo a porta dos quartos sem cerimônia alguma. O sogro gritava às suas costas.

— Você não tem o direito de revistar minha casa! Pensa o quê? Que porque estou aposentado não mando mais em nada?! Saia daqui! Ela não está e tomara que encontre um amante, já que o marido não dá conta nem se faz obedecer!

Romualdo queria ofender o frouxo do genro, que não tinha autoridade com a esposa e invadia seu lar, revistando tudo contra a sua vontade.

Os dois começaram a discutir, falando ao mesmo tempo, sem ouvir um ao outro. Trocavam ofensas que não diziam respeito ao outro, mas, sim, aos seus próprios recalques.

Chegando em casa, Rosinda viu o portão escancarado, as luzes todas acesas e gritos vindo da casa. Seu coração deu um pulo. Teriam assaltantes invadido a residência? Não. Melhor seria ficar calma, pois assaltantes não fariam tanto barulho.

Tentando não pensar no pior, Rosinda entrou devagar na casa e viu, no meio do corredor, Romualdo segurando um dos braços de Sílvio e tentando empurrá-lo para fora da residência.

— O que é isso? — perguntou alarmada e preocupada com a filha.

— Este imbecil do seu genro pensa que pode entrar e revistar minha casa! Se ele não controla a esposa, então, que se dane!

Ao ver Rosinda com um caderno debaixo do braço e uma pequena bolsa, Sílvio sentiu-se arrasado. O sogro certamente falava a verdade, e a sogra pareceu temerosa tanto quanto ele quando perguntou:

— Onde está minha filha?

— Eu não sei. Brigamos. Ela saiu de casa, mas hoje não vai dormir fora.

— Ana não está aqui. Você a procurou na casa da Margarete? É a única amiga a quem Ana pediria ajuda.

— Já! E ela também não está lá.

Rosinda sentou-se no sofá sem pensar, caindo pesadamente, e sussurrou:

— Deve ter ido a algum hotel. Ela trabalha, tem seu próprio dinheiro.

— Sim, deve ser isso. Desculpem-me por ter invadido a casa de vocês. Senhor Romualdo, perdoe-me, por favor.

Nenhum dos dois respondeu, e Sílvio dirigiu-se à porta de saída, fechando-a atrás de si. Onde estaria Ana? Onde? Havia centenas de hotéis.

Sílvio andou várias quadras até chegar à avenida e encontrar um táxi. Uma quadra antes de chegar em casa, desceu do veículo e entrou em um bar. Bebeu até sentir-se tonto e saiu de lá trôpego, completando o restante do caminho com dificuldade. Chegando em casa, deitou-se de qualquer modo, com roupa e tudo.

Ana não estava lá. Então, o que mais importava?

Capítulo 19

No apartamento do amigo, Ana estava preocupadíssima, pois temia por Bruno. E se Sílvio descobrisse que ela estava dividindo o lugar com um homem? Deitada na cama do rapaz, Ana olhava para o teto e para a tinta já encardida. O guarda-roupa, mais do que de segunda mão, parecia de terceira. O modelo era mais antigo do que o existente na casa de sua avó paterna.

Bruno parecia ter tão pouco, no entanto, tudo que tinha dava a ela, tudo, e parecia fazer isso com prazer. Ana virou-se na cama e lembrou-se de como era o sofá. Ele tinha dois lugares somente, e Bruno estava dormindo lá. Tendo maior estatura, certamente ele estava mais encolhido do que ela ficaria se estivesse ocupando o sofá. A moça estava com remorsos por estar causando tanto desconforto ao rapaz.

Ana pensou: "Bruno, Bruno, por que você é homossexual e tão pobre? Mas pobre você não será a vida toda. É esforçado, mais jovem do que Sílvio, mais calmo e mais homem em coragem".

A moça levantou-se devagar, ao passar-lhe pela cabeça que Bruno poderia estar debruçado na janela, sentindo-se deprimido. Olhou discretamente pela porta e o viu deitado. A claridade da lua entrava pela janela sem cortinas, destacando seus olhos bem abertos, que olhavam através da janela. Provavelmente, estava observando as estrelas lá fora.

Ana encostou-se na parede, mas ele não a via. Encolhido como estava, o remorso dela foi aumentando. Como ela o envolvia assim em seus problemas e depois ia embora? Quis acreditar, naquele momento, que voltaria para o marido, pois não poderia ficar ali para sempre.

Achara a cama mole demais. Queria seu colchão último modelo, os móveis brilhando, o apartamento com uma bela vista, e não o telhado de um cortiço do outro lado da rua.

Ela escorregou devagar pela parede, sentou-se no chão e colocou a mão no rosto. Queria, sim, um Sílvio com a bondade e o desespero de Bruno, pois assim ela poderia consolá-lo e nunca mais ouviria os gritos e o repúdio do marido.

Quando percebeu, Bruno a envolvia em seus braços, levantando-a e dizendo de forma meiga:

— Ana, não chore, por favor. Eu fico arrasado ao vê-la assim, não podendo fazer nada.

— Não consigo dormir — confessou ela.

— Venha. Eu lhe faço um leite morno, que comprei hoje. Devia esforçar-se para dormir, pois amanhã terá trabalho logo cedo.

Ana deixou-se ir pelas mãos que a guiavam, olhou novamente para a sala na semiescuridão e teve certeza de que detestava toda aquela pobreza. Nunca vira tal penúria em sua vida.

Precisava urgentemente comprar um apartamento para si. Um que tivesse muito conforto para consolá-la das brigas com Sílvio, ou onde pudesse definitivamente morar.

A palavra *descasada* bateu de chofre em seus preconceitos. Seria descasada, sim, divorciada. E a imagem

190

dela e de Sílvio desfilando pela nave da igreja pareceu tomar todo o seu cérebro.

O sorriso dos dois, os parentes de ambos os lados, todos vestidos brilhantemente para uma noite de gala. Sílvio impecavelmente penteado, vestido, lindo como ele sempre fora, e ela de branco, com enfeites de pérola, colar e brincos iguais.

Uma pequena fortuna fora gasta. Só o valor do vestido de noiva compraria a Bruno móveis de quarto completamente novos, com um guarda-roupa duas vezes maior que aquele e de madeira muito melhor.

Já sentada em uma das duas cadeiras, à mesa riscada, velha e um tanto manca, reviu, de olhos abertos, a música ao violino e os dois de pé em frente ao padre. Sílvio dizendo sim, e ela olhando distraída para as flores em suas mãos, pensando quão belas elas eram.

Tudo na cerimônia estava perfeito. O padre teve que, por duas vezes, lhe perguntar se era de livre e espontânea vontade que queria unir-se àquele homem. E ela respondera um feliz *sim*. Deveria ter dito um angustiado *sim*.

Caso tivesse clareza do que teria de enfrentar, teria dito não. Mas ela sabia. Durante o namoro e o noivado, as explosões de Sílvio já aconteciam. Como pôde crer que depois de casados ele simplesmente mudaria?

"Culpada!", Ana acusou a si mesma, vendo o copo de leite morno sendo colocado à sua frente e sentindo as mãos de Bruno acariciando suas costas em uma ligeira massagem. Ele disse com carinho:

— Beba. Amanhã, você precisa estar sorridente para seus alunos. As crianças percebem muito mais as coisas do que os adultos. São sensíveis demais e sei que ficarão tristes por você.

Ana deu um gole grande no leite. Detestava tal bebida, mas Bruno avisara que iria esquentá-lo, e ela nem sequer lhe dissera que não gostava de leite puro.

191

Sentindo o rapaz por meio das mãos que massageavam seus ombros, com aquela atitude carinhosa que a fazia relaxar um pouco, Ana bebeu o leite rapidamente, quase em dois goles, e saiu para o quarto.

Bruno surpreendeu-se com o movimento rápido e não esperado da moça. Ficou com as mãos que a massageavam no ar por alguns segundos, como se os ombros ainda continuassem ali.

Na verdade, sentia o calor daqueles ombros ainda em suas mãos. Assim que Ana desapareceu no estreito corredor que levava ao quarto, Bruno levou as mãos ao nariz e aspirou longamente o perfume.

Sempre entregue aos seus conflitos, Bruno nunca pensara que alguém poderia precisar dele, como Ana estava precisando. Muitas vezes, perturbado, acreditava que era o ser mais infeliz sobre a Terra, esquecido do carinho e da dedicação dos pais. E também isso o rapaz temia. Não queria desiludi-los, fazê-los sofrer, obrigando os pais a enxergarem em que o filho se transformara.

Bruno voltou para o estreito e pequeno sofá, jogou o cobertor por cima de si e tornou a olhar as estrelas da noite através do vidro da janela sem cortinas. Sabia que, assim que o sol saísse, seria acordado pela luz intensa, mas sentia prazer em ter Ana ali consigo e partilhar o pouco que possuía.

Ele sabia também que não conseguiria prestar atenção às aulas, pois estaria cansado da noite maldormida e da agitação emocional. Desejou: "Ana, não volte para seu marido. More comigo o resto da vida. Você me faz bem, fique. Se eu pudesse pedir, imploraria. Se eu pudesse lhe dar o mínimo de conforto, me ajoelharia aos seus pés. Poderei, logo poderei. Sairei desta miséria necessária e poderei comprar uma casa grande. Não. Grande não, pois esse nunca foi meu desejo".

E continuou pensando: "Deus! Por que me contento com tão pouco? Meus sonhos nunca são de muita grandeza. O pouco me satisfaz, mas por Ana, por essa amiga, Deus, eu faria qualquer coisa. Compraria e moraria em uma mansão, se ela quisesse. Só não aguento vê-la sofrer desse jeito".

Bruno virou-se, tentando encontrar uma posição melhor para dormir. Fixou os olhos da mente nas estrelas que via há poucos minutos e logo depois dormiu.

No quarto, Ana não conseguia dormir. Precisava sair dali, pois não podia pedir a quem tão pouco tinha até para si. Algumas lágrimas escorreram de seus olhos. No dia seguinte, iria para a casa dos pais. Fora loucura voltar para aquele local. Em voz alta, disse a si mesma:

— Ana, você está ficando maluca, brincando com fogo? Sílvio nunca acreditará que Bruno é apenas um irmão, um querido irmão. Saia, saia logo daqui, mas não volte para seu marido, pois ele não a merece!

Ela tentou dormir de novo e imaginou-se voltando para a casa dos pais. Todos os dias, a mãe lhe diria para pedir o divórcio de vez, e o pai a recriminaria, dizendo que tinha de obedecer e aguentar tudo o que viesse de Sílvio.

As brigas entre os três durante todo o tempo em que estivessem juntos, a ansiedade que isso lhe causava, o dó imenso que sentia do pai, o dó imenso que sentia da mãe e o dó maior ainda que sentia por si mesma.

Não soube ela em que momento conseguiu, finalmente, dormir, tendo o alívio do cansaço, da depressão e do conflito.

Ana acordou com a luminosidade. Eram seis horas da manhã ainda, e ela continuou deitada. Se tivesse um telefone ali, ligaria para as escolas e diria que estava doente.

Não mentiria. Estava mesmo doente de cansaço, de pensar e de não ter para onde ir. Parecia sem energias para levantar-se ou apenas para se mexer. Aguçou os ouvidos para checar se havia movimento na sala, se Bruno já acordara, mas acreditou que não. Levantou-se e foi usar o banheiro, percebendo que não tinha liberdade como em sua casa.

Usou o sanitário como quem usa um banheiro público, pois, sem dúvida, aquele estava precisando de uma boa faxina. Reparou que o espelho estava rachado de ponta a ponta e em como aquele tipo de coisa a incomodava. Reparando nos azulejos antigos, desbotados e com um ou outro faltando, deduziu que detestava o fato de alguém ter de morar naquelas condições. Sentiu que se desesperaria, se tivesse que esperar por um dia melhor morando ali.

Ana saiu do banheiro e sentiu cheiro de café. Voltou ao quarto, trocou-se e pegou o material da escola e os cadernos corrigidos, colocando-os na mesinha da sala que ela nem sabia para que existia, talvez fingindo decorar o lugar, pois era velha e de tremendo mau gosto.

Ela sorriu para Bruno, tendo vontade de abraçá-lo e dizer-lhe bom-dia. Não o fez. Perguntou apenas se ele queria ajuda. O pão fresco na mesa indicava que o rapaz se levantara mais cedo e que fora à padaria.

Uma margarina e um pacote de biscoitos com jeito de que acabara de ser comprado eram o único luxo que Bruno poderia lhes proporcionar. Ana comentou como se fosse rotina:

— Vou ao supermercado quando voltar. Você quer algo de lá?

— Não, Ana. Aqui o que tem me supre, mas sei que está acostumada à coisa melhor. Lastimo, mas foi o que meu dinheiro pôde comprar.

— A geladeira funciona bem?

— Para falar a verdade, o congelador pinga água, mas é só tomar cuidado com o que coloca dentro dele. Tapando e protegendo bem, não estraga. Mesmo assim, não traga muita coisa.

Ana tentou esquecer a aparência da geladeira por dentro e por fora. Bruno sentou-se e comeu o pãozinho com margarina, e ela ficou sem jeito de abrir o pacote de biscoitos. Talvez aquele pacote de biscoitos fosse o motivo de ele ter de ir a pé para a escola algum dia daqueles.

— Bruno, não posso ficar aqui.

— Fique, Ana, é tão bom para mim ter companhia.

— Tenho remorsos. O sofá é tão pequeno, e você fica tão encolhido nele.

— Consigo dormir, fique tranquila.

— Lastimo, mas eu não. Fico preocupada por invadir seu espaço feito para um.

Ele sorriu sem jeito.

— Eu sou só um e lastimo muito isso.

Ana olhou-o bem nos olhos. Bruno baixou a cabeça, e ela lhe disse vagamente:

— Entendo.

Bruno arrependeu-se do que dissera, pois podia parecer que não a queria ali. Corrigiu:

— Detesto vê-la maltratada e fico feliz em poder ajudá-la. O que tenho é pouco a oferecer. Queria ter mais, muito mais. Me faz bem você ser minha amiga.

Ela não fez nenhum comentário, apenas balançou a cabeça concordando e sorriu vagamente. Tinha certeza de que iria procurar outro lugar, mas, se pagasse aluguel, jamais poderia comprar algo para si. Já sabia que não queria um apartamento daqueles de um quarto só, com cozinha e sala conjugadas.

Acabou de comer o pão com margarina e tomar o café, sentindo falta dos frios e das frutas que sempre tinha em casa, embora muitas vezes nem os tocasse. Debruçou-se sobre a mesa e deu um beijo na testa de Bruno, como se ele fosse seu pai ou irmão.

Ele se surpreendeu, experimentando uma sensação diferente passar-lhe pelo corpo. Levantou-se e beijou-a na face.

— Preciso ir — comunicou ela.

Ana saiu e pareceu-lhe que, naquele beijo dado na testa dele, ela se tornara mais leve. Uma alegria parecia tentar sufocar toda a sua frustração e raiva. Pensou, enquanto esperava o lerdo e barulhento elevador, que se Bruno não tivesse problemas de sexualidade seria um excelente marido.

Dedicado, bondoso, um tanto desesperado talvez, mas acreditava ela. A causa era a solidão. Teria só de ter paciência nas crises de depressão dele, que talvez até cessassem de vez. Sorriu novamente dizendo a si mesma: "Ana, não seja idiota mais uma vez. Sílvio nunca mudou, por que qualquer outro mudaria?". Muitas vezes, leva mais tempo do que nós mesmos esperamos, mas todo mundo muda, e será para melhor, por isso a paciência infinita de Deus.

No apartamento, Bruno pensava em sua condição mais uma vez. Enquanto os outros garotos pensavam dia e noite em garotas, ele não fazia o mesmo.

Quando adolescente, ele já se preocupava muito com os pais e se sentia na obrigação de ampará-los, pois sempre os via esforçando-se muito para dar o melhor ao único filho: ele, Bruno.

O rapaz era extremamente agradecido, como se seu nascimento tivesse sido uma obrigação. A depressão que sentia era pelo seu exagero, pela sua falta de confiança de que tudo transcende e pela sua falta de fé em si mesmo e em Deus.

Quando cruzara com Ana pela primeira vez, surpreendentemente tivera a sensação de alegria. Intuitivamente, reconhecera nela uma amiga muito antiga e, com medo de que ela o temesse, fora precipitado afirmando que era homossexual.

Bruno tentava entender que tipo de amor era aquele, que não envolvia atração física. Um amor que ele já estava preparado para dar, sem demais interesses, a não ser o de ajudar a construir a felicidade do outro, mesmo que ele ainda não a tivesse.

Foi até sua cama e deitou-se de bruços sobre o local onde Ana dormira. Aspirou o cheiro dela vindo do travesseiro, como se aquele cheiro fosse explicar-lhe o que sentia. Inconscientemente, ele queria fazer brotar cenas de um passado antigo, que não surgiram.

Rapidamente, levantou-se e trocou-se. Colocou uma roupa melhor, pois queria chegar mais bonito e confiante para ela. Desceu o elevador e foi ao ponto de ônibus esperar o que o levaria até a universidade.

Sempre fora uma figura despercebida na universidade, mas, naquele dia, algumas pessoas o olharam como se sentissem que ele estava diferente. Um colega, que se sentava ao lado, deu-lhe um frio bom-dia como sempre, e Bruno concluiu que fora impressão sua deduzir que o olhavam diferente. Provavelmente, era só o desejo de que Ana também o visse assim.

Bruno já tinha visto Sílvio. Ele era naturalmente um homem que chamava a atenção. Alto e musculoso, as roupas boas lhe caíam com naturalidade. Lógico, só poderia ser com homens assim que mulheres como Ana se casavam. E se ela se separasse de Sílvio, seria com alguém daquele mesmo porte que ela se casaria novamente ou com quem teria um caso.

Esse pensamento depreciativo tirou-lhe o ânimo no mesmo instante. Concentrou-se em prestar atenção à aula que o professor ministrava. Isso ele conseguia fazer facilmente quando estava na faculdade. Há muito se condicionara a bloquear todos os seus outros sentidos e parar de pensar em sua vida.

Às vezes, acreditava que existia um destino e já estava irremediavelmente determinado, em outras que isso era bobagem e que tudo acontecia ao acaso. Nem uma nem outra coisa. Há "um plano de voo", vamos dizer assim, que o próprio espírito planeja antes de renascer, mas o futuro mesmo é concebido no presente, na atividade do livre-arbítrio, no que é chamado de lei de ação e reação.

Capítulo 20

Quando acordou, Sílvio sentia-se muito mal, com ânsia de vômito misturada a uma dor de estômago e com uma tontura que o fazia mal levantar a cabeça. Mesmo assim, ele foi ao banheiro com medo de sujar o chão. Lá, pareceu-lhe que todos os seus órgãos digestivos sairiam pela boca e Sílvio começou a suar frio, sentindo como se fosse morrer.

Ele abriu o chuveiro e foi para debaixo dele com roupa e tudo e aos poucos, enquanto a água escorria, foi tirando a roupa e jogando-a no chão. Sílvio sentou-se no chão do box, sentindo tal tremedeira no corpo que, se não o fizesse, com certeza cairia.

Todo aquele mal-estar, todo o desgaste emocional e toda a raiva vieram à tona como em uma lava só. Começou a chorar decepcionado consigo mesmo, com a ira daquele vulcão que explodia sem controle, que virava tudo do avesso, que o fazia dizer coisas que não queria dizer, afastando Ana de sua vida.

A exaustão que sentia pareceu maior, se é que poderia. Ele nem sequer passou o sabonete pelo corpo. Ficou embaixo do chuveiro, sentado no chão, com as lágrimas se misturando ao mal-estar e à água escorrendo, nenhum deles lhe dando alívio.

Quase meia hora depois, enxugou-se, tendo a certeza de que não tinha condições de ir trabalhar, mas tinha uma reunião às dez horas com o diretor que iria viajar e que precisava passar-lhe algumas coisas.

— Que se dane! — gritou bem alto e ouviu o eco repetir essas palavras.

Também não se enxugou. Desligando o chuveiro, saiu do banheiro e jogou-se na cama, deitando-se atravessado com parte das pernas para fora do colchão. Ali, teve a sensação de que dormira, e dormira profundamente por meia hora, levado pelo cansaço emocional.

Quando acordou, Sílvio sentia-se melhor. Olhou a hora e estava mais do que atrasado. Foi até a sala, pegou o telefone e ligou para o escritório, avisando que logo chegaria.

Doente. Era assim que ele se sentia. Sílvio voltou ao banheiro sentindo muito frio, tomou outro banho — desta vez com sabonete — e lavou os cabelos com xampu. Saiu enrolado em uma toalha e, olhando tudo à sua volta, viu que estava uma bagunça só e que não teria Ana para colocar as coisas em ordem.

Sílvio sempre tomava cuidado para não fazer bagunça no apartamento. Sabia que Ana gostava de cuidar de tudo pessoalmente, e não era justo alguém arrumar e outro bagunçar, sem contar que ele mesmo não gostava de desordem.

O estômago e a cabeça doíam-lhe muito ainda, mas ele tinha um compromisso. E, se havia um momento decisivo em sua vida profissional, o momento era aquele. Lastimava que sua vida pessoal estivesse tão caótica.

Em jejum, tomou um comprimido e sentiu-se piorar. Foi ao telefone e ligou para um ponto de táxi, pois tinha a sensação de que jamais chegaria ao trabalho se fosse de ônibus.

Vestido, tomou um pouco de leite puro, lembrando-se que Ana detestava tomar o leite daquela forma, e até pôde ver a esposa fazendo uma careta enquanto ele bebia o líquido. Desejou, em voz alta:

— Ana, volte! Preciso de você, morro sem você. Pare de ouvir meus gritos!

O interfone tocou. Era o porteiro avisando que o táxi o esperava. Sílvio colocou a gravata sobre os ombros junto com o paletó e decidiu que no táxi acabaria de arrumar-se. Desceu o elevador penteando o cabelo molhado, passou pela portaria sem olhar à sua volta ou agradecer o porteiro pelo aviso.

Entrou no táxi, deu o endereço e ficou entretido fazendo o nó na gravata. Olhou-se discretamente no retrovisor do carro e reparou que estava com uma cara péssima. Esquecera-se de fazer a barba, piorando ainda mais sua aparência, deixando-o com cara de mais doente ainda. Não lembrava se tinha ou não se olhado no espelho do banheiro. Talvez, sim, talvez, não?

O táxi chegou ao destino rapidamente. Sílvio pagou a corrida e entrou no escritório. Foi para sua sala, e a secretária o olhou com expressão interrogativa, perguntando:

— Está bem, senhor?

— Não. Poderia pedir para me trazerem leite? Pode ser gelado mesmo.

— Claro. Vou ver se há na cozinha.

Sílvio nem se sentou à mesa. Ligou para o diretor, avisando que já tinha chegado, e o homem o mandou subir imediatamente. Mais uma vez, Sílvio sentiu tontura e falta de ar e sentou-se por alguns minutos, tentando respirar mais profundamente. Pensava: "Preciso desse cargo! Ele pode ficar para sempre nos Estados Unidos, e eu serei o substituto, não hoje, nem amanhã, mas já é um voto de confiança".

Mesmo sabendo que o diretor o esperava, ligou para a casa da sogra, que, ele já sabia, o atenderia com grosseria. Não teve surpresa. Sílvio perguntou se Ana havia ligado, e Rosinda negou. Ele teve certeza de que a mulher mentia, pois as duas eram muito amigas — muito mais do que, julgava ele, mãe e filha deveriam ser.

A secretária trouxe-lhe o leite, ele agradeceu e tomou outro copo. Queria ficar para sempre sentado naquela cadeira. Não tinha certeza se conseguiria levar seu corpo até o andar de cima, e o diretor já o esperava. O salário da diretoria era três vezes mais.

Levantou-se, e subiu o único lance de escadas. Ele nem sabia por que fez isso, talvez para encontrar o mínimo de pessoas possível. Lá chegando, passou direto pela secretária do diretor e bateu levemente na porta.

Ouviu um "entre" quase inaudível e esboçou um sorriso simpático. O diretor, no entanto, o olhou preocupado:

— Você está bem, Sílvio?

— Agora estou. Não passei bem a noite passada.

— Posso ajudá-lo em alguma coisa?

"Pode sim. Traga-me Ana de volta", pensou Sílvio tão alto, que teve a sensação de que o diretor poderia ouvi-lo, por isso baixou os olhos e respondeu o mais firme que sua voz poderia fazer quando mentia:

— Tive enxaqueca essa noite. É raro, mas às vezes me ocorre.

— Então, sente-se, pois preciso viajar e tenho muito o que lhe passar. Amanhã, venha direto para cá, sem precisar que o chame.

Sílvio sentou-se, doido para perguntar que sala ocuparia, se a dele ou a do diretor. Olhou em volta e notou que a sala da diretoria era duas vezes a dele, os móveis tinham o mais fino acabamento e a mesa de reunião dava um ar de quem decide e manda. Sua atenção voltou-se ao diretor, pois o ouvia dizer:

— Sílvio, por favor, preste atenção, pois não tenho muito tempo. Concentre-se, rapaz. Mesmo não tendo passado bem a noite, o que lastimo, tem de entender que negócios são negócios e há muita responsabilidade neste trabalho.

— Desculpe-me, senhor, estou pronto para... — e Sílvio fez um pouco de silêncio para completar a frase, afinal, dizer que estava pronto para substituí-lo poderia passar ao diretor a impressão de que ele queria o cargo definitivamente. Por isso, completou timidamente: — Para ouvi-lo.

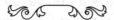

Rosinda desligou o telefone pensando na visita de Sílvio na noite anterior, em seus modos confusos, em um momento raiva e em outro arrependimento, um vaivém e vem de emoções conflitadas e nítidas em seus olhos. Não lhe restava dúvida de que ele amava a esposa, mas Ana não era obrigada a aguentar aquele vulcão de ira que a humilhava e expulsava de casa. Se dependesse da mãe, Ana não teria voltado mais para ele.

Desde a primeira vez em que isso aconteceu, quando eram namorados ainda, Rosinda já sabia com sua experiência que, quando os dois se casassem, a situação pioraria. "Tudo piora", pensava ela, olhando para a múmia empalhada, agarrada ao jornal.

Mesmo com dó de Sílvio pela cena da noite anterior não iria dizer-lhe onde Ana estava. A mãe tinha certeza de que a filha ligaria assim que pudesse.

Não precisou esperar muito. Pouco depois, Ana ligou de um telefone público perto da escola para comunicar que estava com Margarete, mas que de modo algum a ela deveria dizer isso a Sílvio.

Rosinda nem sequer disse à filha que Sílvio, desesperado para encontrá-la, fora procurá-la tarde da noite e invadira a casa como um policial que tivesse direito de fazer uma devassa. Isso não interessava. Se o genro não conseguia controlar aquele mau gênio, como Ana poderia aguentar?

Rosinda olhou para o marido, perguntando-se: "Como eu aguento essa múmia? Como posso condenar Ana pela paciência?". Ana é moderna, tem estudo, mas que chance ela, Rosinda, tinha? Ou ficava casada ou morreria de fome.

Será que àquela altura da idade poderia dar seu grito de liberdade? Será que poderia pegar seu destino em suas mãos? Olhou novamente para o marido, que continuava imóvel. Qualquer dia ele estaria morto, duro, e o jeito seria enterrá-lo naquela posição. Era assim que se lembraria dele.

Um remorso invadiu-lhe as emoções. Rosinda lembrou-se do jovem galanteador que conhecera, que ia à casa dos pais dela, com o cabelo impregnado de gomalina, paletó preto, sorrindo apaixonado e feliz por namorá-la. Quando ele tinha se transformado em um velho cismado com as coisas, parado no tempo e que tentava segurá-la e convencê-la de que também estava velha e de que nada mais lhes restava? Rosinda não se sentia assim e disse a si mesma pela milésima vez ou mais:

— Não estou velha, não me sinto velha, adoro a escola, adoro caminhar, adoro usar tênis como as garotas de quinze anos e qualquer dia desses ainda arrisco uma minissaia.

Ao pensar nisso, sorriu. Não! Tinha certeza de que não chegaria a tanto. Ana ficava tão bem de saia bem acima dos joelhos. Rosinda sorriu novamente. Andara encurtando as saias, deixando as barras à altura do joelho ou no meio deles, e o marido, morto como estava, nem reparava.

Os tempos eram outros. Ela era do tempo do espartilho, aquela peça infernal que levava as mulheres a sufocarem de calor, um costume europeu de países frios. Lembrou que muitas vezes enganara a mãe — que a obrigava a usar o espartilho —, fingindo usá-lo, mas não o fazia, escondendo-o embaixo do colchão.

Veio-lhe também à mente o dia em que cortou um pouco mais o decote de um vestido que queria usar. Quando a mãe de Rosinda a viu, brigou muito com ela, rasgando o vestido e a fazendo sofrer e chorar.

Olhou pela janela da cozinha e viu que duas jovens de tênis, minissaia e camiseta passavam. Liberdade. Era isso com que Rosinda sempre sonhara, mas a liberdade viera tarde demais. Quando pelo sim ou pelo não, tinha passado de meio século de vida, e os anos cobravam isso.

Fechou os olhos e pensou em si jovem, usando tênis com meia soquete, minissaia e uma camiseta. Teve certeza de que teria ficado linda. Era bem magrinha e para seu azar, naquele tempo, a moda cobrava a beleza como pertencente às mais cheinhas.

Aliás, ainda era magra. Nunca tivera tendência a engordar e era isso o que lhe dava uma aparência mais jovem. Adorava quando, sendo mentira ou não, dizia que era avó e as pessoas se surpreendiam.

Ah! Se tivesse dinheiro para fazer uma plástica no rosto e ficar com menos rugas! Todos pensariam que ela mal passara dos trinta. Quarenta já ajudava e muito.

Os colegas da escola, embora quase todos fossem avôs e avós, pareciam muito mais jovens. Será que, se quisesse ir à escola, Romualdo também se contaminaria com ares juvenis? Quem sabe?

Ele nem queria ouvir falar de voltar a frequentar uma escola. Talvez o conhecimento, o fato de aprender coisas novas espantasse o pó do tempo. Quem sabe? No marido ela nunca saberia, mas consigo, tinha certeza de que sim, pois se sentia mais amada por si mesma, mais viva, e adorava dizer que frequentava a escola.

Fazendo uma limpeza na cozinha, ela se sentou um pouco, fechou os olhos e pensou nela sendo chamada de doutora Rosinda. Sorriu. "Doutora em quê?". Tarde demais para chegar a um curso universitário. Todos ririam. E o que faria com um diploma universitário aos quase setenta anos de idade?

Aprendizado. Passou-lhe pela mente, fazendo-a abrir os olhos. Essa palavra parecia ter vindo de fora. Mas o que faria com todo o aprendizado tardio? Agradaria a si mesma, no mínimo. Mas com que dinheiro? Sabia que seria caro o suficiente para que a aposentadoria do marido não pudesse pagar.

A imagem dela recebendo um diploma, como assistira aos filhos receber, tornava esse dia o mais feliz de sua vida. Vestida com uma roupa especial, bem penteada e ouvindo o paraninfo da turma dizendo: "Rosinda, meus parabéns".

Em nenhuma comemoração tinha ficado tão feliz como na diplomação da filha. O outro filho jamais saberia que, na formatura de Ana, Rosinda sentira que ela mesma estava recebendo o título. Era como se, naquele dia, a filha conquistasse seu passe de liberdade e Rosinda lhe dissesse: "Filha, você nasceu mulher, mais eis aqui sua liberdade. Se puder trabalhar e ter seu dinheiro, terá sua liberdade. Seu marido a respeitará muito mais, e a sociedade também. Tome, tenha o que não pude ter".

Não era realmente a verdade. Lá estava Ana, com diploma e tudo, presa a um marido como aquele. Como explicar? Como?

Rosinda soltou um suspiro alto, não percebendo que o marido a observava da sala, olhando-a por cima do jornal. Enganava-se pensando que ele não percebera que ela encurtara a barra das saias. Vira sim, lastimando o que chamava de ridículo. Não entendia mais a esposa, que parecia querer voltar à juventude. Condenava-a com a certeza de que aquela má influência vinha da escola, de livros que não deviam ser lidos, que ele, como marido, deveria ter o direito de censurar.

Romualdo perguntava-se: "Que tempos são esses? Em que os filhos não querem a opinião do pai em suas vidas e que minha filha deixa e volta para o marido a seu bel prazer? E que genro é esse que, assim que a mulher o larga, corre em desespero a procurá-la como um cão

205

ensinado, perdido do dono? Fim dos tempos, só pode ser isso".

Romualdo via todos os dias nos jornais. Será que só ele enxergava aquilo? Que o mundo todo dormia? Queria ter reclamado com a esposa que ela não tinha o direito de usar tênis e que tinha menos direito ainda de usar as saias quase à altura dos joelhos. Será que ela não percebia que era ridículo?

Onde as mulheres pensavam que iriam parar? Logo exigiriam que os homens parissem e ficassem em casa trocando fraldas de crianças choraminguentas. Isso era trabalho para mulher, não para homens. Eles tinham que estar lá fora, trabalhando para o sustento da casa, um direito que elas lhes tiravam.

Romualdo acreditava que, se todas as mulheres voltassem para suas obrigações em casa, teria emprego de sobra para os homens e que os empregadores iriam bater em sua porta implorando para que ele voltasse ao trabalho.

Ele decidira que suportaria que a esposa aprendesse a ler e escrever melhor, mas que ela tratasse de fazer aquilo naquele ano, pois, no ano seguinte, ele não permitiria mais.

Era mulher, mãe e avó, então, que ficasse em seu lugar. Que tipos de pensamentos poderiam passar pela cabeça de Rosinda, se estava ali na cozinha, sorrindo sozinha e com os olhos brilhando de forma diferente? Com certeza, coisa boa não seria. Mas como penetrar nesses pensamentos?

O marido não conseguia. Deduziu, então, que o melhor era ficar de olho em Rosinda. Quem sabe até passasse pela cabeça dela trabalhar fora? A aposentadoria era pouca, mas mulher tinha que viver debaixo do salário do marido e sem reclamar.

"Frouxo!", pensou ao lembrar-se de Sílvio. Para Romualdo, o genro deveria ter arrastado Ana de volta desde a primeira vez que ela saíra de casa, fosse o motivo qual fosse, e, talvez, quem sabe, ter lhe dado umas palmadas.

Romualdo nunca fora de bater em mulher. Julgava tal coisa covardia, mas elas andavam tão libertinas que ele começava a crer que somente isso daria um jeito nelas.

Culpa dos pais também. Mas que culpa tinha ele do comportamento de Ana? Olhou para Rosinda, que sorria sozinha novamente. Ela era a culpada, e ele tinha uma pequena parcela, pois, mesmo ocupado com seus afazeres, deveria ter ficado mais atento à filha.

E Sílvio? Sílvio era um dos homens mais frouxos que ele conhecia. Na noite anterior, parecia que ele choraria se não encontrasse Ana, e ela certamente estava bela e folgada em algum hotel, dormindo em uma bela cama, rindo do banana do marido.

Bem que o genro merecia, pois não sabia trazer a mulher na linha. E aquela história de homem com cabelo comprido também devia cooperar com aquele tipo de comportamento inadequado aos homens. Se bem que Sílvio não era daqueles. Era um rapaz bem apessoado, tinha um bom emprego, era responsável, e tratava Ana a pão-de-ló. Talvez por isso ela folgava tanto.

Ele não deveria permitir aquela história de a esposa ter filhos quando quisesse. A mulher deveria ter filhos logo, pois, assim, teria com que se ocupar e deixaria essas crises. Ah! Se Ana, em vez de filha, fosse sua esposa, Romualdo duvidava que ela ficaria uma hora que fosse fora de casa sem sua permissão.

Observando Rosinda, Romualdo preferiu pensar que sempre mandara nela e que ainda o fazia, do contrário, se sentiria ainda mais humilhado. É certo que, para boicotá-la, tinha rasgado seu caderno e dado um fim no lápis e na borracha. Ela comprara outros, e ele decidira ser magnânimo e abrir aquela exceção, mas desde que não passasse daquele ano. No outro, ele não toleraria de forma alguma — repetia a si mesmo.

Rosinda continuava sonhando. Visualizava-se passando pelo ginásio, pelo colégio e entrando na faculdade e não se via em nenhum desses acontecimentos diferente do que era. Parecia que, enquanto escalava aqueles degraus, o tempo e a velhice esperariam por ela.

Olhou para o marido que ainda lhe parecia olhar para o jornal, tornou a sorrir e a pensar nele dali a uns dez anos, mais do que mumificado, petrificado como uma múmia do Egito. Sorriu com a comparação. Estava estudando por conta própria história antiga e descobrira que sempre gostara do assunto. Descobrira que mais do que gostar, o assunto a fascinava. Havia economizado na feira para comprar um livro que falava de história antiga, que, embora caro, ela conseguira pagar em três vezes e o guardava em cima do guarda-roupa.

O marido nem poderia supor que o livro estava lá, por isso o lia escondido, quando Romualdo não estava ou quando ela fingia, de porta fechada, que arrumava o quarto. Se ele encontrasse e rasgasse o livro, ela nem sabia o que faria. Talvez batesse nele ou saísse de casa, como Ana fazia.

Mas Rosinda não tinha dinheiro próprio, então, para onde iria? Se Ana não se sentia segura em sua própria casa, ela não poderia ficar lá. Amâncio afirmava gostar do fato de sua mãe estar estudando e sugerira ao pai a fazer o mesmo. No entanto, recebera de volta a violência da raiva de Romualdo, que o chamou de frouxo.

Amâncio não levara em conta que o pai estava parado no tempo, mumificado. Rosinda usava essa palavra sabendo melhor do que antes o que significava, lembrando-se de uma das figuras do livro *A História da Grande Civilização Egípcia*, grosso e com muitas páginas. Ela nunca pensara na vida que poderia ler um livro daquela grossura sem se entediar.

Pudera, já lia fluentemente e não mais como antigamente, quando mal conseguia definir uma palavra ou outra, sem poder dar sentidos a elas. Era quase como uma adivinhação. Rosinda falou ela em voz baixa para o marido não ouvir:

— Eu leio e vou ler mais, mas pena que sejam tão caros.

Rosinda decidiu pedir aos filhos, que sempre a presenteavam nos aniversários e nos Natais, que lhe dessem livros de presente. Ela lembrou-se que perambulara pela livraria procurando um livro que o professor sugerira para exercitar a leitura, mas desiludira-se. Era um livro para criança, com poucas palavras e muitas figuras, e, em sua ansiedade, ela queria muito mais. Rosinda passeou pelas estantes dos livros grossos — isso primeiramente a atraíra —, pegou um e o folheou. Depois, pegou outro e outro, mas nenhum lhe chamou mais a atenção do que aquele.

Ela leu alguns trechos, mesmo sabendo que teria dificuldade, pois parecia que nunca ouvira falar de muitas daquelas palavras. Rosinda colocou-o de volta na estante, depois viu em oferta alguns dicionários de bolso, fáceis de carregar. Voltou à estante onde estava o livro sugerido pelo professor, folheou-o, folheou-o e colocou-o de volta.

Não queria aquele recomendado, tinha certeza. Folheou outros e sorriu novamente. Certamente ficara na livraria por umas duas horas, a ponto de o vendedor até sair de perto, pensando que ela não levaria nada. Mas Rosinda levou.

Ela esquecera-se de olhar o preço e, quando o vendedor lhe disse quanto o livro custava, teve vontade de chorar. Era muito caro, fora de suas posses. No olhar de Rosinda o vendedor provavelmente leu o desespero dela de querer comprar e não poder, por isso lhe sorriu passando confiança e disse:

— Este é um pouco caro, mas podemos fazer em três parcelas. Quer?

— Quero! — respondera confiante, sentindo-se audaciosa. Ah! Se o marido soubesse que ainda faltava uma prestação e que venceria na semana seguinte.

Rosinda faria tudo novamente, assim que acabasse de ler aquele livro. Ela demorava a terminar, pois procurava no dicionário cada palavra que não entendia. A cada dia, no entanto, parecia que a leitura se tornava mais fácil. Seu sonho era ler tudo sem ter de procurar uma só palavrinha no dicionário e não gaguejar na leitura.

O professor de português dizia-lhe que a turma da qual ela fazia parte era a melhor, e, para a surpresa de Rosinda, ela mesma descobrira que tinha ótima cabeça e que conseguia concentrar-se bem e quase decorar algo em uma segunda leitura. Era assim com as palavras novas. Procurava a palavra uma vez no dicionário e, na segunda que a via, já sabia seu significado.

Olhou novamente para o marido, tendo a sensação de que ele a observava. Bobagem, ele estava lá, semimorto, perdido no jornal e no tempo — julgou.

Rosinda começou a fazer o almoço e continuou divagando sobre o que fazer de seu futuro, como se fosse uma adolescente que tinha todo o futuro pela frente. Mas o que é o futuro? Não é somente o dia de amanhã? Quanto tempo ela teria ainda? Quantos jovens morriam aos vinte, vinte e cinco anos, e mesmo assim sonhavam? Quem tinha o direito de roubar-lhe os planos e os sonhos?

"Doutora Rosinda" soou novamente muito bem em seus pensamentos e ela tornou a sorrir. O que pensariam seus filhos e seus netos ao vê-la entrar na universidade? Pensou em seu neto de dois anos e no outro de sete. Deus! Ela faria o curso superior junto com eles. Será que isso os constrangeria? Dificilmente estudariam na mesma universidade.

Quantos parentes e amigos iriam espernear e quantos a apoiariam? Ela pensou um pouco mais sobre essa situação. Em que realmente importava a opinião alheia ou a do marido? De Romualdo importava. Até quando teria de esconder livros e cadernos para ele não os rasgar? Seria uma luta diária. Talvez como Ana, que enfrentava uma briga a cada dia.

Não! Isso não era verdade. Ana e Sílvio se amavam, e ele a fazia feliz, segundo palavras dela mesma. Mas, quando ele explodia, era insuportável. O telefone tocou novamente na sala. O marido estava a poucos passos, no entanto, nem sequer se mexeu. "Múmia", pensou Rosinda divertida novamente. Enxugou as mãos e foi atender à chamada.

— Alô — mal disse ela, e ele já disparou.

— Senhora Rosinda, sou eu, Sílvio. Por favor, a senhora teve notícias de Ana? Eu preciso muito falar com ela. Ajude-me! Sei que ela provavelmente já entrou em contato com a senhora. Pensei em ir até o trabalho dela, mas estou sem carro e tenho só quinze minutos. Ajude-me — repetiu ele implorativo.

Rosinda ouvia Sílvio quieta. O genro parecia realmente desesperado, mas era sempre assim. Ele deveria controlar-se antes, pois Ana não era obrigada a aguentar tudo o que vinha dele. O tom de súplica quase a fez falar, mas prometera a filha e não o fez?

— Sinto muito, Sílvio, mas ela ainda não entrou em contato comigo. Creio que, dando aula em duas escolas diferentes, ela deva estar muito ocupada e por isso não teve tempo de telefonar.

— Senhora, torno a implorar... não me negue essa informação. Eu queria muito poder jurar a todos que nunca mais vou explodir, mas não posso fazer isso, pois sei que não me controlo e saio de mim. Mas, acredite em mim. Eu amo sua filha, preciso dela e fico em desespero sem ter notícias de Ana, sabendo que a faço sofrer.

— Lastimo. Sinto muito que não se controle, embora você seja um homem feito. Mas Ana tem seus motivos, e você já sabe minha opinião a respeito.

— Senhora, eu lhe imploro, diga-me, por favor, onde Ana está.

— Eu não sei.

Rosinda queria muito bater o telefone. Essa história de Sílvio brigar com Ana, expulsá-la e depois vir arrependido atrás dela já tinha chegado ao limite de tolerância. No entanto, das outras vezes o desespero dele não parecia tão grande. Sílvio chegava a levar até três dias para procurar a esposa. O que estava acontecendo? O que estava mudando?

Rosinda sorriu. Será que a filha estava interessada em outro? A promessa de um novo marido, um homem que não a maltratasse, encheu a mãe de otimismo.

O silêncio do outro lado da linha continuava, e Rosinda tomou a palavra novamente.

— É só isso, Sílvio? Se for, vou desligar, pois preciso acabar de fazer o almoço.

— Senhora... — suplicou ele novamente, sem completar a frase que Rosinda já sabia o final.

Rosinda ouviu o telefone ser desligado levemente e teve certo dó. Ela voltou para a cozinha, e parecia que Romualdo nem ouvira o telefone tocar nem a conversa, pois não havia se mexido. Rosinda maldosamente pensou em um apelido para o marido, afinal, todas as múmias tinham um nome, mas não conseguiu pensar em um que caísse bem.

Capítulo 21

Ana já acabava seu segundo turno. As crianças pareciam um pouco barulhentas ou era ela que, com a noite maldormida, estava intolerante?

O sinal bateu, e as crianças saíram. Algumas vieram beijá-la como se faz com um parente próximo. Naquela escola, o professor não se comportava como se fosse uma autoridade. Comportava-se como um amigo da mesma idade que sabe um pouco mais e não trazia a criança para seu mundo, mas entrava no mundo dela. O resultado disso era compensador e prazeroso.

Todos saíram, e Ana ficou sentada um pouco mais. O desânimo voltava. Para onde iria? Não queria voltar ao apartamento de Bruno por vários motivos: o desconforto físico dela ocupando a cama dele e ele encolhido no sofá, sentindo-se envergonhado por sua pobreza.

Se fosse para a casa dos pais, a ladainha estaria presente o tempo todo. Ana, então, debruçou-se na mesa, como se aquela sala de aula fosse o único lugar em que poderia estar.

— Vai dormir aí hoje? — brincou o diretor, aproximando-se com a chave da sala na mão. — Não se sente bem, Ana?

— Estou somente cansada — mentiu ela.

— Realmente, observando-a melhor, você não me parece bem. Posso ajudá-la? Talvez seja resfriado, tem dor?

— Nenhuma dor, apenas um sensação de desconforto. Em casa, tomarei alguma coisa, obrigada — completou ela, levantando-se e pegando os diários. Pelo menos não tinha mais peso algum para carregar.

Ana deu um boa-tarde e saiu. Depois, foi para o ponto de ônibus, sem saber qual condução deveria tomar. Ficou de pé, desejando ao menos encontrar um banco livre. Pensou melhor. Não, um banco não, pois corria o risco de sentar-se nele e nunca mais sair.

O ônibus que a levaria ao seu apartamento com Sílvio passou, mas Ana não sentiu a mínima vontade de entrar. Esperou mais um pouco, e o ônibus que poderia deixá-la perto da casa dos pais passou. Ana, então, se viu tentada a pegá-lo e, por último, como para testar sua decisão, passou o que a levaria de volta ao apartamento de Bruno.

Ana deu um passo para trás, como se fugisse dele, como se alguém pudesse obrigá-la a entrar. Uma vontade enorme de chorar invadiu-a, e a tristeza parece-lhe profunda demais. Ela saiu do ponto de ônibus e andou duas quadras até uma praça. Lá, sentou-se apática.

Ela observava os ônibus, que levavam as pessoas aos seus destinos, passarem. Eram dezenas deles, conduzindo passageiros a vários locais diferentes. Ana, por sua vez, continuava com a sensação de que nenhum a levaria a parte alguma que quisesse. Mas também pudera! Ela não sabia ou não tinha um local para onde quisesse ir.

Parecia que todos a levariam para um problema maior ou menor. Qual deles seria o menor? E se ela, apesar de tudo, começasse a amar Bruno? Morando com ele, sentindo sua gentileza e seu carinho de amigo, será que ela corria esse risco, mesmo sabendo o que ele era?

Ana não percebia seu olhar e sua expressão facial, mas, se tivesse um espelho naquele momento, saberia que cada dor e conflito estavam estampado neles.

Escurecia, e ela continuava ali sentada, com a bolsa e os diários no colo. Enquanto isso, os ônibus iam e vinham, iam e vinham.

Às vezes, seus pensamentos pareciam fugir, como se ela não pudesse pensar em mais nada, como se tivesse gastado todos os seus neurônios. Como se o mundo não pudesse lhe oferecer um lugar.

Bruno já chegara ao apartamento e olhava a hora. Eram sete horas da noite. Ele queria que Ana chegasse, mas o pensamento de que a moça pudesse estar com o marido o preocupava muito. Como ela podia sofrer tanto pelo que ele lhe fazia em um dia e no outro estar nos braços dele?

Ele entrou no quarto e viu as malas de Ana no chão, com todas as roupas dentro. O pequeno guarda-roupa, que ele cedera a ela, no entanto, ainda estava vazio. Bruno teve vontade de tirar as roupas de Ana da mala e arrumá-las dentro do móvel, como se isso pudesse impedi-la de voltar para o marido e a protegesse.

Bruno deitou-se na cama de solteiro, que cedera tão gentilmente a Ana, e pôde sentir o cheiro da moça. Ou seria sua imaginação? Estava com sono e, naquele devaneio de senti-la perto de si e com a sensação de conforto que a cama lhe proporcionava, comparada ao desconforto total do sofá, acabou dormindo profundamente.

Quando Bruno acordou, a escuridão total tomara conta do apartamento. Ele ficou ainda um minuto tentando sentir Ana por ali ou algum som pelo apartamento, mas não ouviu nada.

Como se tentasse não assustá-la, ele levantou-se devagar, foi até a sala e viu, por meio da pouca luz dos postes, que Ana estava encolhida no sofá, dormindo.

Teve remorsos por ter ficado na cama, pegou-a com muito cuidado nos braços, levou-a para o quarto e colocou-a na cama. Ela nem sequer se mexeu, e Bruno puxou o cobertor e a cobriu com carinho.

Não resistindo à tentação, Bruno deu-lhe um leve beijo na face, acariciou seus cabelos e desejou que ela o abraçasse e jurasse que nunca mais sofreria por nada. Ele sentia Ana como uma criança frágil, indefesa, maltratada pelos pais.

Ele mesmo não percebia que tinha emoções iguais ante os desafios que surgiam. Quantas vezes acreditara que tudo pesava demais? Que nada compensava o sacrifício e que ainda tinha a obrigação de não decepcionar os pais?

Bruno não percebia os motivos de as coisas acontecerem. O complexo de inferioridade que cultuava o tornava mais fraco do que ele verdadeiramente era. E não decepcionar os pais já evitara muitas vezes de ele cometer uma loucura. E agora havia Ana.

A abnegação de Bruno já fazia parte de suas emoções há muito tempo, mas ele precisava aprender a valorizar-se. Ninguém é melhor ou mais querido por Deus, pois Ele compreende nossas fraquezas, dores e nossos limites e sabe que, apenas vencendo tudo isso, nós passaremos para outros patamares da existência.

Sílvio estava muito deprimido e olhava pela janela a calçada lá fora. Não sabia mais onde procurar a esposa e tinha certeza de que ela não estava na casa dos pais e não estivera com Margarete. Julgando que o porteiro não teria motivo para mentir, ele perguntava-se onde estaria ela.

Olhou para si pelo reflexo do vidro e o que viu o assustou. Sílvio viu um homem carrancudo, com algumas marcas de cansaço no rosto, e pensou: "Ana, o que será que dá em mim? Não consigo controlar-me. Tento, juro que tento, e preciso de você. Volte, volte, eu lhe imploro".

Sílvio sentia que, sem Ana, ou melhor, sem o amor que tinha por ela, o vulcão estaria sempre em erupção, tomando conta dele, queimando-o, sufocando-o e destruindo-o. Somente o amor podia debelar essas labaredas de ira.

Bendito amor que nos diviniza e nos faz chegar mais perto de Deus. Sem ele, somos apenas caçadores e caça, seguindo instintos apenas, voltando a ser seres da caverna, com pouco ou nenhum discernimento, com pouco ou nenhum raciocínio, com pouca ou nenhuma humanidade.

O telefone tocou, e Sílvio levou algum tempo para registrá-lo em sua mente, que parecia procurar Ana em cada recanto da lembrança. Indiferente, deu três passos e chegou ao aparelho. Sabia que não era ela nem Rosinda com alguma notícia. E sabia também que, se a sogra tivesse alguma notícia, não lhe daria. Via a raiva indisfarçável refletida cada dia mais nos olhos de Rosinda.

Atendeu mecanicamente:

— Alô, Sílvio, que prazer ouvir sua voz. Você não tem dado mais notícias, e eu não o tenho visto.

— Quem é?

— Assim você me ofende.

— Quem é?

— Lígia.

— Não me aborreça. Não hoje, não agora, não nunca!

Sílvio bateu o telefone. Aquela mulher o incomodava muito. Por que Lígia cismara com ele? Já o fizera explodir toda a raiva no escritório, e ele sabia que isso era perigoso, principalmente naquele momento, em que poderia ser promovido de uma hora para outra ao cargo de diretor.

Não seria a primeira vez que um diretor viajava e não voltava mais ao cargo. Não que desejasse mal, mas desejava que o homem arranjasse outro emprego naquela oportunidade, lá mesmo, no exterior. Então, talvez, Ana nunca mais o abandonasse. Suportaria suas explosões? Não! Por dinheiro Ana não o suportaria. Precisava ser algo mais forte: um filho, a única solução era um filho.

Teria de convencê-la, mas o comportamento de Ana estava cada dia mais diferente. Da última vez que voltara para casa, parecia ter se desinteressado dele.

E com razão, Ana tinha medo de ter um filho, afinal toda criança merece sentir-se em um ambiente de segurança e carinho.

— Ana, Ana, onde você está? — gritou agoniado, pois parecia que o mundo a tinha engolido. O eco de sua voz repercutiu no apartamento e no corredor lá fora, assustando o vizinho que passava.

Sílvio talvez não tenha percebido o quanto aquelas palavras haviam sido ditas com agonia, como se aquele pedido de socorro fosse o suspiro de alguém que morre.

O vizinho, que acabara de descer do elevador, pensou nas muitas vezes em que ouvira as brigas entre eles. Sorriu com a certeza de que logo viria mais uma discussão a altos brados para incomodar a todos.

A luta de Sílvio para mudar era árdua. A maior luta que podemos enfrentar é sempre com nós mesmos para vencer nossas imperfeições e nossos vícios.

Jesus já dissera: "Orai e vigiai". E era na vigilância que Sílvio falhava, afastando, assim, seu maior estímulo para vencer essa batalha: o amor que sentia pelo espírito que naquele momento se chamava Ana.

Ana acordou no meio da madrugada e percebeu que estava na cama. Uma vergonha enorme lhe invadira, pois sentira como o sofá era desconfortável. No entanto, estava ali, na cama horrível, mas ainda o melhor lugar do apartamento, daquele lugar tão humilde.

Virou-se para o lado e começou a chorar. Não sabia o que estava acontecendo. Como Bruno entrara em sua vida fazendo tanta diferença? Não como homem, mas como amigo, como amparador?

O quarto estava quase às escuras, e Ana procurou o relógio de pulso para ver a hora e lembrou-se que provavelmente ele ficara na sala. Não quis ir até lá. A imagem de Bruno bem mais alto do que ela dormindo naquele sofá de dois lugares veio-lhe à mente novamente. Aliás, tinha a sensação de que essa mesma imagem não saíra de sua mente o dia todo. "O que fazer? O que fazer?", pensava ela, enquanto sentia as lágrimas de uma mistura de remorso e agradecimento descerem livremente.

Dinheiro. Seu alívio seria conseguir dinheiro para comprar um apartamento, pois, assim, não voltaria para Sílvio e poderia sustentar Bruno enquanto ele estudava. Pensou melhor. Por que estava querendo sustentar Bruno? Devia-lhe favores, era certo, mas será que eram tantos? Não. Eram mais, muito mais.

Ao pensar nisso, sem entender seu sentimento tão mais antigo do que ela podia supor e sem saber exatamente o que era, ela se sentou na cama. Não! Não e não! Acreditou que precisava lutar contra o que podia estar se instalando. Era casada. Sílvio era seu marido, bonito, atraente, com boa posição financeira e a amava.

Tinha certeza disso, apesar dos pesares. Confusa, perguntou a si mesma:

— Ana, e você? Acabou assim? Acabou simplesmente. Que diabo de amor você sentia por Sílvio? Não! Eu o amo, tenho certeza disso, preciso ter certeza, por isso vou voltar para ele amanhã. Não! Depois de amanhã.

Sentada na cama, olhou para sua mala e para o guarda-roupa que sabia estar vazio, como se esperasse pelas roupas dela, como se fosse o próprio Bruno sempre pronto a ajudar. Deus! Que pessoa era aquela que Ana mal conhecia, mas na qual, instintivamente, confiava tanto?

Ela ouviu um barulho leve na sala, e, sem pensar, levantou-se enrolada no cobertor e abriu a porta do quarto. Viu o vulto de Bruno, com o cabelo despenteado e a expressão de quem não dormia fazia cem anos.

— Bruno, o que você faz debruçado aí na janela?

— Nada. Estou olhando para a calçada. Ela às vezes me parece tão próxima.

— Saia, eu lhe peço.

— Ana, você vai voltar para seu marido?

— Vou sim. Estou incomodando muito você. Vou aguentar seja lá o que for até ter dinheiro suficiente para comprar um apartamento só para mim. É minha única opção.

— Pode ficar aqui o quanto quiser.

— Estou tirando o pouco que você tem, e isso não é justo.

— O que é justo para você, Ana?

— Ter um apartamento só para mim. Se meu pai tivesse reservas, eu teria a quem pedir. Pagaria, lógico, mas preciso do dinheiro agora.

— Se eu tivesse dinheiro, o emprestaria a você, mas também não tenho. Meu trabalho mal paga uma parte de minhas despesas, e tenho remorsos de tirar o pouco que meus pais têm. Quando eu estiver formado

220

e tiver dinheiro, vou sustentá-los para sempre, pois eles merecem. Eu tenho obrigação de ter sucesso depois de tanto sacrifício meu e deles.

Bruno falava sem sair da janela, e Ana sentia insegurança quanto a ele. Parecia que o rapaz sempre estava decidindo entre a vida e a morte, com uma atração quase irresistível pela última.

— Saia da janela, por favor. Prometa-me que nunca mais vai se debruçar aí.

Bruno saiu devagar, como se algo o segurasse ao parapeito. Ele, no entanto, não fechou a janela, e Ana só se sentia segura com a janela fechada. A moça pediu:

— Estou com frio, feche-a, por favor.

Ele fechou a janela com cuidado e devagar. Fez o que lutava para não fazer ficar olhando Ana de pé a sua frente, de roupas de dormir e enrolada no seu cobertor, teve uma vontade imensa de abraçá-la. Aquela cena de intimidade dava-lhe uma sensação de estar em família. Passou por ela, sentou-se no sofá e ficou olhando fixo para o chão. Fora precipitado. Ela iria embora, e ele se sentiria mais sozinho ainda. Há quanto tempo não tinha dinheiro para visitar os pais? Quanta saudade!

O ser humano necessita amar e ser amado e ter convívio próximo com semelhantes, mas, mesmo assim, alguns são tão egoístas. Imaginem se não precisássemos uns dos outros?

Enquanto olhava para o chão de taco rachado e desbotado, com a cobertura de Cascolac sumida há muito tempo, Bruno ficou pensando no quanto se sentia amigo daquela moça e no quanto queria ajudá-la mil vezes se ela precisasse.

— Ana, vá dormir. Você terá que se levantar logo e me parece cansada. Não a quero doente.

— Estou sem sono, Bruno. Tenho muito que pensar, e meus pensamentos estão uma confusão só. Por que me levou para cama? Deixe-me ficar aqui, pois sou menor que você. Tomar sua cama é como se tirasse, ou melhor, roubasse o pouco do seu conforto.

Ana lastimava tirar o pouco que Bruno tinha, e ele lastimava ter tão pouco para dar. Se ela soubesse que, desde sua vinda, a vida dele passara a ter motivos e que Bruno agora não tinha mais aquela depressão que surgia do nada. Sofria ainda, era verdade, por causa de seus muitos conflitos, mas a sentia sua amiga. Prazer esse que se esvaía ao pensar que, a qualquer momento, ela poderia voltar para o marido. Ficaram em silêncio.

A moça olhou para a decoração de segunda mão. Tudo ali parecia decadente. Olhou para Bruno e ele também parecia gasto, cansado demais, minguado, sem a vivacidade e força de Sílvio. Mesmo assim, teve uma vontade irresistível de abraçá-lo, para compensá-lo por tudo que estava fazendo por ela, mas o rapaz estava olhando fixamente para o chão.

Sentindo-se observado, ele levantou a cabeça e a olhou. Ela sentiu como se o olhar dele penetrasse os seus e de algum modo a envolvesse. Naquele momento, Ana julgou que Deus era injusto, pois aquele rapaz não merecia viver em tal conflito, mas não havia nada que ela pudesse fazer para ajudá-lo, além de ser sua amiga.

Ana tentou avaliar que horas eram, pois tinha de ir trabalhar. Desejou, então, que o lá fora não existisse e, pela primeira vez, desejou também que ficasse só noite. O sol, no entanto, já estava pronto para raiar, avisando que o dia começava e que a vida cobra movimento.

— Bruno, vá dormir na cama. Amanhã, darei um jeito de comprar ao menos um colchonete.

— Vá você, Ana. Tenho prazer em ceder-lhe minha cama, para que descanse melhor.

— Não vou dormir mais. Não tenho tempo, mas você poderá descansar por mais uns quarenta minutos.

Dizendo isso, Ana foi até o quarto, pegou roupas, foi ao banheiro, tomou um banho e vestiu-se lá dentro

222

mesmo. Ela mesma fez um café e tomou-o com o pão do dia anterior. Esperou um pouco mais e depois saiu, despedindo-se de Bruno e fechando a porta atrás de si.

Ana chamou o elevador, que chegou rapidamente. Quando começou a descer os andares, foi como se aquele movimento chacoalhasse seu cérebro, fazendo-a lembrar que não tinha como se acomodar no apartamento de Bruno. Existia um marido e uma situação não resolvida, e ela precisava parar de adiar a solução.

Teve vontade de subir novamente, trancar-se naquele apartamento e não tomar decisão alguma, pois não se sentia preparada. Mas o elevador descia direto e era assim que ela se sentia: descendo para um poço sem fundo.

Ana chegou ao *hall*, e o porteiro a olhou com expressão de malícia, ou seria impressão dela? Andou duas quadras até o ponto de ônibus, passou em frente a uma padaria e o cheiro de pão fresco lhe deu vontade de comprar alguns.

Planejou comprar, quando voltasse no fim da tarde, meia dúzia de pãezinhos e também um pequeno bolo, mesmo não tendo nada para comemorar.

Dentro do ônibus, Ana fixou sua mente no esquema de aula e logo chegou ao seu destino. Desceu da condução e começou a caminhar as poucas quadras que a levariam à escola. No entanto, mal virou a esquina e quis correr, fugir dali, esconder-se. Ana viu Sílvio a esperá-la quase em frente à escola. Ele não a vira ainda, acreditou ela.

Ana ficou parada na calçada. Queria ver qualquer pessoa, menos o marido. Observando-o à distância de uma quadra e meia, viu que ele tinha a barba por fazer e parecia muito pálido.

Ana queria fugir e ficar ao mesmo tempo. Não conseguia dar mais um passo, então respirou fundo, tentando recordar se havia um portão do outro lado da escola pelo qual pudesse entrar, mas não havia.

Ela recomeçou a andar devagar, parando de vez em quando, ainda com vontade de fugir. Ana apertou os diários de classe contra o peito, como se pudessem protegê-la de alguma violência. Sílvio, por sua vez, olhava fixamente para o portão, como se estivesse esperando-a sair, em vez de entrar.

Ana já estava a poucos passos de Sílvio, mas ele ainda não a notara. Ela aproximou-se, sentindo como se o coração fosse sair-lhe pela boca, e, sem saber se conseguiria, disse:

— Sílvio, o que faz aqui tão cedo?

Ele se virou lentamente, e ela percebeu que o marido estava com os olhos fundos, vermelhos, como se tivesse passado a noite a esperá-la. Sílvio levou alguns minutos para dizer alguma coisa, e pareceu a Ana que ele sentia mais medo do que ela.

— Ana, eu a tenho procurado. Onde você estava? Volte para nossa casa, eu lhe imploro.

Ana baixou o olhar e conferiu a hora. Precisava ainda de um tempo para pensar. Ela sentia o amor pelo marido esvair-se a cada explosão dele, e um cansaço enorme parecia ter tomado conta dos dois.

— Sílvio, eu tenho que dar aula. Não posso deixar meus alunos esperando. Vá para seu trabalho. Amanhã é sábado, eu ligarei para você e combinaremos de sair para conversar.

— Não, Ana. Quero buscá-la hoje mesmo. Onde você está? Me diga. Saio do trabalho e pego você e suas coisas. Eu lhe imploro que nunca mais fuja de mim. Nem sequer a mandei embora dessa vez — e dizendo isso, ele a alcançou em dois passos e a abraçou com força, sussurrando-lhe que a amava. Mas Ana ainda mantinha os diários como escudo. Rapidamente, ele a soltou e olhou-a, como se somente naquele momento tivesse sentido o escudo.

Sílvio beijou-a de leve e disse:

— Eu lhe imploro que ligue para mim, para que eu possa levá-la. Nosso carro já ficou pronto.

Ele se aproximou mais uma vez e a abraçou. Ana mantinha-se tal qual estátua, não porque fosse indiferente ao marido, mas porque temia por seu destino. E a insegurança se fazia mais presente do que nunca. Ele a soltou, e trocaram um longo olhar enquanto Sílvio se afastava.

Vendo-o entrar no carro, ela deu uma corridinha e passou pelo portão, quase atropelando algumas crianças que entravam distraídas. Ana queria chorar e que a emoção tivesse um botão para que ela pudesse desligar uma por uma. Mas não tinha, e ela precisava aprender a dominar-se, afinal o conflito exercita a razão.

Capítulo 22

Sílvio chegou ao trabalho e foi direto à sala que ocupava. Sua secretária, por sua vez, logo percebeu que ele não estava bem — como parecia não estar nos últimos dias —, mas mesmo assim avisou que o chamavam na sala de reuniões.

Mecanicamente, Sílvio pegou os relatórios. Tinha de estar atento ao que exporia sobre cada resultado e, usando toda a sua força de vontade, conseguiu manter-se a contento, desligando-se um pouco de sua vida particular.

A reunião mal acabara, Sílvio desceu novamente até sua sala e colocou sua mala de executivo em cima da mesa. Ele, então, respirou profundamente o cheiro das rosas, sentou-se e fechou os olhos.

O sono da noite não dormida veio, e ele desejou manter os olhos fechados para sempre. Não saberia dizer por quanto tempo cochilou, quando acordou com o telefone tocando como se fosse ao longe. Abriu os olhos como quem quer saber onde está e atendeu a chamada. Era o diretor, que acabara de chegar de um compromisso e o queria lá.

Sílvio pediu um café antes de subir, e sua secretária o serviu. Ele tomou a bebida sem açúcar mesmo, pois queria despertar a mente que queria dormir. Em compensação, seu vulcão emocional parecia apaziguado.

Subiu pelas escadas, pois precisava estar bem acordado para demonstrar eficiência. Entrou na sala do diretor e entregou-se ao Sílvio profissional que queria vencer na carreira e tinha capacidade para isso.

Parecia até ironia. Sílvio podia administrar toda a empresa com facilidade, tinha conhecimento técnico e inteligência para isso, mas não conseguia dominar a si mesmo. E isso o impedia de crescer dentro da empresa e como ser humano.

Bruno, pessoa sempre tão fechada em suas agonias, raramente olhava para o mundo como se todos tivessem problemas também e acreditava menos ainda que todos tinham limites. Como estava conhecendo Ana tão bem, consequentemente, estava conhecendo os limites dela e do marido.

Olhando a paisagem que desfilava pela janela do ônibus e para as pessoas que estavam lá fora nas ruas e calçadas, ele tentava calcular qual era o limite de cada um. Qual seria o segredo de cada um? Qual seria a maior dor de cada um? Ele tinha os dele, com os quais não lidava e que escondia de todos.

Bruno desceu em frente à faculdade e foi caminhando devagar até a sala de aula. Sentou-se no canto da sala, como se quisesse ainda se esconder, mas outra linha de pensamento começava a se formar dentro de si. O que ele tinha para se envergonhar? E por que se esconder?

O colega do lado sentou-se, mal o olhando, e, como por pura obrigação, deu-lhe bom-dia. Bruno teve vontade de perguntar-lhe: "Por que me olha assim? Você não me conhece, e talvez meus limites sejam bem menores que os seus. Talvez você tenha mais do que se envergonhar".

O sinal bateu, e logo entrou o professor, um homem carrancudo, que gostava de dizer aos alunos que o mundo não era fácil, que era uma selva de pedra feita de gente de coração duro e que a concorrência profissional era acirrada.

Pela primeira vez, Bruno simplesmente não aceitou essa ladainha com a facilidade com que aceitara até aquele momento. Ele olhou pela janela da sala e viu uma rodinha de colegas ainda do lado de fora rindo muito. Perguntou-se por reflexo: "O que estão fazendo lá fora, se as aulas já começaram?". E logo depois lembrou que ninguém gostava daquele professor e que muitos gazeteavam aquela aula.

Será que ser amargo era o grande defeito daquele professor? Sim, Bruno percebia a amargura profunda no homem com uma clareza incrível e chegou a pensar que andara de olhos fechados até ali.

Aquela aula acabou. Outro professor entrou, e os colegas que estavam fora de sala entraram. Esse era querido pelos alunos. Era um homem relativamente jovem, tinha uma postura otimista e lhes dizia sempre: "O homem é reflexo de sua cultura, por isso não pensem que aqui, na faculdade, vocês aprendem tudo. Estudem outros assuntos, leiam todos os estilos de literatura, pois cada um fala do mundo, das pessoas e de suas sociedades com uma visão diferente. Sentimos o mundo com olhares diferentes. O pior que alguém pode fazer é se enclausurar nas próprias ideias e vivências. Tudo é maior do que o ser humano, sua história, sua geografia, suas leis e religiões".

Bruno acreditou que estava ficando muito crítico. O que realmente acontecera entre o dia anterior e aquele dia? Ele não poderia simplesmente creditar tudo à presença de Ana em sua casa... ou poderia?

As aulas seguiram e, por volta da uma hora da tarde, terminaram. Bruno voltou a pensar em Ana. Queria fazer qualquer coisa para animá-la, então, pensou em convidá-la para jantarem fora, mas não tinha dinheiro.

Bruno pegou o ônibus de volta, foi almoçar e saiu novamente para seu trabalho no período da tarde, tornando a observar ora quem entrava, ora quem saía e os que estavam na rua. Era como se ele tivesse saído de um claustro e visse as pessoas pela primeira vez. Isso lhe deu certa alegria, pois ele se sentia como parte do mundo e que se encaixava perfeitamente nele, apesar de sua depressão e do medo de como esse mundo o aceitaria se soubesse como ele realmente era.

Faltava em Bruno fé em si mesmo, em sua força e na capacidade de dar e receber, de entender que há alegrias e tristezas, vitórias e derrotas, mas, principalmente, que não há privilegiados e que tudo é conquista.

Fim de tarde. Depois de completar seu horário de meio período no trabalho, Bruno chegou em casa. Ao portão do prédio, ele encontrou uma senhora. Vendo que Bruno iria entrar, ela o olhou e, em vez de tocar a campainha para o porteiro atender, perguntou:

— Moço, conhece uma jovem chamada Margarete?
— Sim. Moramos no mesmo andar.
— Sabe se há uma jovem morando com ela?
— Senhora, fico fora o dia todo e acabei de chegar. Não sei se alguém mora com ela.

Bruno mentia e sentiu-se avermelhar na hora, por isso perguntou envergonhado:

— O que a senhora é dela?
— De Margarete, nada, mas sou mãe da moça chamada Ana. Meu nome é Rosinda e estou preocupada com minha filha.

229

— Entre comigo. Pode esperar em meu apartamento.

— Não quero incomodá-lo. Se eu soubesse a hora que ela chega... Mesmo assim, vou esperar. Fico andando por aqui de olho no portão.

— Entre. Tome um café comigo. Eu deixo a porta do meu apartamento aberta e, quando qualquer uma delas chegar, nós veremos. A senhora não precisa ficar aqui na rua.

Rosinda sentiu algo diferente incomodando o rapaz, ele parecia embaraçado. Por que, se nunca a tinha visto? Talvez conhecesse Ana e soubesse dos problemas que ela enfrentava. A senhora aceitou e entrou no prédio acompanhando o rapaz. Ele abriu a porta do apartamento, deixando-a escancarada.

A mãe de Ana deu um passo à frente e entrou. Teve muita pena pela penúria que era óbvia. Bruno tirou do sofá um lençol e um travesseiro e levou-os a outro cômodo.

Com a porta de entrada do apartamento aberta, que dava para o corredor dos elevadores, Rosinda podia ver do sofá quem entrava e saía. Assim, poderia ver quando a filha chegaria e, se calculava certo, não faltava muito.

— Senhora, não se preocupe com sua filha. Ela deve estar bem.

— Ana não pode estar bem, casada com aquele marido. Vou implorar-lhe que o deixe. Ele é intempestivo demais, credo! Hoje mesmo, logo depois das seis e meia da manhã, ligou me intimando!

Rosinda fez silêncio, envergonhada por crer estar falando demais. O rapaz provavelmente nem sabia o que ocorria com Ana e seu relacionamento com o marido, mas ele a olhava de um modo estranho, como se sentisse alguma dor. Ela, então, perguntou:

— Você está bem?

— Sim. Vou fazer um café. Creio que sua filha chegará logo.

Em vez de chamar Ana pelo nome, Bruno começou a usar simplesmente "sua filha", temendo a mulher ali à sua frente. Certamente, ela queria levar Ana embora e o faria imediatamente se soubesse que a moça estava ali com ele. Será que acreditaria que era pura amizade, ou ele precisaria se expor? Bruno sentia-se temeroso. O que seria melhor fazer? Ficar quando Ana chegasse ou sair? Ficar? Sair? Ficar? Sair? "Não!", pensou como um grito dentro de si: "Ficar, ficar! Fugir é me acovardar. Ana é minha amiga e não vou abandoná-la, aconteça o que acontecer".

Bruno fez o café, encheu duas xícaras com o líquido fumegante e levou-as para sala, oferecendo uma a Rosinda, que pegou da mão dele agradecendo. Quem sabe aquela bebida quente não lhe daria um novo ânimo? Bruno não se sentou, estava muito preocupado.

Rosinda olhava para o rapaz de pé ali na sua frente e não entendia o brilho em seu olhar, que parecia mudar do suave ao áspero. Como assim? Teve vontade de sorrir e já estava imaginando coisas. Sua filha provavelmente nem conhecia aquele indivíduo.

Ouviram o barulho do elevador, e Rosinda olhou automaticamente para o corredor. Uma pessoa desceu, olhou para a porta do apartamento aberta e esboçou um boa-noite vago.

O coração de Bruno acelerou. Ele olhou para a porta do quarto e teve medo de que Rosinda entrasse ali por qualquer motivo. Por isso, quis ir até lá e trancá-lo à chave. Não queria que a mãe de Ana interpretasse mal a amizade entre ele e a moça.

Rosinda perguntou só para puxar conversa:

— Mora sozinho?

— Meus pais moram no interior, e estou aqui para estudar — disse sem responder o que ela perguntara, mas Rosinda não percebera.

— Sei que é duro morar longe dos pais e ser estudante.

Naquele momento, Rosinda sentiu-se como uma colega do rapaz e teve vontade de contar-lhe que também estava estudando e que tinha intenção de fazer um curso superior, mas se lembrou de sua idade e da do jovem, o que certamente o faria rir. Por isso, a conversa continuou vaga, sumida, sem assunto, com longos silêncios.

Atravessando o pátio da escola em direção ao portão de saída, Ana tentava pensar no que faria. Prometera ligar para o marido, apenas com medo de uma cena na frente dos pais dos alunos e dos colegas professores. No entanto, Ana mal chegara ao meio do pátio, quando viu que Sílvio não lhe deixara essa decisão. Desta vez, ele a viu a pouca distância, e ela não tinha outro lugar por onde sair para evitá-lo.

Encaminhando-se para a rua no meio do tumulto da criançada, Ana o olhou dos pés à cabeça. O vínculo que tinha com ele falou mais alto, e ela pensou: "Como ele é bonito. Meu marido sempre foi atraente, elegante... Vestido com esse terno azul escuro e camisa azul clara, impecável... sinto tanta saudade".

Porém, o medo a rondou. Não sabia se deveria sorrir falsamente ou se deveria lhe dizer que não queria conversar, mas algo no olhar dele parecia suplicar-lhe que não o rejeitasse. Ana fechou os olhos parando por um segundo. Será que valeria a pena voltar para ele?

Sílvio observava Ana se aproximando e ainda temia o fato de ter pedido ao diretor para sair um pouco mais cedo, meia hora somente, pois ansiava encontrar-se com a esposa e levá-la de volta para casa. Tinha a sensação de que explodiria novamente, caso passasse mais uma noite sem Ana.

Viu-a parar no meio do pátio e quis ir ao encontro dela. Não podia, era vedado a quem não fosse funcionário ou aluno entrar na escola. As crianças continuavam saindo em algazarra, para encontrar suas mães e seus pais.

Sílvio desviou por um instante os olhos de Ana e olhou para as crianças, desejando ter muitos filhos. Olhou novamente para a esposa, que estava recebendo o beijo de uma criança de não mais de oito anos. Ela sorria para a menina que a beijava, dizendo: "Tchau, professora!".

Ele rogava mentalmente: "Venha logo, Ana! Venha logo, tenho urgência! Tenho certeza de que preciso levá-la para casa hoje ou nunca mais, pressinto isso. Tenho muito medo. Querida, eu a amo e temo muito perdê-la".

Outra criança parou Ana, que se abaixou para receber outro beijo. De repente, pareceu a Sílvio que aquela pouca distância que a esposa percorria parecia imensa e ele sentiu nela a falta de vontade de chegar. Sílvio quis ir até ela rapidamente, como se Ana fosse fugir, então, aproximou-se mais do portão e pediu ao segurança:

— Posso entrar um pouco? Quero encontrar minha esposa.

— Não me disse que era Ana? Pois olhe, ela está vindo. Que pressa, hein?! Que coisa!

Sílvio quis socá-lo pela indiferença. Será que o homem não podia ver em seus olhos a agonia que já durava muito tempo e que ele não conseguia mais suportar? Ficou olhando Ana e teve certeza de que ela não queria encontrá-lo, mas tinha de vir e ele a levaria para casa custasse o que custasse.

Ana sentia que não tinha opção. Temia, pois não sabia que Sílvio encontraria. O arrependido que lhe dava rosas e juras de amor ou o Sílvio monstruoso, que gritava, maltratando-a, e que a faria passar vergonha na frente de alunos, pais e colegas? Como eles demoravam para irem-se! E ainda por cima as crianças a paravam toda hora para beijar-lhe e se despedirem dela novamente.

"Vão para suas mães. Meu marido me espera, e eu não sei como vou encontrá-lo. E o pior... não quero ir com ele. Não quero! Quero voltar para a suavidade da amizade de Bruno, embora eu deteste a pobreza do lugar", pensava ela com certo desespero.

O portão se aproximava, e Ana quis voltar e inventar que esquecera algo. De repente, ela sentiu o diretor chegar perto dela sorrindo e observando:

— Ana, você está muito pálida. Sente-se bem? Quer uma carona?

— Não, obrigada. Estou bem.

Sílvio viu aquele homem se aproximar, sorrir para Ana e dizer-lhe algo que ele não ouvia. Olhou-o com raiva e seguiu o homem com os olhos, quando o viu passar rapidamente pelo portão.

Voltou a olhar para Ana, que ainda estava parada. Quase todos já tinham ido embora, e ele arriscou, em sua ansiedade, a gritar por ela:

— Ana, venha logo! Estou com pressa.

As pessoas que estavam por perto o olharam, e ela se sentiu envergonhada, o que a fez apressar o passo. Pressa, que pressa? Ela queria nunca ter de chegar e passar por aquele portão.

Queria avisar Bruno que ia demorar-se, mas ele não tinha telefone no apartamento. Ana fechou os olhos novamente, abriu, respirou profundamente e apressou mais o passo. Não adiantava continuar naquela agonia.

Deu boa-noite ao segurança, embora ainda estivesse claro e, mal atravessou o portão, imediatamente sentiu a mão de Sílvio agarrando-a pelo braço como se quisesse arrastá-la até o carro.

— Ontem, eu a procurei a noite toda, liguei para todos os hotéis da cidade. Onde estava?

— Onde quero ficar, largue-me!

— Entre no carro. Precisamos conversar!

— Não vou entrar! Não estou pronta para voltar para você. Aliás, não sei se vou voltar.

— O que aquele homem lhe disse agora mesmo no pátio?

234

— Nada. Ele é o diretor.

— Como nada? Ele falou, e você respondeu.

— Perguntou-me se eu estava bem, e afirmei que sim. Não estou. Não estou! Não quero ir com você e não vou!

— Entre neste carro, Ana, por favor!

Ele dizia "por favor", mas usava um tom ameaçador e tinha nos olhos aquela raiva que Ana temia. Sílvio enviava à esposa labaredas de fogo que a queimavam.

— Não vou, Sílvio, lastimo. E você está me ameaçando.

Ele se recostou no carro, ficou em silêncio por um minuto, e depois a olhou novamente. Sílvio mudou o tom de voz, e Ana sentiu que ele tentava controlar-se em um esforço sobre-humano.

— Ana, eu a quero comigo. Você me faz muita falta, e eu preciso de você para meu equilíbrio. Um dos diretores da empresa está indo para o exterior, e ficarei no lugar dele como substituto. No entanto, não estou conseguindo fazer esse trabalho a contento, pois não paro de pensar em você. Ontem, não dormi e passei a noite procurando-a de hotel em hotel. Voltei ao prédio de Margarete, e o porteiro me disse que ela está viajando. Eu lhe imploro que me diga onde você está. Vamos buscar suas coisas, volte para casa. Por favor, volte para mim.

Ana teve a sensação de que ele ia chorar. Ali não era o lugar para discutirem, por isso, de livre e espontânea vontade, ela abriu a porta do passageiro e entrou no carro.

Sílvio sentiu aquilo como um consentimento de que a esposa voltaria, então, assim que entrou no carro, ele virou-se para abraçá-la e beijá-la. Queria falar-lhe de suas agonias e do pensamento que lhe ocorrera na noite anterior de que, se não a encontrasse antes do amanhecer, a perderia para sempre.

235

Ana se esquivou do abraço de Sílvio, recostando-se mais perto da porta e ficando fora do alcance dele. Ele ficou muito magoado, mas o importante era que a estava levando para casa, o que era tudo o que Sílvio queria naquele momento.

Ele ligou o carro, e ela pediu:

— Vamos até qualquer lugar para conversarmos.

— Vou levá-la para nossa casa. Lá, conversaremos.

— Não quero ir.

— É para lá que vou levá-la. Não passei a noite inteira procurando-a para não levá-la. Ana, perdoe-me, sou um imbecil. Eu preciso desesperadamente de você.

A moça ficou quieta. O que poderia fazer? Estava dentro do carro e ali estava indefesa. Ambos ficaram em silêncio. Ela percebeu o quanto o marido estava agoniado e teve certeza de que o vulcão dentro dele já estava se agitando e iria explodir mais uma vez.

Entraram na avenida e pararam a um farol. Sílvio socou agressivamente o volante algumas vezes. Ana apavorou-se e, praticamente sem pensar, abriu a porta do carro, saindo correndo para o lado contrário. Queria fugir do marido, do conflito, do medo que sentia, mas, para onde iria? Para um local onde não existisse ninguém que ela conhecesse. Queria uma vida nova e um novo começo.

Ana continuou correndo sem olhar para trás, atravessou a avenida perigosamente e pegou um táxi. Entrou nele sem fôlego, e o motorista a olhou perguntando um tanto assustado:

— Moça, está em perigo? Está fugindo de alguém?

— Não. Estou muito atrasada, só isso.

Ana teve certeza de que não convencera o motorista e mesmo assim lhe pediu que a levasse para o endereço pelas ruas transversais, fugindo das principais. Temia que Sílvio a seguisse e começou a chorar. Era um adiamento do confronto, nada mais.

Quando parou no sinal, Sílvio pensava que naquela noite mesmo iria se relacionar com Ana. Tiraria os anticoncepcionais da bolsa da esposa, os trocaria por qualquer coisa que não fizesse mal à saúde de Ana e a engravidaria. Aquela sensação de que ia perdê-la para sempre parecia cochichar-lhe ao ouvido que fizesse algo depressa, como se o tempo estivesse cronometrado. Por isso, ficou socando o volante quando precisou parar o carro.

Sílvio sentiu um movimento e olhou para o lado. Ele mal viu quando a porta se abriu e Ana saiu correndo. Ele abriu a porta do seu lado para alcançá-la, mas o farol também abriu e os carros de trás começaram a buzinar. Sílvio ainda gritou várias e várias vezes o nome da esposa, mas ela parecia não ouvir o marido.

Voltando para o carro, ele o acelerou perigosamente e parou assim que achou uma vaga. Nem sequer o trancou, pois precisava alcançá-la. Correu na direção que a vira fugir, mas não a viu mais.

Perambulando pelo local, Sílvio ainda a procurou um pouco mais. Entrou em algumas lojas, pois talvez ela tivesse se escondido em uma delas. Não a viu, então, voltou para o carro, abriu a porta e sentou-se atrás do volante sentindo desespero. A voz que gritava que ele ia perdê-la mudou a ladainha e gritava naquele instante que Sílvio já a perdera.

Os olhos de Sílvio arderam, nublaram-se, e ele voltou a chorar, soluçando alto, sem se importar com as pessoas que passavam e se elas espiavam ou não.

Sílvio não sabia por quanto tempo ficara ali. Escurecera completamente, e um cansaço parecia ter tomado conta de todo o seu corpo, tornando-o pesado e descoordenado para dirigir. Ele foi dirigindo devagarinho no meio do trânsito, atento à calçada. Quem sabe não cruzaria, por um milagre, com Ana?

Entrou na garagem do prédio onde morava, trancou o carro e pensou, como se pudesse desejar e ter, que Ana estivesse esperando por ele no apartamento e que sorrisse, dando-lhe a certeza de que ele acordava de um pesadelo.

Porém, o que encontrou foi um apartamento em silêncio e escuro. Acendeu a luz e viu o telefone estourado no chão e algumas coisas quebradas. Sentou-se pesadamente no sofá e novamente foi tomado pelo desespero. Queria que aquela voz se calasse ou que lhe garantisse que nunca mais teria aqueles acessos, que Ana voltaria e seria novamente dele.

Pobre Sílvio. A luta contra o vulcão que assustava a todos era íntima. Só ele poderia controlá-lo, por mais que os de fora, que o amavam tanto, tentassem ajudá-lo.

Capítulo 23

Depois de entrar no táxi, Ana deu o endereço de Bruno, e o taxista levou pouco de tempo para chegar ao endereço. Já no elevador, Ana continuava desesperada. Queria sentir uma segurança que há muito não conseguia sentir.

Quando desceu do elevador, Ana viu a porta do apartamento aberta e entrou ali também correndo. Bruno estava de pé perto da porta, e ela correu para ele sem olhar para mais nada e o abraçou, dizendo:

— Bruno, fugi dele, fugi dele. Estou com medo! Muito medo!

Não houve reação da parte de Bruno, e por isso Ana o largou, sentindo atrás de si a presença da mãe, imóvel e incrédula com a cena que presenciava.

— Mãe! — exclamou Ana, sem saber o que dizer.

— Então, é isso? Eu sempre culpando Sílvio, e você tendo culpa também.

— Mãe, preste atenção, Bruno é meu amigo. Deixe-me explicar.

Bruno teve certeza de que era demais ali, por isso saiu, fechando a porta atrás de si. Foi sentar-se no fim do corredor, no chão gelado, onde não pudesse ouvir a conversa, recordando o que Ana dissera ao abraçá-lo: "Fugi dele, fugi dele".

Por alguns instantes e para sair da mobilidade, Rosinda levantou-se do sofá e encaminhou-se até o outro lado da pequena sala. Ela olhara pela janela e vira a filha entrar correndo no prédio. Depois, perguntou-se: "O que a faz correr tanto?". Rosinda já ia dizer ao rapaz que Ana estava chegando, quando a filha entrou e pulou no pescoço de Bruno, gritando que fugira "dele", referindo-se certamente a Sílvio.

Como Ana, sua filha, podia trocar Sílvio por aquele homem, magro, sem charme, malvestido e que vivia naquela penúria? Queria, sim, que a filha se divorciasse, mas que encontrasse um homem bem melhor. Talvez um médico, um dentista, ou o diretor de uma escola, por isso estava indignada ao sentir que existia algo entre os dois.

Já decidira que aquele esquisito não servia. Rosinda tinha isso como reflexo. Depois que a filha completara quinze anos, sempre olhava para os solteiros avaliando se seriam bons ou maus partidos para a filha, e aquele homem, definitivamente, era o pior deles. Antes aguentar as explosões de Sílvio, pois ele pelo menos era um marido apresentável.

— Mãe, ele é apenas um amigo. Não temos um caso. Sílvio foi me buscar hoje e estava tão ameaçador, que eu, com medo, abri a porta do carro no meio do trânsito e fugi como uma louca desvairada.

Rosinda decidiu que não queria ouvir mais nada. Não queria descobrir o que a filha podia não falar e ela sentir, por isso perguntou apenas:

— Você está bem? Foi só isso que vim saber.

— Sim, estou.

— Está morando aqui ou com a Margarete?

— Com a Margarete, mas venho sempre aqui conversar com Bruno. Mãe, ele é homossexual, pode perguntar ao porteiro. É uma das pessoas mais gentis que conheço e um amigo incomparável.

Ana afirmava isso, mas Rosinda teve vontade de rir. Tinha certeza de que a filha tentava enganá-la. Ela reconhecia um desses de longe e Bruno não era. Colocaria a mão no fogo por isso.

— Você demorou e agora preciso ir. Seu pai nem sabe que estou nesses lados da cidade. Ligue-me amanhã.

— Mãe, desculpe eu ter demorado. Vou ligar para almoçarmos no sábado, está bem? — disse Ana abraçando-a.

— Sim. Cuide-se e lembre-se de que eu apoio que se separe do marido, mas por alguém bem melhor.

Rosinda disse isso avaliando com os olhos a sala e deixando claro à filha que aquele ali não era nada melhor ou promissor.

A mãe virou as costas e saiu. Viu Bruno sentado a alguma distância no chão do corredor e sorriu-lhe fazendo um sinal de agradecimento. A filha não seria doida de trocar Sílvio por aquele homem magro, sem porte atlético e, principalmente, sem a situação financeira de Sílvio. Rosinda desceu o elevador arrependida de não ter pedido à filha que fosse para sua casa, mas iria pedir. Deduzia que Ana devia estar perturbada pelas brigas constantes com o marido.

Depois desse pensamento, Rosinda sorriu. Era óbvio que a filha não trocaria o marido por algo pior. Não a filha dela, inteligente, bonita, que tinha tudo para vencer na vida.

Rosinda foi até o ponto de ônibus, que já estava escuro. Tinha certeza de que a múmia estaria em casa, sentada no sofá, quem sabe definitivamente morta. Ah! Se ela tivesse a maturidade que tinha agora quando se casara. Teria escolhido alguém como Sílvio, mas que não fosse tão explosivo.

241

Pensou melhor, avaliou e preferiu que a filha continuasse com o marido e com aquelas crises conjugais do que ficar com uma espécie como a de Bruno, de pessoas nascidas para o fracasso. Era só olhar para a cara dele e ler o futuro estampado naqueles olhos tristes, naquela forma física inadequada para um vencedor.

O ônibus chegou, e Rosinda ainda ficou pensando se a filha poderia, por acaso, se apaixonar por aquela figura. Depois, riu muito dentro do ônibus, chamando a atenção para si. Ela, então, convenceu-se de que jamais Ana se envolveria com aquele tipo pobre, obscuro, magro, de olhos tristes e tentou parar de pensar no assunto, forçando-se a focar em seus próprios planos.

Rosinda, como tantos, julgava os outros apenas pela aparência, sem perceber como isso era injusto. O que realmente é a aparência tão transitória, tão superficial?

No corredor, Bruno rezava para que a mãe de Ana não a levasse, pois ela era um sopro de felicidade em sua vida miserável. Ele tinha certeza de que com Ana ao seu lado como amiga, estimulando-o como fazia, ele acabaria os estudos e teria uma grande carreira. Bruno até percebera que estava mais aplicado.

O prejuízo que tivera com a noite maldormida — o que não permitira que ele prestasse atenção às aulas — Bruno tiraria estudando no sábado e domingo.

Ele não sentia que ajudar Ana era uma obrigação; era até uma necessidade, como se a amizade entre eles tivesse nascido antes mesmo da infância. Ele compreendia totalmente os conflitos dela e ela os seus, sem precisarem se expor muito um ao outro. Mesmo assim, Bruno temia Rosinda. Sentira nela a reprovação de a filha estar ali. Acreditou que era esmero natural de mãe, afinal, que mãe quer ver sua filha morando com outro homem?

Ele devia ter dito a Rosinda que tipo de amor ele sentia por Ana. Os dois eram amigos sinceros, e ela fazia toda a diferença na sua vida de inércia e sem motivo, dando-lhe razão de ser.

Mal Rosinda lhe deu adeus e entrou no elevador, Bruno voltou para o apartamento. Ana chorava ainda assustada, e ele a abraçou ternamente, dizendo-lhe palavras de consolo.

O rapaz percebeu que a moça tremia e continuou abraçando-a, como quem quer expurgar todo o sofrimento do outro e trazê-lo para si. Ainda abraçada a ele, Ana disse:

— Eu fugi dele. Abri a porta do carro e saí correndo.
— Quer me contar? Acalme-se primeiro.

Bruno a guiou até o sofá e sentou-a. Depois, sentou-se ao seu lado, sem, no entanto, soltar-lhe as mãos, sentindo no corpo um frio de medo, como se uma ameaça pairasse sobre a moça. Ela começou a narrar o acontecido, e ele sofreu com ela cada minuto de angústia e medo, em uma integração de emoções, como em sintonia.

Depois, Ana se calou, e ele a abraçou novamente, sentindo-se forte, como se não fosse fraco em nenhum momento. Como se a depressão, que lhe era crônica, não fosse nada comparado ao medo que Ana sentia do próprio marido, a quem ela obviamente amava muito.

Nessa amizade, os dois quebravam seus limites de egoísmo.

Rosinda chegou em casa. Durante todo o trajeto, tentara convencer-se de que a filha não se envolveria com aquele tipo, mas algo no olhar de Ana, que ela recordava agora, e no de Bruno indicava algo sutil. Mas o quê? O quê? Ela não acreditava na afirmação da filha de que o rapaz era homossexual. Não. Preconceituosamente, ela tinha uma figura protótipo na mente, e ele não se encaixava nela.

Abriu a porta, e o marido não estava onde Rosinda esperava que ele estivesse. Trancou-a atrás de si e não saiu procurando-o pela casa. Certamente, ele fizera o único movimento de que ainda era capaz: fora ao banheiro.

Rosinda colocou a bolsa em cima da mesinha, foi à cozinha e, apesar da hora, começou a fazer o jantar, escolhendo o arroz. Depois, pensou melhor. Não ia fazer coisa nenhuma. Que comessem um lanche, pois uma noite não ia matar ninguém.

O telefone tocou, e ela se levantou para atendê-lo. Um segundo antes de tirar o fone do gancho, soube quem era. Deixou tocar, mantendo-se imóvel e ouvindo o som estridente. A linha caiu, e Rosinda tinha certeza de que, imediatamente, tocaria novamente. Um minuto depois, o toque recomeçou.

Ela podia sentir naquela campainha um grito agoniado. No quinto toque do telefone, não suportou e atendeu. Era quem ela esperava. Sílvio mal falava. Parecia sufocado, deixando-a paralisada. Tentou visualizar mentalmente o genro chorando e não pôde acreditar. Ele sempre lhe parecera incapaz disso.

Ele implorava que desse o endereço do hotel onde Ana estava e chorava descontrolado, mal conseguindo falar. Rosinda pensou que um homem daquele, tão lindo e sempre tão forte, não devia chorar e começou a entender a dimensão do amor dele. Ela fechou os olhos, ouvindo-o falar do seu amor pela esposa, do seu arrependimento, do que havia acontecido e de como ela fugira dele.

Rosinda manteve suas dúvidas. A filha ia odiá-la, pois, nem uma hora antes, prometera que não diria nada a ninguém. Era a confiança de uma vida toda, a amizade entre as duas em jogo.

No entanto, Rosinda sentia que a filha estava morando com Bruno e que ela talvez estivesse correndo perigo com aquele tipo. Sílvio continuou seu desabafo, e, em um impulso de dó pelo genro, ela deu o endereço. Fez-se um silêncio longo, e Sílvio perguntou:

— De quem é esse endereço?

— É de uma amiga que mora com um irmão — mentiu ela descaradamente, arrependida de ter dado o endereço.

Sílvio iria encontrar Ana morando com outro homem, e Rosinda tornou a pensar no que a filha lhe dissera, mas ainda não estava convencida.

Ele agradeceu muito a informação e desligou o telefone. Rosinda mal o colocou no gancho e já pegou novamente a bolsa para sair.

Rosinda correu até a avenida e pegou um táxi, rezando para chegar antes de Sílvio. Precisava avisar a filha de sua traição. A agonia da mãe era tanta que ela se viu chorando e tentando segurar algumas lágrimas furtivas.

O motorista do táxi olhou Rosinda pelo espelho retrovisor e perguntou se ela estava bem. Rosinda balançou a cabeça afirmativamente e pensou: "Acabei de trair minha filha e, se não chegar a tempo, posso ter causado uma desgraça".

O trânsito estava lento, e Rosinda tinha vontade de sair correndo. Ela cobrou do motorista que fosse mais rápido, mas ele negou que pudesse. Certamente, havia algum empecilho na avenida.

No apartamento, Sílvio sentia-se sufocar. Ele olhou para a garrafa de uísque e se viu tentado a tomar um gole. Resistiu, pois aquilo o levaria à falência pessoal.

Por que Ana correra dele tão apavorada? Ele só queria trazê-la para casa. Não aguentava a sensação de que a perdia a cada minuto, como se alguém desse um passo à frente, enquanto ele dava um para atrás, ficando cada vez mais longe dela.

Talvez isso fosse uma lição, pois das outras vezes tinha sido fácil fazer as pazes. As flores, o jantar, uma noite de amor e tudo era esquecido por ele e por ela. Mas ele tinha dúvidas, depois daqueles dias de separação, do quanto a esposa realmente esquecia e pensava em quanto ressentimento se acumulava com o passar do tempo.

Ele poderia desejar que ela simplesmente o perdoasse e esquecesse tudo a cada vez que ele a magoava? Quanto um amor pode resistir?

Essa certeza de que a perdia para sempre instalou-se com tanta força que Sílvio recomeçou a chorar, soluçar alto, solto, sem vergonha de extravasar aquela dor que o desesperava.

Quando se sentiu mais calmo, Sílvio lavou o rosto, desceu sem levantar a cabeça para que o porteiro não visse seus olhos vermelhos e foi até um telefone público, pois o dele estava estourado no chão, assim como muitas outras coisas.

Rosinda precisava entender que Ana fazia diferença de vida e de morte na existência dele. Sílvio se sentia mais calmo e tinha certeza de que se controlaria, mas o telefone tocou até cair. Ele, então, devolveu a ficha, que caiu fazendo um barulho de lata, dando a Sílvio a impressão de que, com a queda dela, ele caía junto. Novamente e de forma mecânica, ele recolocou a ficha no lugar e ligou novamente. A cada toque não atendido, seu pouco controle foi se esvaindo, até que, quando alguém atendeu, lágrimas rolavam.

Sílvio não pensava nas palavras. Falava simplesmente, trôpego, soluçando. As pessoas que passavam olhavam-no, pois ele não percebia que chorava alto e que implorava.

Rosinda não dizia nada e, depois de uma eternidade, deu-lhe o endereço que ele não precisou anotar,

246

pois toda a sua ansiedade era descobri-lo. Ficou em silêncio, como um condenado à morte que ouve a sentença de libertação, sem conseguir acreditar no primeiro momento. Rogou que Rosinda não estivesse mentindo.

Sílvio respirou profundamente, agradeceu e olhou para si. Parecia muito sujo e amassado e sentiu-se como um mendigo abandonado na rua. Por isso, foi para o apartamento, tomou um banho, lavou várias vezes o rosto inchado de chorar e vestiu a camisa preferida de Ana.

Desceu. Somente no elevador, Sílvio percebeu que Rosinda lhe dera o endereço de Margarete, mas o número do apartamento não era o mesmo. Ele imaginou que devia ser e que Rosinda se enganara.

Sílvio pegou o carro, passou na floricultura e comprou as rosas mais caras e mais bonitas. Queria ter Ana em seus braços naquela noite, dizer-lhe o quanto sofrera com sua ausência e que ela nunca mais fugisse dele.

Ele juraria, mesmo que falsamente, que nunca mais a expulsaria de sua vida e que aprendera a lição. Seguia rogando que o vulcão dentro de si nunca mais explodisse, soltando lavas que magoavam e matavam o amor sagrado que a esposa tinha por ele.

Capítulo 24

Ana desabafara com Bruno tudo o que acontecera. Sentia-se esgotada de emoções, e apenas o medo do marido ainda se fazia presente.

— Acalme-se, Ana. Vou fazer um jantar, e discutiremos o que fazer. Ele deve procurá-la novamente, então, vamos ligar para as escolas e dizer que está doente. Eu faço isso de manhã. Não vou à universidade e fico aqui com você. Depois, vamos juntos conversar com seu marido e dizer que você quer se separar definitivamente. É isso, não é?

Ana não sabia. O medo que tinha de Sílvio parecia-lhe que sufocava o amor, no entanto, ela sentia saudade dele. Algo ameaçador parecia pairar sobre o marido a cada vez que ele deixava aquele vulcão vir à tona, com lavas que queimavam tudo e todos à sua volta. Quando fora que essas explosões acabaram com sua resistência e tolerância? Ela não sabia.

— Tome um banho, pois isso a acalmará — disse Bruno, procurando mais palavras para consolar a amiga.

Enquanto isso, no táxi parado na avenida, Rosinda, ao rever a situação da tarde, percebeu que o apartamento de Bruno era pequeno e que só havia um quarto lá. Ela recordou-se também que o sofá era de dois lugares e nem mesmo Ana caberia deitada ali.

Rosinda gelou de alto a baixo e gritou para o motorista do táxi:

— Saia daqui! Pegue qualquer rua secundária, pois é caso de vida ou de morte.

O homem a olhou pelo espelho retrovisor e comunicou:

— Só vou poder fazer isso depois da esquina.

Rosinda repetia mentalmente: "Fiz bem, fiz bem, não aprovo que minha filha tenha um caso, mas já que aconteceu, aconteceu. Será mais um segredo entre mim e ela, mas com aquele tipo não pode passar disso. Sílvio não pode descobrir! Qual homem engoliria ser traído?".

Ela lembrou-se de Sílvio chorando ao telefone, na agonia que ele estava passando, e mais uma vez se sentiu responsável. Precisava consertar aquela situação, pois nada estava perdido ainda.

O motorista chegou à esquina, virou, entrou por umas ruas secundárias, e de repente Rosinda viu que estavam em frente àquele prédio feio, de pintura descascada, que definitivamente não combinava com sua filha.

Rosinda pagou apressadamente e desceu do táxi. Olhou em volta e não viu o carro do genro. Olhou no relógio. Não sabia por onde ele viria e rezou que Sílvio também tivesse pegado aquele trânsito complicado na avenida.

Ela tocou a campainha, identificando-se, e o tempo que o porteiro levou para se comunicar com o apartamento e abrir o portão lhe pareceu uma eternidade. Rosinda quase correu até o *hall* e foi direto para o elevador, que por sorte estava parado ali. Ela subiu e, a cada andar, seu coração acelerava.

Bruno fazia o jantar, enquanto Ana, finalmente mais calma, fora para o chuveiro. O interfone tocou, e o rapaz, receoso que fosse Sílvio, levou tamanho susto que a panela que tinha em suas mãos caiu. Imediatamente, ele controlou-se e atendeu temeroso o interfone, com a pulsação acelerada. Era Rosinda, e ele autorizou que ela subisse imediatamente.

Ouvindo o chuveiro, ele perguntava-se muito preocupado: "Por que Rosinda está de volta? Com certeza, não é para levar a filha, pois nesse caso não há emergência". Ele sentia perigo e emergência no ar.

Bruno procurou pensar com raciocínio lógico, pois nada de ruim podia acontecer com Ana. A escolha era dela. Se ela quisesse ficar, ele, Bruno, lutaria como um soldado em batalha, mas, se ela quisesse ir, ele ficaria de prontidão para socorrê-la todas as vezes em que precisasse.

A campainha tocou seguidamente umas quatro vezes, e ele podia sentir que Rosinda estava ansiosa.

Bruno abriu a porta, e a mulher entrou intempestivamente perguntando:

— Onde está Ana?

— Está no banho.

— Vou tirá-la daqui.

Rosinda foi entrando no pequeno corredor e batendo na porta do banheiro. Ela gritava:

— Filha, saia logo! Seu marido vem vindo.

Na urgência de sumir com a filha, Rosinda pegou na fechadura e viu que a porta não estava fechada à chave, pois essa há muito se perdera no entra e sai de inquilinos.

Ana estava no chuveiro, desejando que a água também a limpasse de todos os seus problemas e conflitos. A cena da tarde com o marido persistia em sua mente, fazendo-a gelar. Não queria mais ver Sílvio e queria poder esquecer de sua existência, mas, ao mesmo tempo, desejava ardentemente expulsar o medo e acreditar no amor do marido.

Ao pensar nisso novamente, quis sufocar a lembrança das explosões de Sílvio. Será que viveria sempre assim? Todas as vezes em que a lembrança disso viesse à sua mente, temeria, ou algum dia lidaria com isso sem sofrer tanto?

Ana ouviu baterem na porta do banheiro com urgência e logo em seguida a voz da mãe, dizendo que Sílvio estava a caminho. Ana não pôde ter outra reação, a não ser praticamente cair sentada no chão do banheiro e começar a chorar.

Ela sentiu as mãos da mãe logo em seguida a segurando e fechando o chuveiro.

— Venha logo, filha. Temos que esperar Sílvio lá embaixo, pois ele não pode saber que você está morando sozinha com um homem.

— Mãe, por que você contou? Eu confiei em você. Não estou preparada ainda, preciso pensar.

— Vamos, Ana! Não temos tempo! Ele já deve estar chegando.

Rosinda praticamente a arrastava, enxugando-a como se ainda fosse uma criança. Entraram no quarto, e ela foi pegando uma roupa para a filha. Não lhe passou despercebida a cama ainda desfeita. Só não sabia se estava daquela forma desde a manhã ou se fora desfeita recentemente.

Ela fez uma cara feia. Fizera muito bem em dar o endereço a Sílvio, antes que a filha se perdesse de vez com aquele tipo. Ana parecia uma boneca imóvel, e Rosinda gritou para que ela tivesse reação.

— Ana, você quer uma desgraça? Vista-se logo! Seu marido é intempestivo.

A moça não conseguia pensar, e a única frase que ficava ecoando em seu cérebro era a que a mãe lhe dissera: "Seu marido vem vindo".

Ainda nua e enrolada na toalha, Ana começou a gritar:

— Não! Não! Não quero! Não quero! — ela estava nitidamente em uma crise de histeria.

Ao ouvir o que a mãe de Ana disse à porta do banheiro, Bruno automaticamente passou a chave na porta do apartamento. Era uma forma de proteger Ana de Sílvio, o homem que ele conhecia só de vista, mas que temia.

Ouvindo-a gritar, Bruno entrou no quarto e, percebendo que Ana estava histérica em seu medo, a abraçou mesmo na frente de Rosinda. Ela que pensasse o que quisesse, avaliou ele em uma reação que comumente não era sua.

Bruno detestava confronto. Muitas vezes, preferia ceder para não brigar, mas, naquele momento, estava conhecendo uma parte sua adormecida. A parte fera, a parte disposta a lutar com todas as armas por alguém que amava, assim como lutaria por seus pais para protegê-los de uma ameaça.

Quando Rosinda viu a filha só de toalha abraçada àquele tipo, só teve uma reação: a de separá-los. Colocou a mão entre os dois, puxando Ana e pedindo a Bruno que saísse.

Ele não saiu e também não permitiu que ela os separasse. Rosinda ficou desesperada. Precisava pensar no que fazer. Talvez tivesse chegado tarde demais. Não tinha ideia de quanto tempo fazia que eles tinham um caso, pois a filha nunca lhe dissera nada. Logo ela, que tinha orgulho da filha e acreditava que as duas eram amigas e que contavam tudo uma a outra.

— Vamos, Ana! Se ele a encontrar aqui, pode até matar vocês. Filha, ele me ligou chorando. Fiquei com muito dó, saiu sem querer.

— Mãe, eu não quero vê-lo. Não quero! Não estou preparada! Não sei o que fazer!

— Filha, não há escolha agora. Mais tarde, você vai me agradecer. Saia, moço, deixe ela se vestir.

— Ana, fechei a porta à chave, e o porteiro não dirá que você está aqui. Seu marido vai desistir e depois irá embora.

— Bruno, ele não irá — dizia Ana chorando. — Mãe, você me traiu. Nunca mais vou lhe confiar nada.

— Foi você quem me traiu! Disse que me contava tudo, no entanto, não me disse que tinha um amante.

Filha minha, casada e com um amante. Eu não aceito isso, não. Ana, vista-se e venha! Desça antes que seu marido chegue. Prometo levar o segredo desse erro para minha sepultura.

Ana soltou-se de Bruno, que saiu triste. Ela, mecanicamente, começou a vestir-se, enquanto a mãe a ajudava.

Na sala, Bruno avaliava que, se Rosinda, que conhecia a filha tão bem, não entendera a amizade entre eles, Ana estava certa em seu pavor, pois ninguém mais entenderia. Isso causou uma dor profunda em Bruno. Por que a amizade entre pessoas de sexos diferentes sempre leva à malícia?

Apareceu na mente de Bruno um homem sem rosto, com ares de vitória, forte, musculoso, bem de vida, um vencedor, fazendo Ana sentir-se dominada e viver sob a égide do medo. E ele, Bruno, sem poder mais ajudá-la.

Ana parou de fechar a camisa que pegara ao acaso e sentou-se novamente na cama. Olhou para a mãe e disse, sentindo-se segura de repente:

— Mãe, não vou voltar para Sílvio, não quero viver mais com ele. Vou trabalhar e comprar um apartamento só para mim. Não quero viver sempre temendo as explosões de meu marido.

— E esse seu amante? — perguntou Rosinda, fechando a porta do quarto para que Bruno não ouvisse.

Ana sorriu tristemente, afirmando:

— Não acredita em mim, não é, mãe? Logo você, que me conhece tão bem. Bruno é uma alma boa, digna, um amigo como raros. Olhe para este apartamento precário. Ele não pensa que já é pequeno para um. Socorreu-me, me oferecendo o melhor que tem, sua própria cama, e não admitiu que eu dormisse naquele sofá tão pequeno.

Rosinda não acreditava em Ana, mas não queria discutir naquele momento. Ela disse à filha:

— Ana, antes eu não acreditava que Sílvio a amava, mas tenho certeza disso agora. Volte para ele, dê-lhe mais uma chance.

— Mãe, eu não sei. Comecei a temer muito as explosões dele. A cada vez, ele fica mais transtornado. Já lhe pedi, em um momento de calma, que procurasse um psiquiatra, mas foi como apertar um botão. Ele explodiu. Tenho medo de ter filhos e de as crianças o temerem. Estou insegura se meu amor aguenta isso. Aliás, não sei se ainda o amo.

Rosinda também não queria discutir isso. Depois que ouviu o genro chorar daquele modo por Ana, entendeu que o amor dele era imenso e que merecia, sim, outra chance.

— Ana, não dá certo morar com esse tipinho. Converse com seu marido, ele não bate em você. Sei que é agressivo com palavras, que elas machucam muito e que Sílvio quebra as coisas em casa, mas converse com ele e dê-lhe mais uma chance.

Bruno ouviu o interfone tocar e sabia que só podia ser Sílvio. Mal fazia quinze minutos da chegada de Rosinda. As duas ainda estavam no quarto, à porta fechada. Bruno pensava no que faria se tivesse que enfrentar Sílvio.

O interfone tocava insistentemente, e ele não se mexeu para atender. Ana saiu do quarto vestida com a mãe logo atrás.

A moça tinha um semblante calmo e parecia fria, como se todas as emoções tivessem cessado. Aproximou-se de Bruno, abraçou-o e beijou-o na face na frente da mãe. Ele não esperava o gesto e por isso nem sequer teve a iniciativa de corresponder ao abraço.

Rosinda parou de falar e parecia atônita. Ela não entendia a extensão da amizade. Ana pediu a ele:

— Bruno, por favor, vá para o quarto e não saia de lá de forma alguma. Meu marido às vezes pode ser muito violento.

254

Enquanto ela dizia isso, o interfone continuava a tocar, sem que ninguém se mexesse para atendê-lo. O cheiro de arroz queimando inundou o apartamento ao mesmo tempo que a fumaça.

Ana ainda foi até a cozinha e desligou o fogo, e Bruno foi para o quarto sentindo-se inferior. Queria estar com ela, ao lado dela, mas não sabia como lutar e de que armas podia dispor.

Dentro do quarto, encostou a porta, deitou-se na cama de sapato e tudo e aguçou os ouvidos. Ele só tinha uma arma decisiva: seu amor de amigo por Ana e a vontade de defendê-la, nada mais — avaliava ele, como se isso fosse pouco.

Ana finalmente atendeu ao interfone, autorizando o marido a subir. Quando a campainha do apartamento tocou e ela abriu a porta, deu de cara com um Sílvio transtornado, que segurava as flores que trazia com tanta força a ponto de esmagar um pouco os caules. Mesmo assim, ele sorriu. Estava com uma aparência péssima de quem não dormia há dias e de quem tinha chorado muito. Ele lhe entregou as flores e tentou abraçá-la, como se nada tivesse acontecido à tarde.

Ela pegou as flores e não permitiu o abraço. Dando-lhe as costas, colocou com desprezo as flores em cima da mesa.

A primeira coisa que Sílvio observou foi a miséria do apartamento e, logo depois, viu Rosinda. Perguntou:

— Por que está aqui?

— Vim avisar minha filha que você vinha, afinal, de alguma forma eu a traí.

— Pode nos deixar a sós? Onde estão as pessoas com quem você está morando?

— Estou morando sozinha. Não vê? Comprei tudo de segunda mão. Mãe, pode ir, não haverá problemas.

255

Rosinda lembrou-se que em algum momento levara a bolsa para o quarto. Foi até lá, não bateu na porta, entrou e pegou a bolsa nos pés da cama. Bruno estava deitado de lado no escuro e encolhido.

A mulher quis dizer-lhe que não tivesse esperança e que os dois foram feitos um para o outro, mas ficou calada.

O rapaz a sentiu entrar no quarto, pegar algo e sair e continuou ouvindo os dois conversando na sala, o cheiro de arroz queimado ainda espalhado no ar. Ele estava com uma vontade imensa de chorar. Queria fazer mais por sua amiga e não sabia o quê.

Ouviu a porta da frente sendo aberta e fechada e algum tempo de silêncio na sala. Depois, a voz de Sílvio afirmando com suavidade forçada.

— Ana, vim buscá-la. Por favor, como pode preferir morar nesta miséria? Não devia ter fugido de mim hoje à tarde. Fez-me sentir como um bandido, um sequestrador. Eu a amo, vamos para nossa casa, sou seu marido.

— Não! Quero morar sozinha.

— Você é casada comigo, não pode se esquecer disso. Olhe, querida, estou no lugar do diretor, que partiu para os Estados Unidos. Estou sobrecarregado de trabalho e preciso de calma para trabalhar, e minha calma é saber que você está comigo. Vamos esquecer tudo, está bem? Você desfaz esse contrato, joga no lixo essas porcarias e volta para nosso apartamento que tem tudo. Vou pedir minhas férias assim que o diretor voltar, e, se ele não voltar, aí, então, serei o diretor e meu salário praticamente dobrará. Assim que tivermos férias, iremos para o exterior. O que você prefere? Europa ou América do Norte? Poderemos ter uma segunda lua de mel e, finalmente, começar nossa família.

Ana não respondia e olhava para o rosto abatido do marido. Sentia-o temeroso e seu coração se condoeu. O que acontecia com ela e com Sílvio? Percebeu que o amava muito, mas que a cada dia temia mais por sua instabilidade emocional.

Sílvio continuou preenchendo o silêncio. Se Ana não fosse, ele ficaria. Olhou para o pequeno corredor que mais parecia um *hall* e teve certeza de que uma porta era do banheiro e que a outra era do quarto. Sorriu. Iria assediá-la, afinal, eles sempre gostaram muito de se amarem.

Ele via na relação íntima um portal para as pazes. Sílvio levantou-se de onde estava sentado e foi até a esposa, que estava de pé a alguma distância. As palavras pareciam não resolver, então, ele ia tentar a ação.

Sílvio abraçou-a e foi como abraçar uma pedra. Tocou-lhe os lábios com os dedos delicadamente, percebendo que a saudade dele era maior ainda. Sussurrou:

— Ana, perdoe-me, eu a amo muito. Juro que nunca mais terei aqueles acessos. O castigo valeu. Você quer passar a noite aqui ou em nosso apartamento?

— Aqui. Mas sozinha.

— Você está louca, se pensa que vou deixá-la sozinha!

A teimosia de Ana fazia Sílvio sentir que o vulcão de ira crescia dentro dele. As lavas subirem e descerem e ele as segurar com muito controle. Isso começou a sufocá-lo.

Sílvio tentou beijar a esposa novamente, a agarrou e abraçou fortemente. Precisava envolvê-la e quebrar aquele gelo.

Vendo que não conseguia, começou a se desesperar. Soltou-a, e as lágrimas começaram novamente a rolar. E ele, sufocado por elas, começou a implorar.

Ana nunca tinha visto o marido tão transtornado, de repente quieto e ao mesmo tempo implorativo e desesperado.

As emoções da moça começaram novamente a se confundir. Decidira que não poderia ter como marido alguém que, mesmo amando, temia.

— Venha, querida, esse deve ser o quarto. Vou passar a noite aqui com você. Vou amá-la como nunca se sentiu amada antes. Se quiser, mantenho esse apartamento para você, assim, quando brigarmos... mas eu juro que vou tentar de todas as formas evitar isso, e se quiser fugir, ficarei seguro sabendo que está aqui. Uma extensão de nossa casa.

Sentindo o que ele tentava fazer, Ana ficou apavorada. Sílvio voltou a abraçá-la, e ela tomou coragem e disse:

— Sílvio, eu ainda o amo, mas quero a separação. Não aguento mais viver sob a pressão de sua instabilidade.

O homem caiu pesadamente no sofá, olhando-a incrédulo, sem outra reação. Depois, começou a sorrir enquanto seus olhos se enchiam novamente de lágrimas.

— Ana, eu lhe imploro que não me castigue assim. Isso não pode ser verdade e não é.

— É, sim. Tenho certeza do que quero. Estou vivendo com medo e não quero isso para minha vida. E quero menos ainda para meus filhos.

— Você não pode querer se separar de mim! — gritou ele em desespero.

— Quero, sim — afirmou ela, conseguindo manter a voz segura.

A segurança e a calma que ela parecia sentir fizeram o vulcão de ira sair do controle, e ele gritou:

— Está tendo um caso com aquele diretorzinho que vi conversando com você?

— Não! Se me conhece bem, sabe que eu não faria uma coisa dessas! Precisamos da separação.

Sílvio levantou-se do sofá, pegou alguns cadernos que estavam em um canto da mesa e, sem prestar atenção neles, começou a jogá-los contra a parede e picotou alguns diários de classe. Ana nada fez para impedir. Ao contrário, sentou-se no sofá como uma autômata, olhando petrificada a cena, como se fosse de um filme de horror.

Depois, ele pegou as flores e as destruiu, jogando-as contra tudo e chutando-as. Era esse o lado que Ana tanto temia e que vinha à tona por um simples esquecimento dela ou por qualquer outra coisa, como se fosse nitroglicerina, que explode ao mínimo tremor.

Por fim, exausto, envergonhado e com o rosto entre as mãos, ele se jogou no sofá e disse:

— Ana, pare com isso! Eu juro que não vou fazer mais.

— Vai sim, muitas e muitas vezes. Saia, por favor.

— Diga-me pelo menos uma coisa: você ainda me ama? Ainda preciso muito de você. Não vê que luto contra esse vulcão de ira, só para viver em paz com você.

— Mas parece que essa luta você perde sempre e eu sou a vítima principal. Por favor, procure um advogado — disse ela olhando para os papéis rasgados no chão, os cadernos de Bruno e as flores quebradas e pisadas. Ao se lembrar do rapaz, Ana gelou. Clamava que ele não saísse do quarto em nenhum momento, pois ela não sabia o que Sílvio poderia fazer. Talvez até matá-lo.

Tremendo dos pés à cabeça, a moça caminhou até a porta do apartamento e a abriu. Ainda tentando manter a voz firme, pediu novamente que Sílvio saísse:

— Eu não vou! Você é minha esposa e darei a separação se eu quiser. Não ouse me trair, pois eu a mato!

— Saia — pediu ela quase sussurrando.

— Ana, se você se separar de mim, eu morrerei — suplicou Sílvio.

— Não morre, não. Tem a tal Lígia, que vivia ligando. Eu me lembro bem dela.

— Nunca tive nada com ela.

— Não é mais problema meu.

Sílvio pensou um pouco olhando nos olhos de Ana e deparou-se com um gelo que nunca tinha visto neles. Será que ele tinha feito aquilo? Não queria ir, queria ficar, queria levá-la. Tornou a implorar, mas ela lhe disse um seco não.

O vulcão de ira explodiu novamente, e ele chutou tudo o que podia dentro do apartamento. A mesa, já um tanto manca, acabou caindo. Ana só rezava para que Bruno não aparecesse, pois seria desgraça na certa.

Naquele momento, ela tinha dúvidas se um bom tratamento psiquiátrico realmente ajudaria o marido. Parecia à moça que seu amor, que tanto já aguentara, não fazia diferença.

Mas fazia. O amor de Ana era a única coisa que estimulava Sílvio a lutar contra aquela distorção de caráter tão perigosa. Uma guerra que ele continuava perdendo por um dia ter valorizado demais.

260

Capítulo 25

Bruno se sentia agoniado por não poder fazer nada. Sabia que Ana devia estar petrificada com a explosão do marido, mas, se ele aparecesse na sala, Sílvio poderia até matar os dois naquele ímpeto.

O rapaz tentava entender o que se passava na alma de Sílvio, um homem culto, que estava bem financeiramente, mas que não conseguia controlar-se ao mínimo contratempo. Ana já lhe relatara muitas daquelas explosões por coisas mínimas, por esquecimentos mínimos dela ou mesmo dele. As explosões tinham uma violência sem paridade com a causa.

Será que era um estado de loucura temporária ou pura tirania? Mas uma coisa Bruno sentia. Que, quando Sílvio dizia amar Ana e afirmava que ela era a coisa mais importante da vida dele, ele estava sendo sincero. O rapaz podia sentir isso.

Bruno percebeu que sentia muito dó de Sílvio e tentou sentir-se na pele do outro, amando uma mulher, mas tendo uma imperfeição que a afastava dele cada dia mais, fazendo-a temê-lo como se fosse um monstro.

Será que algum dia, sendo irremediavelmente contrariado, Sílvio chegaria a um ponto de loucura que faria algo mais insano ainda?

Surgiu um grito dentro dele, afirmando que Ana corria perigo se não voltasse para o marido. Mas como podia ele, como amigo dela, aconselhá-la a voltar e viver sob a égide do medo. Estar com um homem não pelo prazer da convivência, mas pelo terror?

Será que Deus queria isso? Não! A ordem do universo é a harmonia. Se antes mesmo de nascerem, Ana aceitara casar-se um dia com Sílvio, foi porque ele prometera mudar. Foram anos de casados, e Sílvio estava perdedor.

Bruno procurava na mente alguma palavra ou ação que pudesse usar para ajudar aqueles dois e rogou aos céus que algo lhe fosse inspirado. Fluiu-lhe que, sem Ana, Sílvio se perderia e que o amor do marido por ela fazia toda a diferença.

Sílvio realmente não era má pessoa. Era honesto, tinha boa índole, mas aquele vulcão descontrolado continuava sendo sua perdição.

❧❦

Sílvio saiu do apartamento totalmente contra a sua vontade, preferindo acreditar que Ana queria castigá-lo um pouco mais. Talvez ele merecesse, talvez não.

Já sofrera muito, mas não conseguira demonstrar à esposa. Estava arrependido e sentindo-se humilhado por ter jurado que não teria novamente aqueles acessos de descontrole e, nem dez minutos depois, ter pegado os cadernos e diários dela e rasgado todos. Além disso, chutara a mesa, que caíra ao chão, e despedaçara e pisoteara as flores.

Sentado atrás do volante, reconheceu que Ana tinha razão em temê-lo. Como ela diria, no dia seguinte, aos diretores das escolas que o marido perdera o controle e rasgara os cadernos das crianças e os diários de classe? Como Ana iria se sentir? Se ele era capaz daquilo, do que mais não seria capaz? Aquele vulcão de ira era perigoso inclusive para si mesmo, reconheceu.

— Deus! Não consigo me controlar. Como posso impor isso à mulher que amo e lutar para tê-la de volta? — gritou ele dentro do carro em um uivo de animal ferido.

Queria subir novamente, arrastar-se aos pés dela e implorar que esquecesse tudo novamente. Mas tinha o direito de pedir isso? Ela não era de ferro. Era humana, de carne e osso, e estava se sujeitando a morar sozinha naquele pardieiro, com móveis de quinta categoria, e tudo por medo dele.

Sílvio metia medo. Como pôde rasgar aqueles documentos tão importantes e sagrados como os diários de classe? Por que Ana nunca o impedia? Talvez tivesse medo de apanhar, mas ele nunca bateria nela. Nunca machucaria aquele corpo que amava tanto e que sentia desespero em acariciar.

Sentindo um remorso do tamanho do mundo, Sílvio ligou o carro e saiu devagar da vaga. Dirigiu dando voltas sem sair da quadra, pois não queria afastar-se dali, onde sua esposa estava.

Se conseguisse controlar-se, estaria com ela nos braços, aconchegado, sentindo-se seguro e dando confiança a ela. Pegou o outro lado da avenida para ir para casa, pois precisava estar no escritório cedo. Seria seu primeiro dia substituindo o diretor, mas Sílvio seguiu até quase dois quilômetros e depois se viu fazendo o retorno e voltando.

Não queria ir sem Ana, não iria sem ela. Olhou a hora. Era quase uma da madrugada. Um vento frio começava a soprar, e ele fechou o vidro do carro, tornando a dar mais uma volta na quadra onde ficava o prédio. Por fim, estacionou o carro novamente e desligou-o.

Ficaria ali, como um cão fiel aos pés do dono. Não sentia a fome e o cansaço que lhe assolavam o corpo.

263

O silêncio da madrugada foi envolvendo-o e, aos poucos, Sílvio dormiu, sonhando com Ana deitada ao seu lado e ambos em paz.

※ ❧ ❧ ❧

Bruno e Ana também ainda estavam acordados, sob o efeito da adrenalina. A moça estava muito assustada e tinha medo de olhar para a sala. Parecia que algo na explosão de Sílvio, além da violência de agredir tudo à volta, contaminava também o ar que se respirava.

A moça estava um tanto petrificada ainda e não pensava ainda que teria de inventar uma desculpa para os diários de classe rasgados.

Tentando amenizar o acontecido para não agravar mais o estado da jovem, Bruno dizia, enquanto fazia um chocolate quente:

— Ana, amanhã vou ligar para as escolas em que você dá aulas e dizer que está doente.

— Não! Sou substituta em uma delas e quero ser fixa. Preciso juntar dinheiro para pagar um advogado. Não quero nada de Sílvio, nem a pensão a que tenho direito. Preciso esquecer que um dia fui casada. E outra coisa: ele rasgou alguns de seus cadernos que estavam em cima da mesa e todos os meus diários.

— Eu já vi. Não se preocupe, compro outros cadernos, peço emprestado as lições e repasso.

— Precisarei mentir, dizendo que perdi os diários. Morrerei de vergonha disso, pois sou péssima mentirosa. Mas como dizer que meu marido os rasgou em sua ira? Prefiro passar por desmazelada e dizer que os esqueci no ônibus — disse a moça com lágrimas nos olhos, sentindo-se arrasada.

Bruno sentia a tristeza e a humilhação de Ana. Deu-lhe a xícara com chocolate quente e quase a forçou a tomar. Sentou-se do outro lado da minúscula mesa da cozinha, servindo-se também do chocolate quente. O silêncio caiu sobre eles. Como explicar a atitude de Sílvio?

Bruno não permitiu que Ana limpasse a sala e, enquanto a varria, juntando os pedaços das flores, dos cadernos e dos diários, pensava que queria ser um homem forte, um vencedor, e que as palavras desamor, dor, tristeza, ira, depressão pudessem ser banidas dos sentimentos e do vocabulário.

Ah! Bruno, você não sabe que essas palavras só existem ainda porque a humanidade se desvia muito de seu caminho original e patina nas trevas de suas imperfeições morais.

Sílvio passou a noite dormindo no carro e acordou com o amanhecer, sentindo-se mal, exausto, com dor de cabeça e com os olhos ardendo. Fora uma loucura passar a noite ali na rua, sujeitando-se a ser assaltado. E para quê?

Ligou o carro para ir-se, pois precisava trocar de roupa e tentar melhorar sua aparência antes de ir para o escritório. Ele tornou a olhar para a porta do prédio e sentiu que algo parecia segurá-lo ali.

Contra sua vontade, forçando a razão a se sobrepor à emoção, Sílvio engatou a primeira marcha e saiu dirigindo como um louco nas ruas ainda um tanto desertas.

Deixou o carro estacionado na rua, pois queria voltar a tempo de dar uma carona à esposa até a escola, pois o local onde ela estava era mais distante da escola do que seu apartamento.

Sílvio tomou um gole de leite para aplacar a fome e sentiu o estômago contrair-se. Estava desde o almoço do dia anterior sem comer praticamente nada.

Se não fosse seu primeiro dia substituindo o diretor ficaria em frente à escola onde Ana dava aula e a levaria para lá e para cá com prazer.

Precisava esquecer todas as bobagens que ela lhe dissera e queria esquecer o que ele mesmo fizera, pois se envergonhava e muito disso.

Sílvio tomou um banho rápido, trocou-se e fez a barba. Olhou-se no espelho e notou que sua aparência ainda estava péssima e que seus olhos denunciavam que ele tinha chorado ou bebido muito.

Decidira que passaria o dia com óculos escuros e, se lhe perguntassem o porquê, diria que estava com uma irritação qualquer. Decidira também que se trancaria em sua sala e evitaria sair dela até para o almoço, já que não podia ficar com Ana.

Olhou no relógio e calculou que a esposa precisaria sair meia hora mais cedo de onde estava para ir de ônibus até a escola. Colocou a gravata sobre os ombros junto com o paletó, pegou os óculos escuros e desceu pelo elevador. Entrou no carro que estava estacionado em frente ao prédio e saiu dirigindo mais rápido do que costumava.

Àquela hora, o trânsito já começava a se formar, e Sílvio passou uns dois faróis vermelhos na pressa de chegar. Depois ponderou melhor. Tinha tempo, então, por que se arriscaria? Sentia dentro de si certa alegria, aquela que vem depois de vivenciarmos todas as agonias. Alegria sem motivo, lógico, ou talvez o motivo fosse que, do fundo do poço, só podemos subir, afinal não se tem mais para onde descer.

Sílvio passou em frente a uma floricultura, mas estava fechada. Não tinha importância. Mais tarde compraria a joia mais bela que seu dinheiro permitisse comprar e presentearia a esposa.

Fechou por um minuto os olhos e pensou em Ana sorrindo para ele, enquanto abria o presente. Precisava de uma borracha mágica para apagar da lembrança de ambos todas aquelas cenas do dia anterior e as outras.

Chegou em frente ao prédio e estacionou do outro lado da rua. Eram vinte para as sete. Ele suspirou feliz, pois ainda era cedo. Teve vontade de subir e tocar a campainha. Não! Decidiu que não. Não queria ver a mesa quebrada, os diários e os cadernos das crianças rasgados, ou melhor, picotados, as flores pisoteadas, acusando-o de sua vergonhosa ação. Começou a repetir para si mesmo, enquanto estava de olho na portaria do prédio.

— Nunca mais farei isso. Nunca mais serei violento com nada ou com ninguém. Nunca mais! Preciso de minha esposa e assim a perderei para sempre. Preciso controlar minha ira, esse vulcão dilacerador.

Repetiu uma, duas, três, quatro, vinte vezes, quando viu um homem saindo com Ana, envolvendo com um braço e com intimidade os ombros de sua esposa. Os dois passaram do outro lado da rua, onde ficava a portaria do prédio, sem ver Sílvio dentro do carro.

O ar faltou-lhe e uma tontura escureceu tudo à sua volta. Sílvio respirou fundo, querendo acreditar que não tinha visto, que era engano e que deveria ser outra mulher, não Ana. Não sua esposa.

Precisava ver novamente. Ligou o carro, foi em frente, fez a volta e seguiu para o ponto de ônibus. Estacionou o carro em lugar proibido e ficou observando-os a alguma distância, vendo malícia onde só existia preocupação e amizade.

Sílvio viu quando o ônibus dela se aproximava e o homem beijar-lhe a testa, acariciando seus cabelos. Ele fechou os olhos, vendo com a mente um inexistente beijo ardente na boca. Quando os abriu, Ana não estava mais no ponto de ônibus. Ele ficou ali parado, sem saber o que fazer. Outro ônibus veio, depois outro, e viu quando o homem entrou em um deles.

A alma de Sílvio parecia ter se ausentado, voltando ao corpo só depois que um guarda, depois de aproximar-se, lhe disse que ali era proibido estacionar.

Sílvio se virou para o guarda, como se não entendesse bem o que ele falava. Vendo-o, o policial sentiu

267

que havia algo errado com aquele homem, de tão pálido que estava. Perguntou gentilmente, até esquecendo a multa que teria de aplicar:

— Senhor, está passando bem?

— Não! Não estou. Mas já vou sair.

— Se não está em condições de dirigir, eu levo seu carro até um estacionamento próximo e chamo uma ambulância para o senhor.

A mente de Sílvio estava lenta, mas mesmo assim ele agradeceu a boa vontade do policial. Ligou o carro com dificuldade, precisando dar na partida muitas vezes até conseguir fazê-lo movimentar-se, e entrou novamente na avenida.

Sílvio ia seguindo o trânsito, como se não tivesse para onde ir e fosse para onde a maioria das pessoas ia. Quando se deu conta, estava em frente à escola onde Ana dava aula na parte da manhã. Estacionou o carro e ficou ali recordando cada momento bom com a esposa, como um filme de que tanto se gosta, que se vê muitas vezes, mas que está fora de nossa realidade.

Dentro do ônibus, Ana agradecia a Deus o carinho de Bruno. Ele, que antes lhe parecera tão confuso e frágil, tornava-se forte quando ela precisava de sua força. Ele a alertara que o melhor seria a moça pensar melhor se queria mesmo o divórcio, já que reconhecia amar o marido, apesar de temer aqueles acessos.

Bruno aconselhara Ana a impor uma condição a Sílvio, para tentarem a reconciliação: que ele procurasse um psiquiatra para um tratamento. Ela recordou-se de quando, meses antes, sugerira ao marido esse tratamento. Era fim de tarde de um domingo morno, e eles sentiam-se muito felizes, tinham acabado de se relacionar e ainda estavam abraçados, falando de coisas amenas. Então, ela sugerira o tratamento, o que fora o mesmo que apertar o botão da bomba atômica.

A moça levou um susto ante a reação dele e lembrou-se de seu medo, por isso nunca mais tentou falar sobre o assunto. Mas Bruno de certa forma a convencera. Desesperado como Sílvio estava para uma reconciliação, talvez fosse o momento de ele aceitar a sugestão.

Ana respirou profundamente ao descer do ônibus. Olhou para as mãos e viu que tremiam. Chegara mais cedo para dizer ao diretor que perdera os diários.

Pensando nisso ela novamente teve vontade de chorar e sumir no mundo. Por reflexo, olhou em volta e não viu o carro do marido, apenas os pais das crianças as deixando na porta da escola.

A moça respirou profundamente mais uma vez, e certo terror pareceu tomar conta dela, como se o ar estivesse contaminado tanto quanto ficara o apartamento de Bruno depois da saída de Sílvio. Ana precisava reagir e reagiria. Quem sabe Bruno não estava certo? Sílvio faria o tratamento de bom grado, e ela teria apenas o lado do marido que tanto amava e de que sentia saudade.

Não entendemos claramente ainda que todos nós renascemos para ter controle da mente, estancar os maus instintos e desenvolver o aprendizado e o equilíbrio, e isso exige muita disciplina e esforço. Sem eles, nos colocamos distantes da divindade de Deus.

Sílvio saiu da frente da escola onde a esposa ministrava aulas, depois de a ter visto entrar sozinha e cabisbaixa. Sentiu vergonha mais uma vez ao imaginar ela se desculpando pela destruição dos diários e cadernos.

Olhou a hora. Precisava ir direto para o escritório, chegando apenas cinco minutos atrasado, fato que ninguém pareceu perceber.

Capítulo 26

Pelo modo de Sílvio bater a porta de sua sala, a secretária sentiu que ele não queria conversa. Sílvio percebeu que algo diferente parecia emanar dele e recordou-se que fazia alguns dias que parecia diferente na aparência e no comportamento. Talvez estivesse adoentado ou sofresse realmente de enxaqueca.

O homem sentou-se à mesa do escritório, respirando profundamente aquele aroma de rosas. Olhou-as e teve vontade de pisoteá-las, embora elas lhe fizessem tão bem.

A cena do desconhecido com Ana parecia martelar sua mente. Respirou profundamente, perguntando-se: "Realmente, o que vi? De verdade, nada de mais. Um rapaz saindo com um braço no ombro de Ana, beijando-a na testa. O beijo na boca não existiu".

Mas o ciúme é um monstro horroroso e novamente, mesmo Sílvio lutando para manter a lucidez, esse monstro lhe deu outra versão da história.

Mentalmente Sílvio gritou: "Basta! Basta! Eu preciso trabalhar!". E dizendo isso e forçando-se ao máximo, colocou sua atenção no trabalho que necessitava ser feito.

Não quis almoçar nem pediu que lhe trouxessem um lanche. Quando o estômago doeu de fome já era por volta das quatro horas da tarde. Passara o dia tomando cafezinhos.

Para sua sorte, ninguém o incomodara, apenas alguns telefonemas rotineiros interromperam seu trabalho.

Às cinco e meia em ponto, pegou seu paletó que estava nas costas da cadeira e o vestiu. Passando pela secretária, viu que ela também pegava suas coisas para sair. Ele nem sequer lhe deu um boa-noite educado.

Na rua, Sílvio foi direto para seu carro. Entrou nele e perguntou-se para onde iria. Não queria ir para seu apartamento, pois estava um lixo, como se estivesse abandonado há séculos. Ligou o carro e foi para o único lugar onde realmente queria estar: com Ana.

Quando estava a algumas quadras do endereço dela, viu Bruno cuidadosamente atravessando a rua na faixa de pedestres, bem na frente do carro parado de Sílvio, por causa do farol.

Passou pela mente de Sílvio atropelar o rapaz. Seria tão fácil. Só precisaria acelerar o carro e fugir, chegando mesmo a antever a cena de tão nítida que a sentira. Mas um grito se fez em sua mente: "É assassinato!". E ele ficou tão assustado que deixou o carro morrer.

Sílvio não se preocupou com o carro. Uma dúvida lhe passava pela mente, fazendo-o tremer: "Será que realmente não atropelei o rapaz? Sim, isso é assassinato". Com certo medo, observou melhor e viu Bruno chegando ao outro lado. Então, respirou profundamente sentindo-se aliviado.

O sinal abriu, e ele não se mexeu. Os outros carros começaram a buzinar, mas Sílvio estava paralisado, vendo que dentro de si não existia apenas um vulcão, mas um monstro que por pouco não o fizera cometer um desatino e o tornara um assassino.

Quando reagiu, teve dificuldade de ligar o carro e fazê-lo movimentar-se novamente. Assim que pôde, estacionou. Colocou o rosto entre as mãos e começou a chorar desesperadamente.

Sim, havia um monstro dentro de si. Um monstro horrível, capaz de matar alguém inocente. De onde ele surgira de repente?

Sílvio pensou no *de repente*. Mas não era *de repente*. A cada dia que ele não lutava para controlar-se, sempre adiando, adiando, dando vazão à cólera e adiando o bom senso, alimentava aquele monstro que lhe trazia infelicidade, que o separava de quem ele mais amava e que fazia Ana e outros o temerem.

A esposa tinha razão. Será que um dia, em um acesso, ele realmente não a agrediria? Sempre julgara que seria incapaz, porém, diante do acontecido...

Depois de muito tempo, esgotado de tanto chorar e chocado ainda de ver aquele monstro como realmente era, Sílvio foi para casa.

Lá, tomou um longo banho, como se a água fosse capaz de espantar o monstro dentro dele. Não era, e não havia nada de fora que o espantasse. Era uma luta íntima, de dia a dia, de hora em hora, de minuto a minuto.

Saindo do banheiro, ele se vestiu. Olhou a casa, reviu a sala ainda em desordem e teve vergonha enorme do monstro. Começou a arrumar tudo, juntando os restos das flores esmagadas e as coisas quebradas na ira e pensou: "Meu Deus! Meu Deus, que lado é esse? Que monstro é esse?".

Mesmo se sentindo cansado, Sílvio só parou quando não restava mais uma pétala caída na sala. Depois, foi à cozinha e tomou um leite com chocolate frio. Enquanto fazia isso, percebia que não merecia o amor de ninguém, nem mesmo o de Ana.

Quando foi para cama, ainda estava muito assustado com o que poderia ter feito. Teve o sono entrecortado, se vendo acelerando o carro e atropelando o rapaz que mal conhecia.

No dia seguinte, não foi procurar a esposa como seria seu reflexo. Estava apavorado consigo mesmo. Foi ao escritório. Bendito trabalho, que lhe ocupou a mente, fazendo-o esquecer-se do choque por algumas horas.

Enquanto isso, as preces de Ana se juntavam às nossas, rogando que Sílvio dominasse aquele lado negro, que, somente naquele momento, ele parecia se dar conta de quão perigoso era.

Fazia quinze dias que Ana não tinha notícias do marido e isso a preocupava muito. Não era de se esperar isso dele. Ela tinha vontade de ligar, mas não o fez.

A palavra separação, a cada vez que lhe surgia na mente, parecia uma punhalada. A moça andava quieta, e Bruno, curiosamente, sentia-se mais forte, como se sua força estivesse sendo testada. E, para sua surpresa, ele descobria que era muito maior do que julgava. Conseguia consolar Ana e dizer-lhe coisas otimistas, quando a moça queria se entregar à tristeza e à desesperança.

Com a presença da moça ali, Bruno, tão amigo e tão presente nos conflitos dela, percebia que o sofrimento acontecia a todos e não apenas em si. E isso o levava a reconsiderar os seus sofrimentos, que o enclausuravam, fazendo crer-se esquecido da sorte.

Olhando para Ana refazendo todos os diários, o moço pensava: "Tão bonita, tão simpática, gentil, educada e amorosa, como pode passar por tudo isso? Será que a sorte vai e vem à sua vontade?".

Não, Bruno! Não! Nós precisamos crescer e aprender a domar nossos maus instintos. Entender que somos humanos, falhamos, mas temos um caminho magnífico a percorrer. E por Ana ser tudo isso, ela aceitara, antes mesmo de renascer, correr o risco com Sílvio e ser sua companheira. E, claro, ele jurara que lutaria contra seu perfil agressivo, mas não o fizera até ali, até que a dor lhe fosse insuportável, como já estava se tornando.

Bruno levantou-se, aproximou-se de Ana e comentou com certa preocupação:

— Seu marido não entrou mais em contato. Isso realmente é estranho.

— Estou apreensiva, Bruno. Será que ele se decidiu por Lígia?

— Aquela tal? Não creio. Não creio mesmo. Se quiser procurá-lo, vou com você. Ana, sinto que ele tem uma força muito grande de amar e luta contra os dois lados. Será que não está doente?

— Eu o amo muito e sei que ele me ama, mas tenho medo daquele vulcão que há dentro dele. Do que ele será capaz? De agredir? De matar? Não quero ser expulsa com uma criança nos braços. Não quero uma criança diante desse dilema. Não haverá respeito. Haverá medo, insegurança, pavor.

— Ana, ligue para Sílvio.

— Não! Creio que é melhor assim. Talvez ele tenha procurado um advogado, e logo receberei a intimação.

Bruno sentiu Ana segurar as lágrimas, quando disse a última frase. Foi até ela e acariciou seus ombros, como a dar-lhe coragem. Sentia que amar alguém com sinceridade era algo muito raro de acontecer e ele sabia que aqueles dois se amavam muito.

O rapaz tinha vontade, às vezes, de socar Sílvio e gritar-lhe: "Como pode assustar assim sua esposa, a delicada Ana? Deixe de ser estúpido! Arranque a ferro quente esse lado ruim que o habita, pois a dor valerá a pena!".

O rapaz calou-se, sentindo-se impotente em ajudar. Ana voltou a passar a limpo os diários, sem esquecer que fora Sílvio quem picotara os anteriores e que ela tivera de esperar todo aquele tempo para conseguir outros.

Sentindo-se agoniado, Bruno avisou que sairia para dar uma volta. Não iria longe, seria a pé. O dinheiro estava contado como sempre, mas isso já não tinha o peso de antes.

Era temporário. Ele estava estudando, dedicando-se e tinha por obrigação ajudar os pais na velhice, que tanto faziam por ele, passando necessidades para que o filho tivesse a chance de crescer financeiramente e ter uma vida digna. A humildade é de alma, não de miséria financeira.

Já na calçada, um carro parado do outro lado da rua chamou-lhe a atenção. Era fim de tarde, mas já estava escuro. Bruno percebeu que havia alguém dentro dele e fluiu-lhe na mente que era Sílvio. Bruno, sem medo, aproximou-se.

O vidro foi aberto, e ele viu o marido de Ana. Deu-lhe um boa-noite tímido, e Sílvio teve vontade de tocá-lo para verificar se aquele homem era real. Tomando coragem, Bruno disse:

— Sei que está aqui por Ana. Saia do carro. Posso lhe dar notícias dela.

Sílvio temeu. Será que aquele homem conquistara Ana definitivamente? Tremendo, abriu a porta devagar e saiu. Recostou-se no carro, como se esse o pudesse proteger. Bruno o olhava indiscretamente. Queria estar atento, saber quando o vulcão daria seus primeiros sinais, mas, se explodisse, não saberia o que fazer. Se fosse agredido fisicamente, seria uma vítima fácil.

Os dois ficaram se olhando, temendo o que cada um pudesse dizer ou fazer. Bruno sentia uma força que não sabia de onde vinha. Esperou que Sílvio falasse qualquer coisa e perguntasse por Ana, mas ele temia a resposta e por isso não abria a boca.

Bruno reparou que as mãos do outro tremiam e que o pavor se expressava claramente no olhar do homem. Intimamente, o rapaz sorriu. Nunca lhe passara pela mente que alguém "poderoso" como Sílvio pudesse sentir tanto medo.

— Não sei se me conhece. Sou Bruno, amigo de Ana. Ela tem me feito muitas confidências.

Ante essas palavras, Sílvio teve vontade de abraçar o rapaz de tão aliviado que se sentiu. Sussurrou timidamente:

— Tenho vindo vê-la chegar. Fico aqui na esperança de vê-la sair para qualquer coisa. Eu a amo muito, muito mesmo.

— E ela o ama também, mas tem medo de sua agressividade. Ana tem pavor de que você chegue a agredi-la fisicamente. Sílvio, eu creio que ela tenha medo de um dia odiá-lo, por isso quer e não quer a separação.

Sílvio baixou a cabeça. As lágrimas passaram a frequentar seus olhos, e ele sussurrou:

— Não sei o que fazer. Reconheço que habita em meu ser um monstro, que até a mim tem assustado. Preciso de ajuda.

— Já nasceu com essa ajuda. Tenho concluído que o amor de Ana por você é incondicional.

— Ela não quer me ver. Aceito isso, mas não consigo ficar longe dela. É como se uma parte de mim estivesse faltando. Fico aqui até umas dez horas, depois vou para casa, e nosso lar parece um túmulo sem ela.

— Amo Ana como a uma irmã. Quero a felicidade dela. Diga-me, o que posso fazer para ajudá-los?

Ante essas palavras, Sílvio, sem mais nem menos, abraçou Bruno com força, pensando: "Graças a Deus eu não o atropelei. Me perdoe, Bruno, me perdoe pelo que quase fiz".

Timidamente, Bruno abraçou Sílvio de volta, sentindo a fragilidade daquele homem aparentemente tão resolvido e forte. E, enquanto Sílvio o largava e voltava às lágrimas, ele disse:

— Não precisa ficar assim. Está bem? Quer que eu suba e diga a Ana que está aqui?

— Não. Hoje não. Não quero que ela me veja como estou. Sinto-me um trapo.

Bruno analisou a aparência de Sílvio. Ele era alto, forte, fisicamente privilegiado, bem-vestido, com roupas nitidamente caras, mas enfrentando uma luta tão árdua que parecia maior que a dele.

— Vá para casa. Ana não sairá mais hoje. Raramente, ela sai nos fins de semana. Descanse. Recupere-se. Ela ainda o ama muito, acredite.

— Mas eu não mereço esse amor.

— Deve ter conquistado em algum momento da vida, portanto, deve merecê-lo. Agradeça a Deus por isso.

Sílvio sentiu-se aliviado, como se Bruno o tivesse tirado dos braços da morte, por isso não sabia como agradecer-lhe. Entrou no carro e seguiu para casa.

Lá chegando, tomou um longo banho, fez um lanche rápido e foi para a cama. E, diferente das outras noites, teve uma boa noite de sono.

Dormiu com a sensação de que todo o monstro sumia, quando o amor e a compreensão ocupavam o espaço.

Capítulo 27

Voltando para o apartamento, Bruno não sabia o que fazer. Não encontrava as palavras certas para dizer a Ana que falara com Sílvio.

Sentou-se no sofá, e a moça olhava a televisão de péssima imagem. Os dois, no entanto, sabiam que ninguém prestava atenção à programação.

Alguns minutos depois, Ana aproximou-se mais de Bruno sem dizer palavra e deitou a cabeça nas pernas dele. O rapaz afagou seus cabelos e sorriu ligeiramente, lembrando-se da frase que vira em algum lugar: "Ninguém tem tão pouco que não possa dar". Materialmente falando, ele não tinha quase nada e, até aquele momento, acreditava que, com todos os seus conflitos, nem emocionalmente poderia doar algo.

Bruno sentiu quando Ana deixou escorrer dos olhos algumas lágrimas silenciosas e perguntou-se como seria amar daquele modo. Afagando ainda os cabelos da moça, sussurrou:

— Ana, acalme-se. Seu marido está lutando com todas as forças para mudar.

— Tenho dúvidas.

— Ele estava lá embaixo. Nós nos falamos.

Ana sentou-se e olhou para Bruno, temendo o que Sílvio poderia ter feito ou dito.

— E ele não o agrediu?

— Não. Disse-me que todas as noites vem aqui com a esperança de vê-la, ao menos, de longe.

Ana suspirou, comentando:

— Tenho medo do que ele se torna quando é contrariado.

— Venha cá. Deite sua cabeça aqui novamente e entenda que a luta dele é muito difícil. Creio que é pior que a luta de um viciado em droga.

Ana deitou a cabeça novamente nas pernas de Bruno, fechou os olhos e sentiu nitidamente a presença de Sílvio, mas do marido carinhoso, dedicado, amoroso, até emergir o monstro.

Seu estômago se contraiu de medo, pois esse monstro parecia cada dia mais forte. Será que a parte boa de Sílvio conseguiria combatê-lo?

Os dois ficaram em silêncio, ainda olhando para a péssima imagem da televisão. Depois de pouco mais de uma hora e meia, recolheram-se. Novamente, Ana quis dormir no sofá, mas Bruno não permitiu de modo algum.

Durante o sono, Ana viu Sílvio chorando e implorando a Deus que a esposa voltasse e que ele tivesse coragem de lutar todos os dias contra o monstro que lhe habitava a alma.

Quando a moça acordou, ficou um pouco mais na cama. Era cedo para levantar-se, e a imagem do sonho voltou à sua mente. Ela fez uma oração para o marido, como forma de fortalecê-lo.

Dando a hora, Ana levantou-se e Bruno também. Ana fez o café, e os dois se serviram com um lanche rápido. Antes de sair, a moça acariciou os cabelos do rapaz, agradecendo a Deus por aquele irmão amoroso e tão inesperado.

Cada um seguiu para seu rumo. Ana seguiu para suas aulas como professora, e Bruno como aluno da universidade, cada um tentando vencer seus limites. Os dois, no entanto, não entendiam realmente a extensão da luta árdua de Sílvio.

Sílvio chegou ao escritório sentindo-se melhor descansado e inseguro pelo cargo que estava exercendo como substituto. Ele já entendia que sua paz estava ligada ao fato de a esposa voltar a viver com ele.

Conseguia mensurar a necessidade da família, do amor de Ana e, mais ainda, a importância de cultivar qualquer amor e dar importância aos bons relacionamentos.

Sendo alguém determinado, conseguiu entregar-se ao trabalho com afinco, esquecendo um pouco seus dramas e seus monstros.

Quando o telefone tocou, teve até um sobressalto. Atendeu um tanto distraído, e era a voz de Lígia que lhe dizia:

— Não desligue. Tenho algo importante a lhe dizer.

O monstro dentro dele já queria rugir, ir até a moça, pegá-la pelo pescoço, e sumir com aquela mulher de sua vida. O rapaz engoliu em seco e fechou os olhos, sabendo que nada de bom poderia vir dela.

— Sílvio, eu soube que sua esposa tem um amante e atualmente está vivendo com ele.

Secamente, sem perguntar como Lígia sabia, ele respondeu:

— Não é amante; é irmão dela — dizendo isso, ele bateu o telefone, mas o monstro dentro dele dava voltas querendo sair, querendo rugir alto, quebrar tudo, se vingar do mundo.

Sílvio levantou-se, andou pela sala, cheirou as rosas sempre ali, no vaso. Respirou profundamente e sussurrou a si mesmo:

— Por que sempre há provocação? É teste? É teste? Você não vai sair, vou matá-lo dentro de mim. Nunca mais deixarei você me separar de quem amo. Morra, monstro. Morra!

Sílvio sentou-se novamente para trabalhar. Alguns pensamentos malévolos tentaram se fixar, mas ele não permitiu. Usou toda a força que tinha para concentrar-se novamente no trabalho e, minutos depois, conseguiu.

Quando, sozinho dentro do carro, voltava para casa observando o trânsito, percebeu que sempre seria provocado. Sempre haveria um motorista mais apressadinho, fechando seu caminho, quase causando um acidente, um xingamento aqui, outro ali. O desprezo da sogra, a provocação de mulheres como Lígia etc.

No entanto, ao pensar que chegaria em casa e Ana não estaria lá nem chegaria, isso o fez desesperar-se. Mesmo assim, foi para casa, entrou no apartamento e ali ficou sentado. A sala foi escurecendo, e ele não se mexia, até que a fome o obrigou a tomar uma atitude.

Abriu a geladeira e viu que nada havia lá. No armário havia apenas um pacote de biscoitos de água e sal. Pensou em convidar Ana e Bruno para um jantar, mas olhou a hora e viu que já era tarde.

Saiu do apartamento, pegou o elevador e foi até a padaria. Comprou um lanche e foi servir-se em casa. O silêncio parecia-lhe macabro. Sílvio ligou a televisão só para que fizesse algum barulho.

Sentiu novamente que o monstro queria emergir. Olhou em volta, como se procurasse algo que o combatesse, e, vendo a casa toda suja de pó, abandonada por sua dona, jogou um vaso com toda a força no chão. O som dos cacos de vidro se espalhando por todo o lado deu-lhe prazer.

Já ia pegar outra coisa, quando estancou. Colocou as mãos para trás, uma segurando a outra, e começou a gritar agoniado:

— Não! Não! Eu tenho de matá-lo. Matá-lo!

O telefone começou a tocar. Ele não o atendeu, temendo que fosse Lígia, que parecia adivinhar sempre seus piores momentos. Temeu que ela conseguisse tirar o pouco controle que estava conseguindo manter.

De pé, andando de um lado para o outro, lembrou que Ana adorava aquele vaso, dado por uma tia muito querida na época do casamento. Onde ele encontraria outro igual? Onde?

Quis sair naquele momento para repor e olhou a hora. Eram onze horas da noite, e tudo já estava fechado. Sílvio olhou a janela fechada, teve vontade de abri-la e pular dela.

Será que somente assim aquele monstro morreria? Não! Algo o inspirou que, aonde quer que ele fosse, teria de enfrentá-lo. Até do outro lado, o da morte. Não! "Morto, tudo dentro de mim também estaria", pensou erroneamente, desesperado.

Sílvio começou a chorar muito. Precisava do amor de Ana, necessitava estar com ela. Parecia que, estando com a esposa, o monstro se intimidaria em manifestar-se depois daquela longa separação e de tanta saudade. Mas e o que restava nela? O quê?

Rosinda chegou da escola e sorriu para o marido, que estava na sala, rígido, olhando para a televisão. Ele, no entanto, não correspondeu ao sorriso.

Naquela noite, ela estava especialmente feliz, apesar de suas preocupações com a filha. O professor lhe dissera que ela era a mais aplicada e a melhor aluna da sala.

Rosinda fizera provas na semana anterior e tirara dez em quase todas as matérias. Somente em redação a nota fora oito e meio, mas mesmo assim ela estava muito satisfeita.

Ela foi para a cozinha fazer um lanche e, ao olhar para o marido mais uma vez, teve vontade de dizer-lhe:

"Quem lhe disse que estou velha para qualquer coisa? Nem você está. O que o torna velho é a falta de vontade de aprender e mudar".

Rosinda já percebera que antes falava alguns verbos e plurais errados. Estava atenta, pois queria falar bem e aprender o máximo que pudesse. Era sua vez de explorar o mundo por meio da geografia, história e das ciências biológicas.

Já pedira várias vezes ao marido para acompanhá-la, mas ele ainda se recusava. "Quanto perde Romualdo? Quanto?", questionou-se.

Além do conhecimento, Rosinda fazia amigos e agora tinha uma festa de aniversário para ir. Sua dúvida era convidar ou não o marido. Será que ele iria?

Rosinda queria muito ir. Quase todos eram mais ou menos da mesma idade que ela, com exceção do professor, que era bem mais jovem.

Quem sabe Romualdo não se sentiria feliz, saindo daquela postura de múmia e conhecendo outras pessoas?

Rosinda sorriu, estava tão feliz que queria mostrar suas notas para toda a família, mas acreditou que isso fosse criancice.

E a festa? Por que não comemorar? Seu colega de classe comemoraria aniversário e lhe dissera: "Vou fazer oitenta anos e quero uma festa. Cometi muitos erros e também acertei muito. Nesta idade, não sei se poderei estar aqui no ano que vem. Quero meus colegas de escola em peso junto com meus filhos, netos, irmãos, irmãs e sobrinhos. Preciso comemorar com os amigos de jornada as chances que tenho tido, mesmo sabendo que terei outras e outras.

Nisso o amigo não estava totalmente certo. Precisamos comemorar sempre a cada passo da jornada e ser agradecidos aos amigos do caminho e à proteção espiritual.

Rosinda não tinha entendido bem essa história de chances e amigos de jornada, mas não perguntara. Ainda se envergonhava um pouco de seu conhecimento limitado.

O professor também fora convidado à festa, assim como Romualdo. Ela olhou para o marido mais uma vez. Queria muito que ele fosse, que conhecesse todos colegas da classe e despertasse para a vida.

Rosinda tirou o convite da bolsa e andou até o marido, sorrindo feliz. Ele tirou os olhos da televisão e a olhou com ares de reprovação. O ânimo dela reduziu-se, e ela decidiu falar-lhe sobre a festa no dia seguinte. Quem sabe até lá o sangue dele voltaria a circular, soprando novos ares de vida e fazendo-o enxergar que havia muito, mas muito mesmo, a aprender e fazer, mesmo que ele não tivesse um trabalho oficial, nos moldes que Romualdo queria.

Ana saiu de perto do telefone público muito preocupada. Já era hora de Sílvio estar em casa. Ela desejava ouvir a voz do marido, mesmo sem saber bem o que queria lhe dizer, mas sentia necessidade de lhe falar qualquer coisa, nem que fosse um simples boa-noite. O telefone, no entanto, tocara até cair.

Ela começou a caminhar em direção ao prédio onde estava morando e já atravessava o saguão, quando foi influída a tentar novamente. Voltou ao telefone público e sentia como se fosse uma emergência. O telefone tocou até cair outra vez, ela pensou em desistir, mas se viu discando novamente.

Dessa vez, logo no primeiro toque, ouviu a voz irada do marido dizendo *alô*. Com medo, Ana ficou em silêncio, e Sílvio disse novamente *alô*. Ela, então, percebeu que ele chorava, e, como em uma simbiose, ela começou a chorar também. Sílvio ouviu o pranto da esposa e, com a voz embargada, perguntou:

— Ana, é você, meu amor? Sinto sua falta, estou muito infeliz. Falei com Bruno outro dia. Que ótimo rapaz ele é. Não estou com ciúme, mas estou desesperado de saudade de você. Ana, meu amor, por favor, volte.

— Sílvio, liguei para desejar-lhe boa-noite. Estou preocupada com você.

— Querida, que bom ouvir sua voz. Ana, vou buscá-la agora mesmo. Morro sem você aqui. Volte para mim.

Ela ficou na dúvida. Sentia uma vontade quase irresistível de abraçar o marido e saber que ele estava chorando a desesperava. Ana perguntou-se: "Será que o monstro morreu? Meu Deus, ajude a matar o monstro que habita o homem que amo".

Sílvio continuava falando:

— Querida, deixe-me ir buscá-la. Tenho ido aí vê-la.

Pareceu à moça que algo lhe gritava: "Vá, Ana. Tenha coragem. Sozinho, ele não conseguirá combater o monstro que o habita. Vá, Ana. Vá".

Mas Ana temia, pois sentia que, se Sílvio a expulsasse de novo, jamais desejaria estar com ele novamente.

— Sílvio, não me sinto preparada ainda. Quero apenas lhe desejar boa-noite — disse isso e desligou o telefone em seguida, apesar de a cobrança ainda lhe rondar a mente. Voltou quase correndo para o apartamento de Bruno.

Ana abriu a porta de supetão, chamando a atenção do rapaz que estava debruçado na mesa capenga, estudando. O rapaz perguntou, preocupado:

— Falou com ele?

Ana confirmou com um movimento de cabeça. Bruno levantou-se e caminhou até ela, abraçando-a. Sentiu que a moça tremia, sussurrou-lhe palavras de carinho e coragem e depois a soltou. Precisava estudar, pois teria uma prova importante no dia seguinte.

Quietamente, ela foi para o quarto e mais uma vez, ao ocupar a cama do rapaz, sentiu remorsos. Teve vontade de ligar outra vez para o marido, mas ali não havia telefone.

Exausta física e psicologicamente, Ana acabou dormindo. Acordou no meio da noite com uma lembrança estranha. Vira debruçado na janela, como Bruno fazia, a imagem de Sílvio.

Ana levantou-se devagar e foi pé ante pé olhar na sala. Ninguém estava na janela. Bruno dormia encolhido no sofá, e ela teve vontade de pegar suas coisas, chamar um táxi e ir para casa, mas não o fez.

Deveria fazer. Sílvio precisava mais dela do que nunca. E ele realmente estava debruçado na janela, como se o mundo nada tivesse a oferecer-lhe. E se algo o estava segurando era saber que Ana se preocupava com ele, pois ligara para dar-lhe um boa-noite.

Capítulo 28

Rosinda olhava para o marido, que, irado, gritava:

— O que se tem para comemorar aos oitenta anos? Velhice?

— Vida, homem! Quantos anos já não fizemos! Não temos oitenta anos ainda, mas, se eu completar, vou também fazer uma festa com todos meus amigos, filhos e netos.

— Não comigo! Eu tenho vergonha na cara!

Rosinda tentava entender o argumento. O que comemorar os oitenta anos com festa tinha de sem-vergonha? Nada! Deduziu rapidamente que fosse preconceito.

— Eu vou e quero muito que vá comigo. Quem sabe você não se anima também a estudar?

— Meu tempo de escola já passou e o seu também!

— O meu não! Conhecimento nunca é demais, e, outra coisa! Meu avô sempre dizia que, quando morremos, tudo fica, não levamos nada. Somente levamos nosso conhecimento, que será ainda mais importante depois da morte.

— É pura bobagem, velha insana!

Romualdo quis ofender a esposa, mas ela sorriu divertida, deixando-o mais irado.

— Você não se atreva a ir! — gritou ele exasperado.

— Eu vou. Já tenho idade suficiente para dirigir minha vida. Gostaria de ir acompanhada com você, meu marido, mas, se não quiser ir, irei sozinha. Decida. Será no sábado, às oito horas da noite. Não será uma festa luxuosa, nem precisamos nos preocupar com roupa.

Romualdo olhava para a esposa. Estava admirado, reparando que até a postura dela mudara. Perguntou-se o que estava acontecendo no mundo. Para ele que queria estacionar: nada. Mas, como já haviam dito, o mundo não para, e, se ele não se mexesse, logo a esposa estaria tão longe que ele não mais a alcançaria.

Rosinda ouvira seus instintos. Estava aqui para aprender o máximo que pudesse e não tinha a mínima vergonha de pedir livros emprestados — já que não podia comprar todos que desejava —, trocar informações, expressar suas opiniões e acatar a dos outros, se estivessem corretos. Nem ela percebia que estava mais paciente do que nunca com o marido e a limitação que ele apresentava.

Ela intuitivamente sabia que, independente da idade, aprender muito e sempre e colocar em prática é o objetivo. Estava cada dia mais feliz com suas realizações e desejava ardentemente que, quando fizesse oitenta anos, tivesse muitos motivos para comemorar. Quem sabe a formatura em uma faculdade? E por quê não?

Amanhecia devagar, e Sílvio vira cada estrela sumir e aparecerem os primeiros raios de sol. Seu corpo formigava de cansaço, mas o sono não vinha. Tomou um longo banho, vestiu-se, não fez sequer café e foi mais cedo para o escritório. Seu trabalho já não rendia tanto quanto antes.

Enquanto dirigia, observando o comportamento das pessoas àquela hora, ainda tão cedo, deu graças a Deus por amar Ana daquele modo. Como seria ele, sem a necessidade de amar e sentir amor? Sorriu amargamente. Seria o monstro dentro de si. Falou em voz alta: "Deus, agradeço-Lhe a chance de perceber que sem amor não existo como ser humano".

Sem perceber, Sílvio dirigia mais devagar do que a velocidade permitida naquela avenida e foi xingado por vários motoristas. Indiferente, o rapaz nem percebeu.

Chegando ao escritório, apenas o faxineiro estava lá acabando seu serviço. Sílvio cumprimentou-o com um aceno de cabeça e foi para a mesa que ocupava.

Olhou o telefone. Queria ouvir a voz de Ana e sabia que ela ainda não fora para o trabalho, mas não tinha como ligar para ela. Lamentou por isso.

Antes mesmo de se entregar ao trabalho que o esperava, Sílvio observou a sala totalmente limpa e em ordem. Pensou nos faxineiros, que passavam a noite fazendo limpeza nos escritórios e a quem nunca dera o devido valor.

Quem era Sílvio? Um homem inteligente, culto, mas indiferente ao mundo. Um homem que só sentia suas próprias necessidades, como se mais ninguém existisse à sua volta.

Sussurrou: "Deus, quem sou eu? De onde surge o monstro que me habita?". Ele não sentiu resposta. Não precisava, já sabia. O monstro surgia de sua egolatria, de acreditar que suas necessidades vinham à frente de todo o resto do mundo. De sua incapacidade de lidar com a frustração. Por isso, quando não era atendido de pronto, tinha gana de quebrar tudo, ofender a todos, pois ousaram contrariá-lo. E o rapaz já sabia que não era nada fácil sua luta para combater esse monstro.

Sílvio pensou em Ana novamente. Ela era uma arma forte. Era o amor, maior do que sentia por qualquer outra pessoa.

Entregou-se à rotina de trabalho. Aqueles problemas não lhe doíam na carne, era o responsável para resolvê-los, e o faria com certa facilidade, pois, ali, tinha domínio.

Fim de tarde, Sílvio resolveu ir até a casa de Bruno e por isso se sentiu mais feliz. Precisava ver a esposa, abraçá-la e implorar mil vezes, se fosse preciso, que voltasse a viver com ele.

Sílvio comprou flores, como tantas vezes o fizera, mas, observando-se melhor, percebeu que, mesmo que das outras vezes a tivesse presenteado com carinho, havia um objetivo subliminar mais forte: manipular as emoções de Ana para que o perdoasse.

Dessa vez, algo sutil mudara, e ele não sabia explicar a si mesmo. Claro que a queria desesperadamente de volta e faria qualquer coisa, mas, olhando as flores no banco do passageiro, rogava que elas expressassem em cada pétala o amor e a saudade que sentia.

Sílvio desceu do carro em frente ao prédio de Bruno. Foi até o porteiro, e este lhe disse que nenhum dos dois haviam chegado ainda.

Ele voltou para o carro e, pensando em Bruno e Ana, percebeu que não sentia ciúme, nem quando vira os dois virarem a esquina com pacotes de supermercado.

Sílvio via no semblante da esposa tristeza e no de Bruno preocupação. Mal os dois chegaram à portaria, ele desceu do carro e chamou a esposa, que, ao vê-lo, teve vontade de largar os pacotes e correr para abraçá-lo até que o mundo acabasse.

No entanto, Ana não fez um gesto, mas Sílvio entendeu, pois os olhos dela brilharam e foi mais forte do que as palavras poderiam ser. Aproximando-se timidamente, ele disse:

— Ana, eu a amo tanto, tanto que estou enlouquecendo sem você.

Os dois ficaram parados um em frente ao outro, esquecidos de que Bruno estava ao lado. O rapaz olhava Sílvio e tornava a pensar: "Como um homem tão bonito e forte pode ao mesmo tempo humilhar-se tanto?".

Graças a Deus, Bruno, graças a Deus. Imagine se pessoas como Sílvio não necessitassem amar e serem amados. Seriam apenas monstros com corpo de humano.

Bruno quis pegar os pacotes que estavam nos braços de Ana, mas não podia, pois os seus também estavam carregados. Por isso, ele disse:

— Sílvio, entre um pouco.

Somente nesse momento Sílvio o olhou e, encabulado, pediu desculpas por não tê-lo cumprimentado antes. Rapidamente, tirou os pacotes dos braços da esposa, dizendo:

— Deixe que eu levo, querida.

Os três entraram em silêncio no prédio e logo estavam no apartamento. Sílvio reparou novamente que, se ele estivesse em uma situação parecida com a de Bruno, jamais dividiria o apartamento com alguém. Alegaria, crendo ter razão, não ter espaço. Mas Bruno conseguia, por isso Sílvio sentiu um pouco de vergonha.

Colocando os pacotes que trazia em cima da mesa, lembrou-se das flores esquecidas no banco do carro. Ana estava de cabeça baixa, querendo desesperadamente voltar para casa e estar com o homem que amava, mas desenvolvera terror pelo monstro que o habitava.

Bruno, discretamente, foi para a cozinha. Queria a felicidade de Ana e sabia que a jovem só a encontraria nos braços do marido, no entanto, se sentia muito sozinho naquele apartamento quando não tinha ninguém para dividi-lo.

Ana começou a soluçar, e Sílvio a abraçou sussurrando palavras de carinho e implorando que ela voltasse. Ela temia. Será que continuaria amando o marido, mesmo se o monstro surgisse novamente? Do que mais ele seria capaz? E surgiria, qualquer dia, surgiria.

Mas o amor de Ana foi maior que o medo, quando ela disse sim ao marido. Sílvio queria pular de alegria e dividir com o mundo aquela emoção.

Ana foi até a cozinha e comunicou a Bruno sua decisão. O rapaz a abraçou em silêncio e, apenas quando se soltaram, ele disse:

— Se precisar de mim, estarei aqui. Sempre haverá um lugar para você.

Muito agradecida, Ana o beijou na face, afirmando:

— Quero que venha muito à minha casa. Sua amizade me torna mais forte. Por favor, me deseje felicidade.

Bruno sorriu. Era só o que sempre desejara para si e para o mundo.

Enquanto Ana pegava suas coisas, Sílvio quis agradecer a Bruno. Ele ficou olhando para o rapaz, pois sabia que palavras não seriam suficientes, e somente nesse momento entendeu que havia coisas que não conseguimos pagar.

— Bruno, obrigado por cuidar de Ana e ser como um irmão para nós.

Esse *nós* emocionou Bruno, pois ele cultivava dentro de si um grande complexo de inferioridade, como se nunca fizesse ou fosse fazer diferença na vida de alguém. Vivia como se fosse obrigação, estudava pela dedicação dos pais e se arrastava no dia a dia para não desiludir a ambos.

Timidamente, Sílvio abraçou o rapaz. Bruno ficou tão surpreso que nem sequer correspondeu ao abraço.

Logo Ana estava pronta, abraçou Bruno novamente e saiu com o marido. Sílvio a beijou no elevador, quase não acreditando que estava levando a esposa para casa.

Quando chegou ao carro, Sílvio colocou a mala de Ana no porta-malas e deu-lhe as flores. Ana as levou nos braços, mas não estava tão feliz quanto das outras vezes ficara por voltar para casa. Ela sabia que o marido ganhara uma batalha, mas não a guerra contra o monstro que o habitava. Será que ela teria forças para estar com ele enquanto lutava?

Ouvindo a filha contar-lhe pelo telefone que voltara para o marido, Rosinda atemorizou-se. Ana não parecia feliz como das outras vezes, e um temor expressava-se em seu tom de voz.

Com a única preocupação que lhe rondava a mente, Rosinda interrompeu a filha e perguntou de chofre:

— Ana, você não me parece feliz. Está apaixonada por aquele Bruno?

A moça sorriu. Podia sentir o preconceito latente na mãe e pensou sobre o assunto. E se isso acontecesse? Sabia que Bruno era um ser diferente, forte quando necessitava ser forte, apesar da aparência, dos complexos e variação emocional.

— Não, mãe. Não. Bruno é um excelente amigo. Amo Sílvio, mas meu amor será muitas vezes testado, e tenho medo disso. Será que o amo suficiente? Mãe, qual é o limite de cada um de nós? Será que nascemos para aprender a expandi-lo em todos os sentidos?

Rosinda olhou para o marido, que, como sempre, estava com o jornal nas mãos, fingindo-o ler, mas atento a tudo que a esposa falava com a filha.

— Não sei. Mas, acredite que eu também me sinto testada.

Ana sorriu e acreditou que a mãe falava da escola.

— Mãe, não se esqueça de que sou professora. Se tiver dificuldade em alguma coisa, posso ajudá-la nos fins de semana.

Rosinda pensou um pouco. Não precisava de ajuda e recordou-se do professor afirmando que ela era a melhor aluna da turma. Corria com o serviço da casa só para ter mais tempo de estudar.

— Agradeço, querida.

— Mãe, eu já lhe disse que fico feliz que esteja estudando.

— Eu mais ainda. Todo mundo devia estudar sempre, pois do contrário ficamos empalhados no tempo.

Ana tornou a sorrir, sem perceber que a mãe dava indireta ao marido, que fingiu não entender. Ele ainda não aceitava aquele modismo da esposa ir à escola. E, pior, querer ir para uma festa. Ainda se perguntou de forma preconceituosa: "O que, aos oitenta anos, se tem para comemorar?".

As duas conversaram mais um pouco sobre as lições que Rosinda estava aprendendo e depois desligaram. Rosinda correu para o quarto, e, de porta fechada, se entregou a uma nova leitura.

Romualdo levantou-se, jogou o jornal longe e começou a pensar irado: "O que aquelas duas estão pensando? Que vou tolerar ver Rosinda chegar depois das dez todas as noites? Não! Preciso tomar uma atitude! O que ela faz no quarto, àquela hora e ainda por cima com a porta fechada?".

Caminhou decidido a tomar uma atitude, só não sabia ainda qual. Rosinda andava muito teimosa, muito cheia de si, julgava ele.

Chegando perto da porta, ainda pensou no que faria. Se ela estivesse tirando um cochilo, viraria as costas e sairia como se não tivesse visto, mas, e se ela estivesse fazendo lição?

Romualdo ficou de pé, a um passo da porta, como se quisesse adivinhar o que a esposa fazia ali dentro. Depois, abriu a porta devagar e olhou.

No mesmo instante, por reflexo, Rosinda abraçou o livro que lia e foi dizendo:

— Não rasgue, não! Ele custou caro!

Romualdo ficou olhando-a e surgiu-lhe na mente: "O que está fazendo? Por que não volta a estudar também? Aproveite a oportunidade. Você não precisa mais se preocupar com a educação dos filhos e tem tempo livre. Ou prefere ficar todos os dias lendo as mesmas notícias no jornal só para fingir ocupar-se?".

— De quem é o livro? — perguntou ele para justificar sua presença ali.

O livro não era emprestado. Fora comprado por Rosinda em três prestações, pois realmente era caro e faltava ainda uma prestação, por isso ela mentiu.

— De um aluno da classe. Ele me emprestou e disse que tomasse muito cuidado.

Houve um novo silêncio, e o coração de Rosinda batia descompassado. Se fosse preciso, ela lutaria com o marido para proteger o livro.

— Fala de quê?

— Dos egípcios, dos faraós, das pirâmides.

Romualdo não sabia bem o que eram os faraós; sabia apenas que as pirâmides ficavam no deserto e eram muitas, quantas ele não sabia. Sentiu-se ignorante ante a esposa, mas não confessou isso por puro orgulho.

— Está bem! — disse se retirando e deixando a porta aberta.

Voltou para a sala, pegou novamente o jornal e colocou diante de suas vistas. Seu espírito perguntava curioso: "O que foram os faraós? Por quê as pirâmides? Quanto tempo viverei ainda neste mundo sem conhecê-lo melhor? Como a humanidade chegou até aqui? O que houve antes do meu nascimento e o que haverá depois de minha morte?

Agoniado, Romualdo jogou o jornal longe. Será que a esposa tinha razão? Se eles não haviam tido oportunidade de estudar durante a infância, por que não estudar agora?

Havia um silêncio na casa. Ele continuou pensando. Rosinda parecia mais bonita, mais elegante, melhor falante, e muito mais segura. Não podia negar isso. Os filhos apoiavam a mãe e diziam que ele também devia voltar a estudar.

Romualdo falou em voz alta para ser ouvido pela esposa, que ainda estava no quarto, entregue à leitura:

— Vou sair, volto logo!

Ela mal respondeu. Ele saiu para a rua, desta vez reparando tudo à sua volta. Há quanto tempo os bondes haviam sido substituídos? O trem, ultrapassado, o metrô ganhando espaço. O asfalto há muito era a realidade de quase todas as ruas, e ele nem sabia onde as pedras tinham ido parar.

Um avião cruzou o céu, ele olhou para cima e ficou pensando em como seria viajar dentro de um deles. Sentou-se na praça e continuou observando tudo.

Parecia-lhe que olhava o mundo pela primeira vez. Por onde tinham andando seus olhos e sua mente? Um vizinho quase da mesma idade de Romualdo aproximou-se e sentou-se ao lado, perguntando:

— O que houve, Romualdo? Você está com uma cara estranha.

— Minha mulher está lendo um livro sobre faraós e pirâmides.

O vizinho sorriu e comentou.

— É uma cultura fascinante. Acredita que eles já conheciam o PI naquela época?

Somente nesse momento Romualdo olhou o vizinho. Que diacho era aquele PI? Sentiu-se o mais ignorante dos seres. Levantou-se, dizendo que precisava ir para casa. O vizinho estranhou um pouco aquela atitude brusca e sorriu dizendo:

— Ah! Vou falar com Rosinda. Vou pedir que me empreste o livro depois que ler.

Romualdo olhou fixamente para o vizinho, queria perguntar-lhe uma coisa, mas não sabia o quê. Deu um boa-tarde vago e começou a andar pela calçada da praça.

Um carrinho de controle remoto bateu em seu pé, e uma criança brilhando de alegria logo apareceu dizendo:

— Desculpe, eu não sei bem mexer nisso. Acabei de ganhar. Meu tio trouxe dos Estados Unidos.

— Como funciona? — perguntou Romualdo surpreso, enquanto observava o brinquedo.

O garoto começou a mexer no controle remoto explicando como funcionava e logo o carrinho começou a movimentar-se, sendo dirigido a distância.

Romualdo estava pasmo com a novidade. A mãe do garoto apareceu logo atrás, sorriu, cumprimentou-o e disse:

— Desculpe, ele acabou de ganhar do tio.

— Ele já me disse — observou Romualdo, olhando incrédulo para o carrinho que se movimentava como por magia, coisa em que ele nunca acreditara. A criança parecia saber mais do que ele.

Depois de observar o carrinho por alguns minutos, Romualdo refez seu caminho para casa. Entrou, e o silêncio continuava. Ele sentou-se em sua poltrona preferida e ficou olhando o jornal. Por que ele nada noticiara sobre aquilo? O que mais se passava no mundo que ele jamais saberia pelos jornais?

E, por incrível que pareça, Romualdo sentiu-se empalhado, um morto-vivo, alguém que tudo vê e nada enxerga. Uma dor surgiu-lhe no peito. O que estava fazendo de seus dias? Sentiu que a aposentadoria poderia ser um novo caminho, talvez um mais prolífero para si.

Estava ainda entregue aos questionamentos, quando Rosinda apareceu na sala, indo em direção da cozinha, e, sem mais nem menos, ele perguntou:

— O que é o PI?

Ela o olhou estranhando a pergunta e respondeu:

— Um padrão de medida, 3,14.

Romualdo sentiu-se como se fosse o mais ignorante dos seres sobre a Terra. Rosinda seguiu seu caminho intrigada. Chegando à cozinha, começou a fazer o jantar mais cedo, pois tinha aula.

A inquietude de Romualdo não o deixava ficar sentado, mas o orgulho rolava em sua mente. Mesmo assim, ele foi até a cozinha e, respirando fundo e tomando coragem, afirmou com autoridade:

— Quero ir à escola na qual você vai. Quero ver o que lhe estão ensinando. E quero conhecer esse festeiro de oitenta anos — comentou com sarcasmo.

Rosinda parou o que estava fazendo, já tinha a negativa na ponta da língua. Temeu que o marido fosse até lá fazer um escândalo e olhou-o pronta para enfrentá-lo, porém, ficou quieta. Podia sentir algo diferente, e sua intuição funcionou. Ela sorriu dizendo:

— Você vai adorar. Tenho certeza de que vai.

Sem querer dar o braço a torcer, ele afirmou:

— Quero só ver. Não vou ficar indo todo dia. Estou velho demais para aprender. A vida já me ensinou muito, e isso me basta.

Rosinda sabia que não bastava, nunca seria o suficiente, mas não quis discutir. Ela mudou de assunto, avisando:

— Precisará jantar mais cedo.

Ele afirmou com a cabeça e voltou para a sala, percebendo que se sentia ansioso. O que havia acontecido na história da humanidade há tanto tempo que encantava a todos?

Não é só isso, Romualdo. A história de ontem é o alicerce do hoje. E hoje é o alicerce do amanhã. Conhecer a história da humanidade é descobrir o que fomos ontem, como chegamos até aqui e o que não devemos fazer, pois conhecendo os erros do passado, teremos chance de construir um futuro melhor.

Capítulo 29

Ana estava paralisada. Dois meses se passaram desde que ela voltara para casa, e o monstro acabava de surgir com toda a sua força. Sílvio gritava:

— O diretor viajou, eu o substituí, e agora que ele não voltará mais, promovem outra pessoa! — e, junto com os gritos, ele derrubava tudo o que estava sobre a estante. Já quebrara vários enfeites, repostos recentemente. Ana não abria a boca, paralisada de tanto medo.

Ele continuava gritando e depois se voltou contra ela:

— E você, não fala nada? Fica aí parada como uma pedra! Estou ou não certo?

Gaguejando, Ana disse para aplacá-lo:

— Talvez tenham um cargo melhor para você.

Sílvio a xingou, chamou-a de idiota e outras classificações não elogiosas, como se ela fosse a única culpada.

A moça começou a chorar. Ele estava perdendo a guerra. O que ela faria? Parecia que em nada Sílvio mudara. Lutava, era verdade, mas ela sempre sentia a linha tênue entre um lado e o outro. Percebeu que durante todos aqueles dias ela vivera apavorada, com medo de falar, temerosa que qualquer acontecimento trouxesse o monstro de volta. E, ali estava ele, cego, cuspindo fogo, quebrando tudo, queimando quem estava em volta, que naquele momento era ela.

Onde ia parar o lado bom de Sílvio, quando o monstro tomava conta dele? Qual seria a fórmula certa para trazê-lo de volta? O que mais ela poderia fazer para ajudá-lo naquela batalha? Até quando duraria aquela guerra?

Ana teve um sobressalto. Sílvio jogou mais alguma coisa contra a parede com toda força. As lágrimas silenciosas dela continuavam a rolar, e o marido nem percebia.

"O que devo fazer? O que devo fazer?", questionava-se a moça com desespero. De repente, as lágrimas cessaram, e uma força tomou conta de Ana. Ela gritou:

— Pare! Pare! Ele está vencendo você! Está nos vencendo! Pare!

Sílvio calou-se de repente e ficou olhando a esposa. Ana temeu que ele a agredisse e baixou o tom de voz:

— Você está deixando que ele o domine novamente. Olhe para a sala. Olhe este caos!

Sílvio olhou e viu cacos espalhados pela sala. Voltou a olhar para a esposa, e os olhos dela estavam apavorados. Sentiu-se um derrotado.

— Meu Deus! Meu Deus! Ana, por favor, não me deixe. Eu lhe imploro — disse, aproximando-se dela e a abraçando, como alguém que se refugia.

Ela o abraçou de volta, e Sílvio percebeu que a esposa tremia. Sussurrou-lhe:

— Perdoe-me, meu amor. Minha batalha é dura, é a cada segundo que algo me desagrada. Hoje não consegui. Foi muito injusto.

Ana sabia que não era injusto, pois Sílvio era muito instável emocionalmente para ser um diretor. A moça perguntou-se: "Quantas vezes ele foi agressivo na empresa? Quantas vezes o monstro surgiu lá e quantos estragos ele fez?".

— Ana, eu limpo tudo e reponho. Eu lhe imploro que me perdoe.

Ana já perdoara, mas o medo a seguia. Pensou em Bruno como seu anjo da guarda, que a compreendia mais do que seus pais. O amigo que parecia compreender Sílvio e sua luta até mais do que ela.

A única vontade que a moça tinha era de correr dali, como alguém que enfrenta uma fera que não pode vencer. Ela afastou Sílvio de si e dirigiu-se ao quarto. Deitou-se mecanicamente na cama e ficou olhando para o teto. O marido não a seguiu. Olhava espantado o caos da sala, sabendo que apenas ele era o culpado por tudo.

Em um momento, teve vontade de voltar atrás e não ter feito aquilo, mas no outro, no outro, lembrou-se da promoção perdida, e o monstro quis surgir novamente.

Sílvio engoliu em seco e seguiu para a cozinha. Teve vontade de gritar que Ana fizesse um café e o servisse, mas surgiu-lhe na mente que, se gritasse mais uma vez, perderia a esposa para sempre. E esse "para sempre" lhe fez doer o peito. Por reflexo, Sílvio colocou a mão sobre o coração. Precisava de Ana desesperadamente.

Passou-lhe pela mente orar, mas não o fez. Acreditou que não era digno rezar naquele momento em que o monstro lutava de novo para sair.

Pegando a chaleira para esquentar a água, ele até se viu jogando-a pela janela, sem se preocupar com a possibilidade de ferir alguém gravemente quando caísse.

Desistiu do café. Colocou a chaleira cuidadosamente em cima da pia, olhando ainda para ela, com uma vontade quase irresistível de quebrar toda a louça guardada nos armários.

Sílvio voltou para a sala e olhou novamente para o caos, mas a vontade de continuar com a insanidade ainda não parara. Olhou para a porta, e em dois passos largos estava em frente a ela. Abriu-a, pegou o elevador sem cruzar com ninguém e saiu para a rua, sem avisar a esposa.

Andando sem prestar atenção aos outros transeuntes, Sílvio esbarrou em uma moça e não pediu desculpas. A moça ia gritar que ele era mal-educado, mas calou-se. Graças a Deus, ela calou-se, pois, no estado em que Sílvio estava, poderia até agredi-la por tão pouco.

Sílvio foi até um bar e sentou-se ao balcão. Fluiu-lhe na mente que não bebesse, que de forma alguma bebesse qualquer coisa alcoólica.

O pensamento ficou flutuando em sua mente, e Sílvio olhava para as mil garrafas de tentação nas prateleiras. O balconista aproximou-se, sentiu certo mal-estar, mas, sem perder a linha, perguntou o que Sílvio queria beber.

Sílvio, por sua vez, tinha apenas a vontade insana de xingar todo mundo, e aquelas garrafas nas prateleiras pareciam desafiá-lo. Ele respondeu rispidamente:

— Água. Quero água apenas.

O rapaz o serviu e, sem saber o porquê, afastou-se o mais que pôde de Sílvio, temendo-o. Ele nem sequer percebeu.

Infelizmente, um bêbado gritou lá do fundo:

— Quem quer água bebe em casa. Só mariquinhas bebem água em um bar.

Foi a gota d'água, o monstro escapou. Pareceu a todos que ali estavam que Sílvio, antes mesmo de o homem falar, adivinhara suas palavras, pois atravessou, em uma mínima fração de segundos, a distância que os separava como se voasse.

Sem demais explicações, pegou o bêbado pelo colarinho e começou a agredi-lo. Os outros três homens que estavam ali tentavam segurá-lo, mas Sílvio pareceu-lhes ter o dobro de tamanho e dez vezes mais força. Ninguém o fazia parar.

O rapaz do balcão imediatamente chamou a polícia. Sílvio cansou-se de agredir o bêbado, e, só depois disso, os que estavam ali conseguiram segurá-lo no chão até a polícia chegar.

Sílvio tentou agredir os policiais, foi algemado e mal viu o homem espancado estirado no chão em uma poça de sangue. O monstro ainda queria quebrar tudo, agredir todos, não deixar pedra sobre pedra para satisfazer-se.

Os policiais temiam Sílvio, mas mantinham a pose de autoridade. Na delegacia, mantiveram-no algemado, mesmo durante o interrogatório.

O delegado queria entender o motivo da agressão brutal, e Sílvio apenas repetia o que o homem dissera, como se fosse a maior das ofensas e justificasse até a morte. Em dado momento, o delegado disse:

— Você me parece um homem culto e é um trabalhador pelo que declarou. Como pode ter levado em conta observações de um bêbado?

Ele queria contar que existia um monstro dentro de si, que muitas vezes escapava de seu controle e que, quando isso acontecia, já não era mais ele. Porém, apenas ficou quieto, olhando para sua camisa ensanguentada com certo horror.

Vendo que Sílvio não acrescentaria mais nada, o delegado, muito intrigado, autorizou:

— Pode ligar para um advogado. O homem agredido está no hospital, e não sabemos se corre risco de vida. Foi uma tentativa de homicídio.

A palavra assassinato passou pela mente de Sílvio como um projétil a atravessá-lo. Ele olhou para o telefone com certo medo. Quem ele chamaria? Tinha um primo advogado, Aloísio. Mas e Ana? Ana não podia saber, mas como?

— Você se droga? — perguntou o delegado por descargo de consciência, embora reconhecesse fácil aquele estado.

Sílvio apenas fez um gesto de cabeça negando. A autoridade ficava olhando-o, tentando compreender o que se passava. A figura de agressor naquele homem à sua frente parecia estar fora do contexto.

— Ligue para um advogado — repetiu o delegado abrindo as algemas e saiu muito intrigado da sala por alguns instantes, pois conseguia perceber que o outro estava sofrendo, envergonhado e temeroso.

Um policial chamou o delegado à parte e avisou que o agredido não tivera maiores sequelas, mas estava muito machucado.

— O que vou fazer? Esse Sílvio me parece íntegro, tem trabalho, é culto, tem família... O que deu nesse homem? Nem podemos alegar que ele estava bebendo. Aliás, o motivo foi esse: ele pediu água.

— Quem vê cara não vê coração, doutor — observou o policial. Acostumado às ruas, já concluíra há muito que todas as pessoas têm seu lado perigoso.

— Você está certo, mas eu sinto cheiro de mau caráter. Esse homem não tem. O que é, meu Deus? O quê?

O delegado viu quando Sílvio procurou alguma coisa nos bolsos. Era a agenda, que não estava com ele, mas em casa.

Um desespero maior atingiu o homem, que colocou as mãos no rosto e começou a chorar. Ana saberia o que fazer? Sem o telefone do primo teria de ligar para casa primeiro.

Vendo o choro desesperado de Sílvio, o delegado imediatamente entrou na sala e comentou:

— O agredido não corre risco de vida, mas mesmo assim precisarei abrir um inquérito. Por enquanto, você não precisa de advogado.

Sílvio parecia não ouvir o delegado e apenas chorava muito. O delegado, embaraçado sem saber o que fazer, disse:

— Você está muito abalado. Me diga o número de um telefone, e eu ligo para virem buscá-lo.

— Doutor, Ana não pode saber. Ela ficará com mais medo de mim, e eu a amo, preciso muito dela, muito. Sem o amor que ela me dá, este monstro tomará conta de mim. Eu não quero isso. Não quero! Não quero ser o monstro dentro de mim.

O delegado acreditou que Sílvio estava confuso e insistiu que chamasse alguém, mas ele não parava de chorar. O delegado levantou-se outra vez e trouxe um café para Sílvio.

— Tome, vai reanimá-lo. Acalme-se. O que você fez não foi tão grave. Brigas acontecem, mas tenho providências a tomar. Não posso fingir que isso não aconteceu.

Sílvio tomou o café de um gole só e nem percebeu que estava sem açúcar. Ficou ainda alguns minutos sem dizer nada e finalmente tornou:

— Doutor, minha esposa não pode saber dessa minha derrota.

O delegado continuava sem entender, mas percebia a confusão emocional do outro. Por isso, um tanto preocupado se estava fazendo a coisa certa, disse:

— Seus documentos não parecem falsos. Fique aqui até se acalmar e depois pode ir. Mas responderá inquérito por agressão.

Novamente, Sílvio só queria uma borracha mágica para apagar o que fizera, mas isso não existe em lugar nenhum do universo.

Logo depois que o marido se ausentou, Ana saiu do quarto e procurou-o pelo apartamento. Não encontrando Sílvio, temeu.

Na cozinha, fez um café e sentou-se à mesa para tomá-lo. Sílvio nunca saía, a expulsava, era verdade, mas do que poderia acusá-la? Havia sido um problema na empresa, mas fora ela quem aguentara os gritos e assistira às coisas do apartamento serem destruídas.

Depois de tomar o café vagarosamente, Ana se dirigiu à sala, começou a juntar os cacos das coisas quebradas, como se juntasse os cacos da derrota do marido. Isso, no entanto, não a tornava vitoriosa. Ana sentia que caía junto com ele.

O tempo passava, e Sílvio não chegava. A moça se sentia mais agoniada a cada minuto. Tinha certeza de que ele não fora à casa de nenhum parente ou amigo. Para acalmar-se, preferiu acreditar que ele saíra para andar até se tranquilizar.

Já se passaram três horas, e Ana decidiu ir até a garagem para verificar se o marido saíra de carro. Ela fechou a porta do apartamento à chave, pegou o elevador e desceu até a vaga. O carro estava lá, e Ana ficou olhando-o como se, por meio dessa observação, pudesse obter pistas.

Depois de alguns minutos, resolveu voltar ao apartamento. Foi até o elevador novamente, chamou-o e ficou esperando, percebendo que tremia de pavor. Começou a afirmar a si mesma que Sílvio não faria loucuras, mas lhe surgiu o questionamento: "Mas, e o monstro dentro dele? Do que ele é capaz?".

Quando estava novamente de volta ao andar em que morava e colocou a chave na porta, Ana percebeu que estava aberta e sentiu uma alegria súbita. Ela empurrou a porta e entrou.

Ana escutou o som do chuveiro e, aproximando-se apressadamente, chamou Sílvio para certificar-se de que era mesmo o marido quem estava lá.

— Sílvio!

E ouviu a voz sufocada do marido dizer-lhe de dentro do box:

— Ana, graças a Deus que você não se foi. Preciso desesperadamente do seu amor.

— Onde esteve?

Houve um silêncio pesado, e Sílvio não respondeu. Ela repetiu a pergunta e viu o marido pegando a toalha, sem dizer nada ainda. Ana dirigiu-se até o quarto, sentou-se na beirada da cama e ficou esperando-o. O terror voltou a rondá-la.

Sílvio aproximou-se, sentou-se ao lado da esposa e continuou em silêncio. Ana o olhava tentando adivinhar o que havia acontecido, mas não conseguia. Depois de algum tempo, o marido lhe contou, como se isso o desesperasse:

— Ana, querida, minha luta é árdua. É tão difícil quanto a luta de um ex-viciado, que a todo segundo enfrenta a tentação do vício.

A moça o abraçou e perguntou se ele queria alimentar-se. Sílvio não quis, e ela se dirigiu para o banheiro para tomar seu banho. Nesse momento, Ana viu no cesto de roupa suja a camisa do marido suja de sangue.

Ela apavorou-se, mas acabara de vê-lo de toalha, coberto apenas da cintura para baixo, e não vira nenhum arranhão. De quem era todo aquele sangue? Ela tinha certeza de que aquilo só podia ser sangue.

O mundo parecia rachar, e Ana teve vontade de vomitar. Será que Sílvio matara alguém? Ela começou a chorar alto, e Sílvio ouviu, correu até o banheiro, e foi logo dando explicações:

— Briguei com um bêbado, mas ele está bem. Foram apenas uns socos.

— Sílvio, o que vamos fazer com esse monstro que o habita? Qualquer dia, ele pode matar alguém, até mesmo me matar.

Em dois passos, ele a abraçou, negando que pudesse agredir quem ele mais amava, e novamente rogou por uma borracha mágica.

Sílvio se sentia exausto, a esposa deprimida, e ambos derrotados. A camisa ensanguentada não saía da

307

mente de Ana. O que mais poderia fazer pelo marido? O quê?

Rosinda ouvia a filha falando ao telefone e era como se não entendesse bem o que Ana dizia. Entre soluços e lágrimas, ela contava à mãe o acontecido. Quando finalmente terminou, Rosinda se manteve em silêncio.

Não era possível, devia haver algum engano. Sílvio era bonito e culto, e Rosinda acreditava que brigas em bares eram para bandidos e vagabundos. A história que escutara estava errada. Provavelmente, o genro fora agredido antes e tinha o direito de defender-se.

Ouvindo os argumentos da mãe, Ana percebeu que ela não entendia a extensão de seus medos, por isso desligou o telefone educadamente.

Rosinda olhou para o marido que parecia do mesmo modo de sempre — empalhado com o jornal nas mãos — e se perguntou se, ante uma notícia daquela, ele se mexeria. Ela deu uns poucos passos e sentou-se ao lado do marido, que fingiu nem perceber. Romualdo, no entanto, sentia que algo grave ocorrera, mas não perguntou.

Rosinda questionou-se se deveria falar ou não, afinal, que diferença faria a ele? Ficou alguns segundos avaliando e pareceu-lhe que a curiosidade do marido era quase nula. Ele continuava olhando fixamente para o jornal.

Como se para ouvir-se, ela declarou:

— Nosso genro entrou em uma briga e agrediu um homem, que foi parar no hospital.

Romualdo levou também um tempo para processar aquelas palavras. Não! Não era possível. Sílvio era um mole, que nem sequer conseguia segurar a esposa em casa sob suas ordens.

Quando Rosinda já ia repetir, ele afirmou:

— Não é verdade. Ele é muito mole para isso. Vai ver apanhou feio e está contando vantagem.

— Pode acreditar. Está respondendo a um processo por agressão.

Romualdo ficou olhando a esposa com ares de interrogação e pensando que às vezes as reações das pessoas podem surpreender.

— Sílvio não controla nem a esposa, ela vaivém quando quer... — teimou.

Como se enganava Romualdo. Ele não percebia que Sílvio errava e que pedir perdão era o mínimo que podia fazer.

— Ana está desesperada — declarou Rosinda, ainda sem aceitar muito o fato.

— Não sei por que, se ela faz e desfaz do marido. Mastiga, joga fora e volta a pegar quando quer.

— Não é bem assim — afirmou Rosinda, já compreendendo melhor o processo emocional das pessoas.

Olhando ainda no jornal, Romualdo desejou que o genro tivesse sido notícia para poder mostrar aos vizinhos.

Pobre Romualdo, sua ignorância e seus preconceitos ainda o dominavam muito. Agressões e mortes nunca fizeram heróis.

Na cozinha, Rosinda ainda pensava sobre o fato e não aceitava que fosse verdade. Ela também não percebia a gravidade da situação.

Rosinda logo desviou sua mente para os estudos. Em poucos meses se formaria. Teria um diploma e continuava sendo a primeira aluna da classe. Continuava comprando livros escondidos, pegando-os emprestado na biblioteca e se informando. Buscando seu caminho, e, nós, no plano espiritual, esperando que ela corrigisse seus enganos.

Capítulo 30

Ana foi procurar Bruno, pois precisava conversar com ele, seu amigo sincero. Esperou-o depois do expediente em frente ao prédio onde o rapaz morava. Vendo-o chegar, a moça percebeu que algo mudara nele. Bruno já não andava encurvado, como se houvesse um grande peso em suas costas. Quando viu Ana, os olhos de Bruno brilharam e ele aproximou-se dela, abraçando-a carinhosamente:

— Que bom vê-la. Pensei em ir à sua casa, mas preferi não. Vamos subir — pegaram o elevador.

— Você precisa comprar um telefone. Eu quis muito falar com você.

— Sobre Sílvio, não é?

— Sim. Ele entrou em uma briga e espancou um bêbado. Estou com medo.

— Seu marido tem uma batalha incrível, e o pior: essa batalha é com ele mesmo. Mas Sílvio nunca a agredirá desse modo, pois a ama muito.

— Não sei. Sinto que preciso estar ao lado dele, mas não deixo de sentir medo um só segundo.

— Entre. O apartamento continua o mesmo, porém, já não me sinto derrotado. Ana, nunca mais me debrucei no parapeito, e aquela sensação de que só eu precisava lutar passou. Conhecendo seu marido, um homem tão forte fisicamente, que eu julgava ser um vencedor, um premiado pela sorte, percebi como ele se sente a cada vez que o vulcão surge.

— Corrija, Bruno. Não é apenas um vulcão, é um monstro. Tenho a sensação de que, se não fossem as pessoas no bar, ele teria matado o homem. Cada vez que penso nisso, tenho até vontade de vomitar. Sílvio não é um bandido, não tem índole ruim, mas esse lado... credo!

— Ana, acalme-se. Quer um café?

— Não. Queria apenas ver você e sentir a paz que existe aqui.

— Depois que você veio, ficou assim. Porque antes, Ana, eu me sentia o pior homem do mundo, o mais azarado, o esquecido por Deus.

Ana sorriu de forma meiga.

— Engraçado, eu sempre o senti um homem forte. Lutar contra a falta de dinheiro e não desistir... você será um profissional brilhante.

— Eu me isolei, mergulhado apenas nos meus problemas. Na faculdade, não me relaciono com ninguém. Eu pensava que ficava sempre à parte, mas passei a observar melhor que me coloco à parte. Olho para os outros e agora percebo que todos temos limites a superar.

Ana mal se sentara e olhou a hora. Queria ficar mais algum tempo ali, a pobreza do lugar já não a incomodava tanto. Levantou-se do sofá — ainda o mesmo — e abraçou Bruno com muito carinho, dizendo:

— Como você pôde um dia se entregar à fraqueza? É um forte! Eu o sinto um vencedor — e Ana não falava apenas da parte financeira.

Ele a abraçou. Queria fazer mais por ela, mas não sabia o quê.

311

— Ana, Sílvio me disse um dia o quanto ama você e precisa de sua companhia.

— Não penso mais em deixá-lo. Ele nunca mais me expulsou, mas não o quero se metendo em brigas. Ele não lida com frustração.

— Aprenderá a lidar. Creio que ele e eu somos iguais, mas agíamos de forma diferente. Eu também não lidava com a frustração de não ter dinheiro, de tê-lo sempre contado e não poder dar aos meus pais o que necessitam. Vê? Pensei muito nisso. A diferença entre nós é que eu me isolei e acreditava que a vida não valia a pena. E aquela janela sempre parecia convidar-me a fugir de tudo. Tenho me perguntado: "Será que fugiria mesmo?".

— Bruno, Bruno, agora tenho medo pelos outros. Sílvio podia ter matado o homem. Não intencionalmente, mas mesmo assim seria um assassino.

— Você falou com ele desse seu medo?

— Ainda não.

— Quer que eu fale?

— Vou falar. Foi muito recente, e eu tenho medo de que o monstro surja. Aí, não haverá conversa, mas gritos e agressões.

Ana olhou-o longamente. O rapaz realmente estava com um brilho diferente e não parecia mais um perdedor. Já não se sentia injustiçado e percebia que cada um tem seu quinhão para enfrentar. A moça sorriu com satisfação.

— Preciso ir.

— Eu a levo até o ponto de ônibus.

Desceram para a rua em silêncio. Bruno também sentia Ana mais forte. Ela parecia decidida a não se afastar mais do marido, como uma barreira contra o monstro.

Chegando ao ponto de ônibus, logo a condução surgiu. Abraçaram-se mais uma vez, e Ana disse agradecida:

— Obrigada pela conversa.

Bruno ficou surpreso, pois não se lembrava de ter dito nada de relevante. E não tinha, mas sua coragem contaminara Ana, o que me fez lembrar que a ação é sempre o melhor exemplo. Ele já não parecia o rapaz frágil, que queria pular da vida. Tornara-se alguém que lutaria com Ana sem reclamar, mais amigo do que o irmão da moça ou mesmo os pais. Entendia Sílvio mais do que qualquer um podia esperar.

No ônibus, Ana conferiu a hora. Chegaria mais de uma hora atrasada, mas simplesmente contaria ao marido onde estivera. Não acreditava que o monstro surgiria só por isso, porém, sentiu que temia. Era como se esse monstro estivesse sempre pronto a surgir, apenas esperando como em uma emboscada.

Sílvio chegou em casa e não viu a esposa. Olhou a sala e notou que estava arrumada, mas que algumas coisas estavam faltando, como a lembrar-lhe que o monstro ali estivera fazendo estragos. Foi para a cozinha, fez um café e sentou-se à mesa para servir-se. Olhou a hora novamente. A esposa já estava atrasada mais de meia hora, e ele perguntou-se: "Por quê?".

Sentiu seu sangue circular mais depressa, respirou profundamente e avaliou que Ana devia estar na casa da mãe. O que isso tinha de mais?

O telefone tocou, e ele se apressou a atender, julgando que era Ana. Assim que pegou o fone, perguntou:

— Oi, querida, onde você está?

— Sílvio, é você? Como é bom ouvi-lo me chamar de querida.

— Lígia, por favor. Pensei que fosse minha esposa.

— Ela está fora, é? Estão separados. Que bom!

— Deus, não me teste assim, por favor — rogou Sílvio em voz alta, e Lígia pensou que ele falava de resistir ou não a ela, que sorriu satisfeita, observando:

— Por que resistir, se ambos queremos?

— Lígia, não sinto atração por você. Fiz uma coisa insana. Aliás, desligue e não me ligue mais, eu lhe imploro. Se você me incomodar mais, tenho medo do que sou capaz.

A mulher do outro lado sentiu certo medo. Algo no modo de Sílvio falar cheirava a perigo. Ela desligou e ficou tentando entender o medo despertado. Não gostava dele; apenas queria vingança por ele ter gritado com ela no escritório. Porém, naquele momento, ela aceitou a influenciação de que ela estava brincando com fogo e decidiu não o perturbar mais. Nem sequer o olharia mais na cara. Demos graças a Deus por isso.

Sílvio afastou-se do telefone, sentindo o monstro querer rugir. Pouco tempo depois, Ana abriu a porta, e ele correu para abraçá-la, permanecendo assim durante quase cinco minutos. Ela apenas o abraçou de volta, rogando que a calma que sentia o contaminasse.

Depois, ele a soltou, perguntando:

— Está com fome, querida?

— Muita.

— Vamos sair e comer qualquer coisa. Você deve estar cansada para ainda ter de fazer o jantar.

— Deixe-me apenas tomar um banho — disse ela carinhosamente, beijando o marido na face.

Ana foi ao quarto, percebendo que algo ocorrera além de sua demora. Em pouco tempo, estava de banho tomado e trocada. Saíram e foram a um restaurante ali perto mesmo. Sílvio estava muito calado e nem tinha perguntado o porquê da demora da esposa.

Ana começou a comentar a visita que fizera a Bruno, e o marido a olhava. Quando ela terminou a narrativa, ele disse:

— Bruno é um excelente rapaz. É realmente capaz de ser um amigo abnegado.

— Sílvio, o que ocorreu no escritório?

— Rotina, mas fico aterrorizado a cada vez que minha paciência é testada. O que aconteceu da última vez foi absurdo. Quase me tornei um assassino.

Toda vez que pensava no que podia ter se transformado, Sílvio se apavorava.

— Não vamos falar mais disso, procure não pensar — aconselhou Ana, mas sentindo o mesmo medo.

— Ana, por favor, me dê muitas chances. Eu preciso disso.

A moça teve vontade de abraçar o marido. Ele ainda estava muito abalado, e Ana não sabia que Sílvio, naquele momento, sentia vontade de ir até Lígia e gritar muito com a colega. Que todas as palavras de ofensa surgiam à sua mente e pareciam querer sair de sua boca, como se tivessem vontade própria.

Sílvio olhou em volta. Umas poucas pessoas jantavam, e, a poucos passos, um casal com dois filhos pequenos, um de uns cinco anos e outro de uns dois anos, parecia confiante um no outro e em paz.

Ele deduziu que Ana tinha razão em não querer filhos. Eles o temeriam assim que vissem pela primeira vez o monstro surgir no pai. O quanto poderia ser violento com as crianças?

Esse pensamento o deprimiu, e Sílvio tentou não pensar mais nisso. Voltou sua atenção a Ana, que o olhava tentando entender como aquele lado ruim surgia em uma pessoa como seu marido, um homem tão bonito e culto. Ela ainda se enganava julgando as pessoas pela aparência e precisava transpor isso.

Um exemplo já estava à sua frente: Bruno, tão esquálido, tão sem charme, mudava como a lagarta se transforma em borboleta, não na aparência, mas em seu modo de encarar a vida, perdendo a fragilidade e ganhando em fé.

Acabaram de jantar e foram a pé para casa, andando as três quadras que os separavam do apartamento de mãos dadas. Em uma noite estrelada e quente, muitas pessoas estavam na rua, e, olhando-as, Sílvio perguntava-se: "Quantos têm monstros a vencer?".

Nem sempre monstros, mas todos têm limites a ultrapassar, fazendo-nos lembrar das palavras de Jesus: "Olhai e vigiai". E eu ouso a acrescentar: sempre seguindo em frente, pois não há outra opção. Uma vez criados, somos eternos.

À mesa, Rosinda olhava para o marido, que nem percebera seus olhos brilhantes de felicidade, temendo que ele apagasse essa alegria. De repente, tomou coragem e deu-lhe a notícia:

— Na próxima semana, haverá uma solenidade e depois uma festa de formatura.

— De quem? Nossos filhos já estão formados — disse sem interesse e com pouco caso.

— Minha, homem! Minha!

Romualdo olhou melhor para a esposa e reparou que ela brilhava de felicidade. Ele pensou de forma preconceituosa outra vez: "Onde essa velha pensa que vai chegar?".

— E precisa de solenidade e festa para um grupinho de velhos metidos a sabichões?

Rosinda não se abalou.

— Somos vencedores. Podemos até ser idosos, mas fiz o ensino fundamental, meu marido! E me aguarde, pois já fiz inscrição para o ensino médio.

— Você não vai conseguir.

— Por quê não? Hein? Por quê não? Sou avó, mas não estou morta. Olhe para mim. Não me sinto mais uma idosa com um único caminho a seguir. Tenho todas as possibilidades. Posso fazer tudo. É questão de vontade e dedicação. Quem sabe me torno colega de Ana?

A raiva de Romualdo era muita. Ele tinha certa inconformação; estava testemunhando a esposa vencer aquela etapa. Condenou-se por ter permitido, esquecendo-se de que não era questão de permissão, mas apenas de vontade e dedicação dela. Apenas dela.

Romualdo levantou-se da mesa procurando argumentos para freá-la, mas não tinha. Gritou, esperneou, olhou a saia mais curta da esposa, como se isso fosse a coisa mais indigna do mundo, reclamou e condenou.

Rosinda mal o ouvia. Já se preparara para aquela reação do marido, que ela já sabia classificar como frustração. Realmente, o conhecimento também ensina como compreender melhor o outro. Ela só teve sua atenção chamada, quando ele disse:

— Não vou e a proíbo de ir a qualquer solenidade e a qualquer festa!

— Eu queria que estivesse lá, mas, se não quer ir, não precisa! Meus filhos me acompanharão.

Romualdo disse um palavrão. Sentia-se traído pelo filho, pois desde o começo Amâncio apoiara a mãe e Ana não escondia a felicidade de vê-la estudando.

Romualdo saiu de casa irado, e eu tentava influir: "O mundo não para. Tudo progride a todo momento, volte a estudar. Realize mais também".

Mas ele, com seus preconceitos e engessamentos, não queria ouvir e menos ainda aceitar. Tinha ido uns dois dias à escola e desistido sem realmente tentar. Resultado: não foi à solenidade e muito menos à festa de formatura. Os filhos do casal, nora e genro e os netos de Rosinda, no entanto, estavam lá.

Ela chorou de felicidade quando Amâncio a presenteou com um lindo buquê de rosas, parabenizando-a. Rosinda passara a entender claramente que não há bloqueio no caminho de alguém que queira continuar andando e já anteviu o dia em que terminasse uma faculdade. Não sabia ainda que curso faria, mas estava determinada a fazer isso.

Talvez nunca exercesse a profissão, mas, intuitivamente, sabia que o conhecimento adquirido nunca é perdido e que no futuro, em outra vida, isso a ajudaria a dar um salto. Seria uma melhor continuação.

E Romualdo, pobre Romualdo, desperdiçava uma oportunidade e mais tarde se arrependeria muito da perda de tempo. Tempo precioso para nos reconstruirmos, tornando-nos melhores a cada dia.

***

Sílvio andava calado, e Ana sentia-o acabrunhado, sem saber mais o que fazer para ajudá-lo. Parecia que os papéis haviam se invertido. Bruno parecia cada dia mais forte e finalmente compreendera o sentido da vida. Ele adquirira a fé de que, plantando, colheria e que não era menos neste mundo de Deus.

Chegando da escola, Ana encontrou o marido deitado na cama de roupa e tudo e olhando para o teto. Sílvio parecia estar com vontade de chorar. Ela se aproximou dele, e Sílvio apenas a olhou. Ana perguntou um pouco preocupada:

— O que houve, querido?

— Ana, o monstro quase se fez presente hoje.

— Se foi quase, você saiu vencedor.

— Essa luta será para toda a minha vida? Vou enlouquecer.

A moça não sabia o que dizer. Entendia que seria, sim, uma luta para toda a vida, dia a dia, hora a hora, minuto a minuto.

Sílvio sentou-se, cobriu o rosto com as mãos e questionou:

— O que faço? O que faço? Tenho medo de não conseguir.

— Lute, meu amor. Lute. Estarei aqui ao seu lado sempre.

— E eu preciso disso, Ana. Desesperadamente, eu preciso disso. Se não fosse o amor que sinto por você, creio que eu seria somente esse monstro horrível.

Ana o abraçou. Entendia a extensão da luta do marido, mas também já compreendia que sem amor, sem qualquer tipo de amor, todos nós somos monstros apenas. Fluiu à sua mente a certeza de que eles venceriam e que, se Sílvio se entregava ao amor com essa força, o monstro há muito perdia terreno.

Ana soltou-se do marido, e certa alegria e uma confiança de que não perderiam aquela luta a invadiram. Ela disse:

— Confie em sua força, em nossa força. A cada dia, esse monstro se torna mais enfraquecido, e eu não tenho mais medo dele, porque você o está sufocando e lutando por nós.

Sílvio sorriu não tão confiante, pois tinha medo de fracassar. Ana, no entanto, confiava nele, amava-o, e isso era muito, muito importante para que ele continuasse lutando, mesmo de segundo a segundo.

Eles não percebiam que todos têm suas lutas, em maior ou menor dimensão, criando o todo da humanidade, e, como Sílvio, se pelo menos conseguirmos amar um pouco, venceremos nossos monstros, saindo dos nossos limites. Cada um em seu compasso, com fracassos e vitórias, caindo e levantando, lutando constantemente, seguindo sempre a caminho de nossa divindade e aproximando-nos mais e mais de Deus.

E algumas palavras fluíram a ambos:

"O mal é a escolha imatura e o passo impensado daqueles que são resistentes à bondade, à beleza da vida e do amor...".

Maria Amélia
Psicografia de *Amarilis de Oliveira*

Rua Agostinho Gomes, 2.312 — SP
55 11 3577-3200

contato@vidaeconsciencia.com.br
www.vidaeconsciencia.com.br